河北省社会科学发展研究课题（201702120205）

河北省社科基金项目（HB17YJ070）

京津冀一体化发展协同创新中心项目

河北社会科学基金项目

促进京津冀区域协同发展的
地方财政合作研究

Research on Local Fiscal Cooperation
for Promoting the Synergetic Development
of Beijing-Tianjin-Hebei Region

王 丽 ◎ 著

人民出版社

目　录

图　目　录

表 目 录

序　言

随着我国区域内各辖区间联系程度的日渐紧密，以及区域整体竞争力于市场经济体制中影响程度的日益加强，尤其是京津冀协同发展上升为重要国家战略以来，区域协同发展已经成为我国区域发展的必然路径选择。而在区域协同发展的进程之中，以地方政府为行为主体的地方财政相较于个人与一般组织，因其在财税政策、资金筹措、资金分配方面所具有的较强调节和支配能力，对于促进区域内辖区间展开合作、尽快实现区域协同发展具有较大的影响作用。但鉴于区域内各辖区对于地方政府利益、地方财政利益等"单体利益"的诉求，各辖区间长期存在资源竞争、财政竞争等利益矛盾。虽然辖区间竞争在一定程度上提升了各辖区的"单体"经济和社会发展速度，但"单体"发展的独立性难以充分顾全区域整体发展的格局需求，造成区域内各辖区间经济发展和社会发展差距的不断拉大，与我国区域协同发展趋势相背离。如何调节、缓解以致解决区域内各辖区间在利益分配方面的矛盾，在区域内形成辖区间有序的地方财政竞争以及制度化的地方财政合作？如何有效发挥财政在区域协同发展中的重要引导和促进作用，以加速区域协同发展进程，尽快实现区域"一体化"？针对这些问题，本书以京津冀区域为研究对象，沿着"理论分析—现实考察—实证检验—对策研究"的技术路线，对京津冀区域协同发展中的地方财政合作进行了系统性的研究。即理论探究地方财政合作促进区域协同发展的作用机理，现实考察京津冀区域协同发展与地方财政合作的进程现状，空间实证检验地方财政合作对区域协同发展的促进性，进而依托于理论与实证结果的匹配性，针对京津冀区域协同发展中地方财政合作困境，提出合理的地方财政合作建构设想。其主要研究内容如下：

　　首先,阐述区域协同发展与地方财政合作的基础理论。区域协同发展是缩小以致消除区域内各辖区间的不均衡,并以此提升区域整体发展水平的区域发展路径选择,其主要包括区域经济协同发展和区域社会协同发展两个方面。依托于区域协同发展的基本内涵,从区域协同发展的功能定位、发展目标以及实现途径三个角度,匹配以区位理论、区域发展理论和政府干预理论,不仅从理论上充分论证了区域协同发展是区域发展的必然路径选择,更深刻揭示出政府干预对区域发展、区域协同的重要影响,为地方财政在区域协同发展中发挥作用提供了理论支撑。地方财政合作是两个或两个以上地方政府之间为达到共同财政目标而展开的配合性财政行动,主要包括财政收入合作与财政支出合作两大主要内容。在财政分权的现实财政体制下,地方政府具有长期、健康、高效发展地方经济和更有效提供辖区内公共服务的双重动力,从而激发地方政府争夺有利于本辖区经济和社会发展的稀缺资源以改善本辖区投资环境的积极性,地方政府间展开资源竞争和财政竞争。我国的地方财政竞争不仅包含地方政府通过减税等税收竞争政策而吸引市场投资加速本地区发展的一般财政竞争,还包含因我国地方经济发展中政府投资的重要作用以及政府考核机制而引发的地方政府对税源争夺的特殊财政竞争。在区域协同发展中,因辖区与辖区之间彼此依存、相互联系的经济社会发展空间依赖关系,以及区域的整体发展需求,会诱发各辖区政府在区域发展中从竞争走向协调与合作,进而倒逼各辖区之间通过地方财政合作均衡和调整区域内各辖区间利益,助力于区域整体发展规划、经济与行政区划融合以及缩小区域差距,发挥地方财政合作对于区域协同发展的促进作用。

　　其次,以区域协同发展与地方财政合作基础理论为依据,客观考察京津冀区域协同发展与地方财政合作现状。根据京津冀区域的形成历程,京津冀区域发展至今具有区位条件相近、人文环境相似、要素禀赋互补、政府导向显著四大特点。而京津冀区域在经历了中央计划性经济协作、地方自发性经济合作、政府主导性经济协同三个区域协同发展阶段后,现已步入国家战略性全面协同发展阶段,并已经形成了较为明显的区域经济协同与社会协同的发展趋势。虽然经过区域以及各辖区的长期建设与发展,京津冀区域内各辖区间的联系紧密程度进一步增强、经济发展水平有所提升、社会发展条件也有所改善,京津冀区域协同发展取得了一定的成效,但京津冀区域内各辖区间仍存较大差距,与京津冀区域一体化的理想发展目标相距甚远。此外,为了配合京津冀区域协同发展战略,区域内各辖区财政在税收收入分享政策、资金共筹共建方案以及横向资金补贴等方面,也在逐渐展开地方财政协作和合作,以促进京津冀区域协同发展。

再次,根据地方财政合作促进区域协同发展的理论作用机理,以及京津冀区域协同发展与地方财政合作的现状考察,实证检验和分析京津冀区域地方财政合作对区域协同发展的促进作用及促进程度。从区域经济协同发展与区域社会协同发展两个视角,运用熵值评价法、基尼系数和泰尔指数,对京津冀区域协同发展和地方财政合作进行测算和评价,并在此基础上,构建空间计量模型,分别检验京津冀区域地方财政合作对区域经济协同发展、地方财政合作对区域社会协同发展的促进性作用以及促进程度。实证检验结果显示:在京津冀区域内,地方财政合作无论是对于京津冀区域协同发展中的经济协同还是社会协同均具有正向促进作用,即随着京津冀区域内各辖区间地方财政合作程度的日益提升,将有助于京津冀区域经济协同发展和社会协同发展的实现。

然后,鉴于京津冀区域地方财政合作对于区域协同发展在理论以及实证中均表现出的促进性,深入剖析京津冀区域协同发展中地方财政合作困境。因京津冀区域是"中国行政区划中最具有缩影的一个区域框架",涵盖了首都、直辖市和普通城市多类型辖区。即使是在京津冀区域协同发展的背景下,我国较为严格的行政区划以及京津冀区域较为特殊的辖区组成,也导致了京津冀区域市场的割裂、资源要素配置的扭曲以及正常经济发展节奏的干扰,给京津冀区域内各辖区间的财政合作造成了较为显著的合作阻隔。而在我国现行财政体制运行机制下,因"中国式财政分权"体制的束缚、辖区间税收利益分配机制的不公以及横向和纵向转移支付制度的缺位等一系列财政体制缺陷,造成京津冀区域内各辖区关系之间存在地方财政利益的难以协调和均衡,致使各辖区间财政合作陷入困境。此外,因京津冀区域内各个辖区在行政地位、经济地位、社会地位方面较为悬殊的差距,引发区域内各辖区间地方财力梯度差距格局的严重固化,进一步增加了京津冀区域协同发展中地方财政合作的难度,从而阻滞了地方财政合作对于区域协同发展促进作用的有效发挥。

最后,针对京津冀区域协同发展中的地方财政合作困境,提出地方财政合作的建构设想,以促进京津冀区域协同发展。确定"协同与共赢、平等与均衡、长效与动态"的地方财政合作基本理念,系统化建构以设立财政常态协调机构、增设地方财政间联合预算机制、完善地方财政间协同税收机制、健全地方财政间协同支出机制以及构建财政合作违约惩罚机制五个方面为主体的京津冀区域地方财政合作制度化基本路径,并匹配诸如培养各辖区契约经济理念、协同创新政府考核指标、强化市场决定性作用等相关配套措施,以降低财政合作协商成本、缓解辖区财政利益矛盾以及控制财政干预强度,提高区域内各辖区对于地方财政合作的积极性,从而充分发挥政府的宏观设计和导向作用,助力京津冀区域各辖区间通过契合的地方财政合作加速推进京津冀区域协同发展进程,尽快缩小区域内辖区间差距,实现京津冀区域一体化。

绪　　论

一、研究背景及意义

（一）研究背景

区域问题是当代中国现代化建设中极其重要的命题,也是我国人文社会经济科学学者们长期关注的领域。我国地域辽阔,自然条件和经济技术发展水平的地域差异性较大,且长期存在严格的行政区划,促使以省区为主的地方经济各自发展,呈现出"封闭式"自行发展的状态;再加上曾经低下的科学技术水平和落后的交通运输、通信条件,也减弱了区域经济在更大空间和更高层次的聚合程度;又因我国各类经济组织形式过于单一、狭窄、传统,阻碍了有组织市场的发育,导致我国难以形成全国性的、区域性的统一市场,致使我国区域之间、辖区之间存在较大的经济社会差距。但随着国际经济发展潮流的区域化涌动,"以邻为壑""单打独斗"的单体经济发展已经无法适应当前的竞争需求(Brenner & Theodore,2002),辖区间的联合发展已成为全球经济发展的基本共识。

而伴随我国市场经济的日臻完善、城镇化水平的逐步提高、经济活动的高度密集、信息技术的日新月异,我国经济"一体化"进程也正在加速,辖区间的经济联系愈发紧密,区域发展面临新的形式,区域发展战略进入重要调整阶段。尤其是 20 世纪 90 年代以来,我国区域空间内的经济、社会等各种要素结构重组并建立了新的关联,打破了原有"单体"发展模式,逐步形成了"城市群""经济带""经济圈"等新的社会经济空间形态(刘士林等,2014),并逐渐成为国家或地区的经济核心和经济增长极,其中,我国东部沿海地带就逐渐形成了珠三角、长三角和京津冀三大城市群。"十一五"规划中就曾明确提出"京津冀、长江三角洲和珠江三角洲等区域,要继续发挥带动和辐射作用,加强城市群内各城市的分工协作和优势互补,增强城市群的整体竞争力。""十二五"规划中则进一步说明:"充分发挥不同地区的比较优势,促进生产要素合理流动,深化区域合作,推进区域良性互动发展,逐步缩小区域发展差距。""十三五"规划中更是提出"拓展区域发展空间""强化区域服务功能",实现"区域协调""区域协同"等区域发展理念。至此,为了提升以"城市群"为代表性的区域整体竞争力,以相互依存、相互开放、共同发展为基调的区域协同发展新理念,已经成为区域发展的必然选择路径。

国家发展和改革委员会印发的《环渤海地区合作发展纲要》提出 2030 年京津冀区域"一体化"格局将会基本形成。作为三大城市群之一的京津冀区域,其协同发展已经上升为国家战略,承担着我国区域发展和城市群辐射的引领带头作用。而京津冀区域的协同发展不仅包括经济的协同,还包括政治、社会、生态等诸多内容的协同,是一个多元素诉求的复杂体系。但长期以来,一方面,由于资源的有限性以及地方利益与区域利益、国家利益的非一致性,在以 GDP 为导向的政府绩效评价体系下,为了吸引更多的稀缺或优质经济资源,获取更加丰富的经济发展要素,抢占发展先机,各级地方政府间不仅存在税收竞争、财政支出竞争和标尺竞争行为,还为了各自利益的最大化,不惜大搞地方保护、恶性地方竞争,设置众多地方性政策障碍。虽然竞争一定程度上促进了地方经济的快速增长,却严重阻碍了商品、资源、资金、劳务等生产要素的自由流动和资源的整体优化配置,造成区域市场的分割,阻碍了我国区域统一市场乃至全国统一大市场的形成,进一步拉大了区域内各辖区间的发展差距,与我国区域协同发展理念相背离。另一方面,随着区域内各辖区地方政府间横向经济、社会联系越来越紧密,相互之间的依存度也越来越高,而跨区流域治理、跨区基础设施的规划和建设、跨区突发性公共事件的应急、跨区资源开发与环境保护等跨行政区域公共物品和公共服务的供给缺位、供给不足问题日益突出。由此,打破京津冀区域分割、推动辖区联动发展、努力消除行政区划负面影响的呼声日渐高涨,京津冀区域各辖区间对加强区域合作、形成发展合力、打造新兴增长极的共识更加明确,愿望也愈加迫切。

京津冀区域内各辖区之间已在交通、产业与投资、商务与贸易、旅游、农业、劳务、科教文化、信息化建设、环境保护、卫生防疫、基础设施等众多领域展开全面合作,还定期举办合作论坛、建立了联席会议制度,以加强各辖区间的沟通与联系,寻求经济乃至社会公共事务等方面的全方位合作,共同促进京津冀区域协同发展。虽然京津冀的合作范围与合作程度在日益扩大和提高,且已逐渐成为京津冀区域发展和治理跨行政区公共问题的新战略,但鉴于当前的京津冀区域协同缺乏制度上的设计和安排,没有从根本上解决区域内各辖区政府间的利益分配问题,地方政府保护、行政壁垒高筑、重复建设等现象依然存在,政府间的合作形式、合作范围、合作主体呈现出较为明显的碎片化、随机化状态,不利于京津冀区域协同发展的稳定性和常态化,难以真正保障京津冀区域协同发展的长效性。而完善的财税体制是政府职能得以良好实现的制度保障。为了有效提高区域的协同发展程度,形成区域内的统一市场,通过地方财政合作的制度化,既可从根本上协调和配置好地方政府间的利益关系,在维持地方政府的经济和社会发展积极性、保证地方经济和社会持续发展的情况下,消除恶性竞争的驱动力,又可以整合政府职能,共同解决跨行政区公共物品和公共服务的提供问题,实现地方利益与区域利益的"共赢",最终缩小区域内辖区间的差距,达成区域"市场统一、财政统一、规划统一"高度协同的美好愿景。

(二)研究意义

本书以"促进京津冀区域协同发展的地方财政合作研究"为题目,通过对京津冀区域协同发展背景下地方政府从竞争走向合作的脉络进行梳理和系统论证,探寻地方财政合作对于区域协同发展的促进性作用机理,并基于协调京津冀区域内辖区间地方利益关系为出发点,探索地方财政合作的制度化路径构建,以促进辖区间良好互动关系的形成,督促京津冀区域内各辖区间合作的规范、持久和长效,进而实现深度的京津冀区域协同发展,既具有重要的理论意义,又具有实践性的价值。

第一,有利于丰富区域协同的内涵。我国在经济建设取得快速发展的同时,也带来了区域差距不断扩大的现实问题。差距的不断扩大,不单单是区域间的差距,连同区域内地方政府间的差距也在扩大。协同的主旨在于解决差距问题,而区域协同不仅包括区域经济协同,还应包括社会协同。但目前对于我国城市群、经济圈、经济带等区域的研究主要集中在范围界定、内部结构、演化特征、动力机制、空间规划等经济方面,关于财政对于区域经济的作用,也多是从财政竞争的角度分析政府间财政互动对于地方经济的影响,而对于区域的社会协同问题则研究较少,关于从财政合作的角度研究区域社会协同发展的文献则更少。论文以实现区域的经济协同和社会协同为目标,研究如何通过地方政府间税收制度、财政支出政策以及转移支付手段等方面的财政合作,缩小区域内各辖区的经济和社会差距,促进区域经济社会的整体协调发展。

第二,有利于完善现有地方政府关系理论。地方利益在任何国家的政治生活中都是先天客观存在的。在区域发展的背景下,地方政府作为一个相对独立的辖区,其利益主体的特质逐渐展现。随着我国政治经济的发展,关于地方政府间关系的研究内容侧重也在逐渐变化,20世纪90年代以前更多关注纵向政府间关系问题,90年代之后,对于横向政府间关系研究逐渐增加,地方政府间竞争关系成为热点,但关于横向地方政府间合作关系研究却相对较少。而区域的协同对于地方政府间的关系提出了合作要求,但影响地方政府间合作的因素错综复杂,归根结底应是凝结在政治、经济、文化、社会发展等各种诉求中的各方利益因素。国内外学者试图用公地悲剧、个体理性与集体理性的冲突、集体行动的困境等作为分析的依据,运用市场机制理论和科层制度理论来解决地方政府间关系合作困境问题。在检视了现有文献的基础上,本书从财政利益协调的视角出发搭建一个较新的地方政府间关系研究的逻辑框架,将研究的焦点聚集在"辖区政府间的利益协调",对拓展政府间关系研究内容、丰富政府公共管理理论,尤其是地方政府间合作关系理论具有一定助益。

第三,有利于京津冀区域协同的尽快实现。鉴于区域差异性的存在,在对区域问题的研究中,既要注重总结一般性规律,又要注意处理特殊性,采取以某个区域为研究对象的研究方法,既可以探寻区域协同发展中对于地方财政合作要求的一般规律,又可以充分考虑京津冀自身的特殊性,从而进一步提高地方财政合作制度化的可实现性,促进区域协同发展的尽快实现。论文以京津冀区域为研究对象,在深入探析地方财政合作和区域协同发展的内在关联机理的基础上,通过对京津冀区域地域、文化、发展脉络等翔实资料的剖析,厘清地方财政合作与区域协同发展的关系,并运用京津冀区域相关数据验证地方财政合作对经济协同、社会协同的促进作用,经过对地方财政合作困境的深入剖析,进而提出实现区域协同的地方财政合作制度化和配套建议。由于京津冀区域是我国东部重要的三大经济增长极之一、三大城市群之一,具有较强的区域发展代表性,研究京津冀区域的地方财政合作制度化对于促进其他领域的地方财政合作、实现区域协同发展同样具有借鉴性实践意义。

二、研究文献综述

(一)有关区域协同发展的研究

关于区域协同发展的界定,Olson(1965)的 *Logic of Collective Action* 为研究协同行为的形成与发展提供了一个比较简单但非常精致的分析框架。Stohr 和 Todling(1977)、Krueger 和 Robert(2011)、李国平(2012)认为区域协同发展已成为推进区域城市化进程、建设和谐社会的需要,由于区域可以根据自身需求来规划区域内人力和物力的发展,并可限制对发展产生不利影响的外界联系,随着各地间日益密切的经济交往,通过合作博弈区域经济系统协同发展存在协同可能性(侯建荣,2009),形成相互依赖、相互适应、相互促进、共同发展的内在稳定运行机制,达到各区域经济均持续发展的过程。覃成林(1996)、曾坤生(2000)、高程(2010)、祝尔娟(2014)认为区域协同一般包括空间系统协调、人口发展动态协调、产业结构协调、资源环境协调、社会发展协调等诸因素的协调发展。而徐现祥、舒元(2005)则采用非参数估计的 Kernel 密度函数,运用增长分布演进方法,考察了我国省区经济增长及其增长中的差距,模拟出省区协调发展的实质是落后省区经济增长追赶发达省区经济增长的过程,并进而确定区域协调属于趋同的研究范畴。此外,刘爱雄和朱斌(2006)、刘东升和马海龙(2012)还提出产业的有效互补是实现区域产业协同发展的基础、产业竞争力的协同提升是促进区域产业协同发展的核心、战略与对策的制定是推进区域产业协同发展的保证,其协同效应主要表现为隐性协同和显性协同(陈甲华、邹树梁,2006)。白晋湘(2007)还将协同理论引入到区域农业之中,并认为"区域农业品牌发展的核心问题是怎样协同不同营销主体在满足目标市场消费者需要的前提下,与区域品牌的资产最大化目标保持一致"。

关于区域协同发展的内容,恩格斯(Friedrich Von Engels)1876年在《反杜林论》中首次提出,未来社会主义社会生产力应当平衡布局的思想,若想实现生产力的平衡布局,需要遵循几个基本原则,其中就包括发挥各辖区的地理和资源优势、促进辖区经济的合理分工以及合理的生产力布局,以促进工农结合和城乡结合,逐步缩小辖区间的差距。由于产业结构趋同是我国区域经济发展中普遍存在的现象,而此种趋同的形成,究其根本原因则主要是由于主导产业的选择和布局是基于地方政府的地方利益和官员的价值目标而定,并非依据该辖区的资源禀赋和比较优势而定(巫文勇,2006)。但区域协同应依据各辖区的资源禀赋特征和原有产业结构优势,培育产业集群,有效解决"诸侯经济"问题(杨灿明,2000),实现各辖区的优势互补,提升各个行业的生产效率和利润(范子英、张军,2010),推动区域内产业布局的统筹、合理和优化,形成产业集群和集聚效应,增强整个区域经济的总体竞争力(王玉柱,2014)。其中,陈甲华、邹树梁等(2006)构建技术协同、生产协同、市场协同等评价指标体系充分发掘联盟的协同效应;徐婕(2007)运用改进的 DEA 模型对我国各辖区的资源、环境与经济协同发展进行评价;Ke(2008)用层次分析法和指标加权法分析了中国安徽省的协同发展状况;王新华(2007)、鞠雷(2009)通过构建综合评价指标体系,对我国县域经济协同发展水平、县域产业协同发展水平进行了评价;Li(2010)用多指标综合法分析了中国区域的协同发展状况;郑红玲(2010)运用回归分析研究了 1990—2008 年河北省物流业与区域经济的协同发展;刘海明(2011)运用灰色关联分析和 DEA 方法评价了福建省产业协同发展成熟度和九地市间的效率;涂智寿(2010)、吕青(2012)则用灰色关联法对重庆物流与区域经济增长情况进行了分析;李琳、吴珊(2014)运用扩展的数据网络分析法揭示出区域经济协同发展的动态特征和变化趋势;李海东、王帅、刘阳(2014)结合 TOPSIS 思想和灰色关联理论得出区域理想发展度和协同度对皖江城市带的整体协同发展进行了判断和验证。

关于区域协同发展的影响要素,陈国阶(1997)曾指出区位对感受现代世界工业化进程的差异是导致发展差距的根源;李燕茹、胡兆良等(2001)指出战场的分布规律对区域经济的发展也有着深远的影响,如古战场北方的黄淮海平原为现在的经济洼地;赖明勇(2002)、李永友等(2008)认为资金因素尤其是 FDI(外商直接投资)可以促进经济的增长,且外商直接投资对于区域协调发展影响最大;陆大道(2003)提出,自 20 世纪 90 年代初期起,矿产资源、水资源、交通等传统因素对区域经济的发展作用就开始逐渐下降,而信息、科技、生态环境、体制创新等成为影响区域发展的新因素,并造成了我国辖区间经济发展的巨大差距;李忠强、黄治华、高余宁(2005)以及李亚玲、汪戎(2006)认为人力资本基尼系数与辖区经济发展之间存在较强的负相关关系,区域间人力资本不平等性的差异是区域经济差距的重要原因;吴传清、刘方池(2003)和孟令国(2004)认为科技创新已成为决定区域经济增长的主要决定因素;王铮(2006)指出信息化水平对省区经济作用突出,与经济增长速度呈正比;Van Beers(2008)、赵景柱等(1999)也指出生态环境在区域经济发展中的作用愈发重要,若生态环境遭到破坏则辖区经济发展就会受阻;杨先明等(2006)还指出在市场经济条件下能力结构差异程度也将影响辖区之间的合作范围与效率,如云南省的能力结构相对较弱,以资源为主的产业并以此为主进行贸易的方式不可能改变目前日益扩大的省际贸易差额的现状,这最终将影响云南参与合作的积极性;李琳、刘莹(2014)运用哈肯模型,指出区域比较优势、区域经济联系和区域产业分工是影响我国区域经济协同发展的三个大驱动因素;杨勇(2011)对实现高效协同的影响要素进行了汇总分类:一类是包括资金、人力资本、区位、文化和历史等的传统因素;另一类是新因素,包括信息、科技、生态环境等。

关于区域协同发展的实现,William Ouchi(1980)研究了协同的两个问题:其一,集体行为中各行为人如何在规范上达成共识;其二,如何对基于市场机制和基于规则的社会协调中的缺陷进行补偿。高明、刘俊杰(2008)将协同发展的动力划分为市场驱动力和政府调控力。其中,协同治理是政府调控的有效方式,是实现从治理到善治的有效途径,具有匹配性、一致性、有序性、动态性和有效性的特征(李辉、任晓春归,2010),是在反思传统官僚制行政模式和碎片化新公共管理模式基础上形成和发展起来的(吕志奎、孟庆国,2010)。在协同发展的进程之中,社会中介组织具有参与功能、监督功能和中介功能,应选择"政府主导下的官民互动合作"的协同之路(李伟、方堃,2007),跳出"国家或政府中心论",并将多中心与协同有机结合起来,在解决社会公共问题过程中建立起一种纵向的、横向的或者纵横结合的、高度弹性化的协同性组织网络(杨志军,2010),实施传统治理范式的革新,实现政府管理向协同治理的转变(何水,2008)。众多学者基于对先前文献进行系统研究和综合分析,曾构建跨部门协同分析模型(Bryson、Crosby、Stone,2006)、六维协同模型(田培杰,2013)、公私协力运作模型(王千文,2009)、SFIC 模型(Ansell、Gash,2007)。但四个模型的研究方向有所不同,其中六维协同模型主要研究公共服务中的协同,公私协力运作模型主要研究城市更新或社区规划方面的公私协力,而 SFIC 模型则是在排除外部环境影响的条件下对协同展开的"封闭式"广泛研究。

(二)有关地方财政合作的研究

1.地方政府竞争与合作

随着区域间管辖权界限的逐渐模糊,政府间关系也变得越来越重要,"多方治理"的政府间活动也越来越多。美国学者 Clyde F.Snider 在其 1937 年发表的《1935—1936 年的乡村和城镇政府》一文中较早提出了政府间关系这一概念。而 Paul R.Dommel(1991)则根据命令服从制的等级设定和协调支配的分割体系设定,系统研究了美国政府间的纵向与横向关系,指出横向关系是竞争与协商双重支配的分割体系,地方当局具有竞争和协商的驱动动力。尚立(1998)、谢庆奎(2000)、钟晓敏(2009)、饶常林(2014)等国内学者对于我国政府间的横向关系也进行了深入的研究,指出我国各辖区政府间关系以利益关系为纽带和主导,往往通过权力关系、财政关系和公共行政关系体现出来,尤其在我国经济转轨期间,地方政府已经演化成为地方经济发展的利益主体,政府间具有竞争关系,并作为经济管理者、竞争者以及经济干预者在区域经济发展中起着关键的作用。

关于政府竞争,美国经济学家蒂布特的《地方支出的纯理论》中"用脚投票"(Tiebout,1956)理论为财政分权提供了新的理论基础,指出如果居民能够在不同的社区进行选择,管理不当的社区就有可能造成居民的纷纷离开,以迁入其他社区,因此,地方政府具有为居民更有效提供公共服务的动力,将会更加关注居民的需要。而 Hoyt(1991)提出地方政府面对人口流动的竞争压力,为了提供良好的公共服务,地方政府会改善各辖区的投资环境以赢得一些稀缺的有价值财政资源,或者避免一种特别的成本,以获取稳定的财政收入,保障长期健康高效的地方经济发展,由此形成地方政府之间的政府竞争。国内学者肖建忠(2003)对地方政府横向博弈建立试点竞争博弈,揭示出了地方政府横向竞争的源动力,即地方政府在经济发展及政绩动机的驱动下意欲通过竞争力获得中央政府对其制度创新的认可。陆大道(2003)、李郇等(2012)论证得出政府间的竞争虽然一定程度上促进了市场的深化改革、制度创新,但随着政府间竞争的日渐激烈,会造成产业结构趋于雷同、基础设施重复建设、招商引资恶性竞争、环境污染严重等现象愈演愈烈。蔡昉等(2002)、周业安(2003)、王玉柱(2014)等学者则通过简单的博弈模型,验证由于垂直化行政管理架构和资源流动性的限制,地方政府之间的竞争并不必然带来经济的良性增长,特别是在地方政府选择保护性策略和掠夺型策略时,会增大辖区间的交易成本,这种保护带来的价格扭曲会产生资源配置低效率,从而损害经济增长。周黎安(2004、2011)更是详细考察了政治晋升激励对地方政府间策略互动行为进而对经济增长的影响,认为地方官员的政治晋升竞争是促进我国经济持续快速增长的一个重要动力,但也带来了地方保护主义、重复建设以及区域间恶性竞争等一系列负面影响。吕冰洋、聂辉华(2014)从契约的角度分析了我国分税制的特性,也指出在信息不对称的条件下,地方政府行为会扭曲,从而造成经济粗放型增长模式。

关于政府合作,在政府的合作形式选择方面,美国学者 Philip J.Cooper(2006)曾指出地方政府作为政府间合作中最具活力的因素,应经常采取合作协议的方式实现互助;Thorsten Headlamp(2000)认为大都市辖区管理组织通常是地方政府间协调合作的主要形式之一,其研究了马德里大都市区和周边辖区通过地方政府之间的合作协调来共享基础设施的过程;英国著名学者Sullivan、Chris(2002)则认为通过契约、伙伴关系和网络等三种合作形式构建可行性的合作机制和协同发展组织,可分别集中体现出政治层面、操作层面及财政层面的诸多因素,进而促使解决跨区域间的公共事物问题;而Nicholas Henry(2006)在对美国联邦制下的政府合伙进行了比较细致研究的基础上,将美国各州之间的政府合作形式分为州际之间合作、州协会和其他形式的合作小组或经济联盟,而各地方政府之间的合作形式又可以进一步划分为政府之间转移、政府之间服务合约及联合服务合约,其中类似于县级议会协会、市级自治团体协会及城区议会协会等合作形式,在构建地方政府之间良好合作关系中也能够起到举足轻重的作用。罗伯特·阿格拉诺夫(Robert Agranoff)、迈克尔·麦圭尔(Micheal McGuire)(2007)还论证出通过联合政策制定、付费服务协定、联合服务协定或者通过融资项目从其他地方获得资源等多种途径,"协作性公共管理"可以实现。而在影响政府合作的因素方面,David Lake(1999)曾经从合作成本的角度论述了政府合作,他认为规模经济、机会成本的预期成本以及治理或代理成本均会对经济中的政府合作产生影响,即成本愈高,双方合作控制权越少,合作动力也就越少。Julie Cencula Olberding(2002)通过对美国所有都市区调查发现,政府间的合作规则虽然会影响经济发展中的政府伙伴关系,但其对伙伴关系的形式、内容、组织结构及过程的影响却是极为有限。Krueger(2011)则通过构建城市政府合作选择模型,验证出政府间的交易成本、竞争强度、资源因素对于城市间合作的选择均有影响。国内学者研究政府间合作时,多是从博弈的角度予以分析。肖建忠(2003)通过建立三阶段博弈模型,论证出政府间在"试点竞争博弈""序贯博弈"的基础上实现"最终的子博弈精炼均衡"的政府间合作结果。麻挺松(2005)指出各地方政府合作存在绝对收益和相对收益之分,并认为相对收益对地方政府合作绩效有更重要的影响,当地方官员追求绝对收益最大化时,合作绩效较高,当追求相对收益最大化时,合作绩效较低。许源源(2012)认为合作的共同收益、偏好的多样性、博弈者的地位和实力以及博弈结构和参数的稳定性都会影响政府间的合作。马润凡、吴松霖(2014)也指出地方政府间合作的实现会受到区域经济发展惯性思维、行政区经济惯性、区域利益分配补偿机制欠缺等方面的制约和影响。饶常林(2014)更是指出应建立有效监督约束机制、合理利益分配机制、培育信任机制,坚持对背叛行为予以惩罚、加强上级政府对地方政府合作的引导和激励,构建良好的制度环境,以此战胜短期背叛利益的诱惑,推动地方政府合作向纵深发展。

2.地方财政竞争与合作

关于地方财政竞争,Besley 和 Case(1995)、Breton(1998)以及 Pantelis Kammas(2011)都曾指出政府间为了吸引各种优质资源(人才、资本等),各级地方政府间存在税收竞争、财政竞争和标尺竞争行为。而郭庆旺和贾静雪(2006)概括总结出财政政策外溢效应机制、财政竞争机制、标尺竞争机制三类机制分别刻画出了地方政府间财政策略互动行为的形成机理,其中,财政政策外溢效应机制表明一个辖区的财政政策的外溢效应会直接改变其他辖区的政府偏好,导致地方财政行为具有明显的空间依赖性(Wilson,1996;Germa Bela,2013;崔民选、阎志,2016);财政竞争机制则强调地方政府在地区竞争之中通过财政手段争夺有利于本辖区社会经济发展的稀缺资源;而标尺竞争机制则表明由于信息的外溢性,公众会将本辖区与其他辖区进行比较性评判,迫使本辖区的地方政府在实施财政政策时需考虑其他辖区的财政手段(Salmon,1987;吴俊培等,2012)。如 Brueckner(2000)、沈坤荣等(2006)以及李永友等(2008)都指出各个地方政府之间为了提高对外部资源的吸引力,提高本辖区的竞争能力,会发生税收策略的博弈行为。但 Boski(1973)、Kwon 和 Richard(2010),指出公共产品具有外溢效应问题,沈坤荣、付文林(2006)则基于此认为资本在辖区间的配置不仅取决于本地税率,还会受到周边其他辖区税收政策的影响,即辖区之间会在税收市场上进行博弈,而地方政府利用税率手段的博弈行为,不仅对资本、劳动力等经济要素的区域配置产生影响,而且会使不同辖区经济发展潜力产生差异,从而引起宏观经济的波动。此外,Poncet(2005)还依据地方政府追逐经济效益最大化、寻求经济社会稳定的目标,将财政预算占 GDP 的比重及政府消费纳入了回归方程,结果显示政府投入和消费确实加剧了市场的分割;Qian 和 Roland(1998)利用委托代理理论和公共选择理论,指出分权体制下的辖区之间竞争有助于减少政府对微观经济部门的干预,会提高地方企业的效率,并带来高速的、可持续的经济增长;而 Redding(1999)、陆铭等(2004)也指出落后辖区的地方政府也希冀依赖地方保护和市场分割来获得更大的谈判优势,以此逆转自身的比较劣势,在未来获得更快的经济增长。

关于地方财政合作,自 20 世纪 50 年代经济学者们从公共产品及公共事务的角度开始研究地方政府之间的财政合作问题,如 Tiebout 的"用脚投票"理论中指出地方政府的公共产品供给要关注地方政府间的竞争和合作问题。美国著名学者弗雷德里克·莫舍(Frederick C.Mosher)在 1968 年《民主与公共事务》中也主张,对公共交通、废物的排放及污水处理等单个政府不易处理的公共事务,各个地方政府应共同协作处理。Elinor Ostron(1990)基于多中心治理理论视角对公共事务财政合作的行动逻辑进行了卓有成效的研究。Richard Briffault(1996)针对边界相连而导致的政府间竞争、财税差距以及溢出效应,提出了治理"混合战略",即地方政府在保留地方事务基本决策权利的基础上,对土地利用、财税使用等问题选择从整体利益角度制定政策,减弱地方边界负作用。徐博、薛炎凌(2006)提出应先成立合作规划机构,并通过建立地方政府的风险分担机制、区域发展风险基金等方式,将区域发展置于宏观经济格局之中,加强财政合作,避免欠发达辖区的牺牲环境和资源浪费,促进先进辖区与落后辖区的要素流动,取长补短,实现经济协调发展。杨龙(2008)在分析中央政府促进地方政府合作机制的基础上,探析了地方政府之间财政合作的动力及过程,提出地方政府财政合作的三种模式:互利模式、大行政单位主导模式和中央诱导模式。由于系统内部普遍存在着耦合与相悖两种作用形式,合作就是通过催化使耦合作用大于相悖作用。成为杰(2011)通过系统耦合理论进一步验证了财政合作在互利模式和中央诱导模式下,推动经济合作和社会合作,经济合作又反作用于政府合作和社会合作,从而推动了整个系统的功能演进和结构演进,最终形成了更高级别的结构功能系统,促进区域市场一体化的过程。赵明刚(2011)发现财政合作在促进民族团结、社会稳定等方面有独到作用。

(三)有关地方财政合作与区域协同发展关系的研究

关于区域协同发展中对于地方财政合作的需求,Qian、Weingast 以及 Roland(1997、1998)提出在分权化制度安排下,为了获取地方利益最大化,地方政府可能会认为市场分割会使整体经济缺乏效率,倾向于采取市场化改革、维护市场秩序、保持和促进市场化进程,促进辖区经济增长,实现依靠自身税收收入来维持财政支出的目的,其结果就是所谓的"市场维护型财政联邦主义"。Helen Milner(1992)曾指出区域合作是某一地缘范围内的国家或地区为谋求共同目标而形成的集体行动;其间,区域内国家就某种秩序的权威性及约束力达成共识,并在这些共识基础上调整本国行为,以适应区域内他国当前及未来的需求。但 Emmanuelle(2004)认为区域内不同规模的两个辖区,协商是唯一维持策略性发展的方法,但税收协调和财政合作的实现却需要依赖于区域间的差距,如果差距越大,财政合作越具有不可维持性。而 Bai(2004)却认为地方政府可能为了扶持本地经济,增加财政收入,产生限制本地资源流出和外地产品流入的冲动,从而造成市场的非一体化,尤其是落后辖区的地方政府更倾向于依靠地方保护和市场分割来扭转自身的比较劣势,却进一步造成社会总产出减少和资源配置效率的损失。除此之外,Hoyt(1991)证实在区域联合的过程中,联合的城市数量越少,政府会设定更高的税率以提供公共服务,由此,通过减少区域内的城市数量可以实现税率与福利的上升。但 Porto(2012)发现辖区在选择区域合作时更倾向于选择已经存在的且周边辖区也加入的合作。而国内学者分别运用变异系数(杨开忠,1994)、人均 GDP 和人均国民收入指标及 β 收敛系数法(魏后凯,1997)、基尼系数(林毅夫、刘培林,2003)等方法考察区域内辖区间的经济差异,得出辖区间人均收入差距呈现不断扩大趋势的结论,并对辖区差距的成因进行了进一步的剖析和论证,得出以下几个因素:(1)辖区的特定条件,包括地理环境、区位、资源禀赋、历史积淀、人文社会环境等(陆铭等,2004;祝尔娟,2013)。(2)政策倾斜,包括税收优惠政策、投资政策等(樊纲、王小鲁等,2004;黄夏岚、胡祖铨、刘怡,2012)。

（3）辖区发展战略，包括发展模式、产业结构等（林毅夫等，2003；刘云中等，2013）。成为杰（2014）提出区域的协同发展需要合理规划整体区域的经济发展结构，对于区域内的资源进行有效整合，如在限制开发区和禁止开发区减少工业开发行为而引发的地方财政收入的波动，省级地方财政负责落实相关的财政转移支付和政府投资等，这需要各个地方财政的协调；而孙久文（2014）更是明确指出"市场主导、政府推进"将是我国最高效的区域合作基本模式；杨志安、邱国庆（2016）提出构建多元主体利益协调机制方式，倡导区域协同治理模式的顶层设计应引入财政合作的思维。

关于地方财政合作对于区域协同发展的作用，Friedman（1966）指出任何一个区域都存在经济相对发达的辖区和相对落后的辖区，落后辖区是与中心保持经济依赖关系但缺乏经济自主权的外围辖区，但随着市场的扩展、通讯设施的改善和城市增长的拓展，会出现空间经济的一体化（Reingewertz，2010），使得中心与外围的界限变得模糊，落后与发达辖区的差距也逐渐缩小。而Andrew（1999）指出区域性的财政政策对于区域经济的财产市场、基础设施具有重要的影响。Ermini（2009）和Santolini（2010）却致力于意大利地方财政公共支出中辖区协议的影响研究，发现在交通道路与辖区安全方面交易实现自愿性合作；Reingewertz（2010）也对以色列公共支出中城市合作的影响做了系统分析；Porto（2012）发现财政合作可以提高辖区的财政收入水平；Eiji Okano（2014）则指出理论上财政合作在扩大社会福利规模方面具有显著的作用，但其通过构建一般随机均衡模型，且假设有两个没有贸易往来的国家共建货币联盟，却得出了与理论分析截然相反的结论，即财政合作没有意义，因此进一步说明，财政合作整体效益提高的实现须基于共同利益的提升这一基本前提。此外，Sylvie Charlot、Sonia Paty、Virginie Piguet（2014）利用法国各市政当局的经验，运用空间和面板计量经济技术，评估了1993年至2003年地方商业税的定税模型，以此评估去中央化的国家中，财政合作对于地方税收的影响，并在控制人口规模后，发现财政合作很有可能会降低租税竞争，并因此导致地方商业税率的增加。但Quentin Frere、Matthieu Leprince and Sonia Paty（2013）却得出相反结论，认为财政合作作用并非如预期的那样会减少辖区的公共支出。

但国内学者伍文中(2013)提出通过公共权力的配置和运用,将政府相互间的行为与公共物品和服务供给联系起来,可以促进财政的有序竞争和合作,加速实现区域经济的长效协同发展。段铸(2015)更是指出虽然地方财政合作的实现面临众多的困境,但德国财政平衡体制的实践为地方财政合作提供了有效的思路。

(四)有关京津冀协同发展中地方财政合作的研究

关于京津冀区域的形成,陆军(2002)重点分析了京津城市经济区域的历史变迁,并指出任何区域的形成以及形态的演变都将是不同经济发展阶段主要经济活动和经济关系的具体繁衍,其空间形态则决定于区域内城际的经济关联关系。于涛方等(2007)还通过就业结构、人口变化、功能格局和转型等角度探讨了京津冀区域的多中心结构特征、演变,以及相应的功能格局和变迁特征。李国平(2008、2012)指出京津冀区域地域相连、文化相近,具有地域的完整性和较强的人文亲缘性,具有区域协同的基础。

关于京津冀区域内的差距,2005 年亚洲开发银行在《河北省经济发展战略研究》报告中首次提出"环京津贫困带"问题,之后,众多学者从不同角度对贫困带进行了实证和原因探究。如孙久文、邓慧慧(2006)根据区域趋同基本理论,采用新古典方法,运用 Barro 和 Sala-I-Martin 趋同模型分析了京津冀区域经济增长情况,并进行了 δ 趋同和 β 趋同检验,研究结果表明,北京、天津和河北第三产业发展具有明显的差异,而综合区位优势是造成此差异的主要原因。周立群、邹卫星(2006)利用人均 GDP 变异系数、泰尔指数和基尼系数测算出京津冀区域内各辖区之间差异呈现出持续扩大的趋势。曾珍香等(2008)运用主成分分析方法,对京津冀区域协调发展现状进行了综合评价,同样得出北京、天津综合实力强,而河北经济实力弱,且落差巨大的结论。众多学者对京津冀三地经济发展产生差距的原因也进行了深入分析,如赵玉(2008)认为自然地理条件恶劣、物质资源匮乏、政府政策的制约、扶持补偿机制的缺位都是造成京津冀差异的原因,戴宏伟(2011)则认为区域之间定位失衡是造成京津冀差异的根本原因。除此之外,刘作丽、贺灿飞(2007)利用经济普查数据分析出京津冀区域工业结构存在趋同现象,张贵、王树强等

(2014)进一步证明京津和津冀间工业组成相似,说明京津和津冀间存在严重的产业趋同,其具有明显竞争倾向,而京冀间工业组成的相似系数较低,产业差异明显,其协作倾向较强。为缩小京津冀的差距,杨开忠(1994)提出推进一体化建设促进京津冀区域合作的协调发展思路,倡导在首都持续发展中关注建立区域经济与区域生态合作机制。戴宏伟等(2003)从产业转移的角度,倡导应加强京津冀的区域合作,杨连云等(2006)认为"优势互补,错位发展"是实现京津冀协调发展的必由之路,并指出京津应重点发展高科技和现代服务业,而河北应该走新型工业化道路,重点发展现代化的重工业和制造业。张洪河(2006)认为适当的政府干预是京津冀区域合作进入良性发展的前提,也是区域合作模式有效运行的关键,应明确中央和地方政府职能,扩大区域合作范围。而刘丹丹、孙文生(2006)从区域利益交换的角度,倡导京津冀区域应建立"公平竞争、机会均等、利益兼顾、适度补偿"的新型区域利益协调机制。王曙光、金向鑫(2014)指出先天的税制设计、税收优惠政策的差异、财政转移支付均等化作用的有限性等都拉大了辖区间经济发展的差距,并进而提出实施综合财政政策、改革现行财政体制、规范转移支付制度、集中使用财政资金和加大税收优惠政策力度等财政政策。高雪莲(2015)通过财政标准人横向分配模型对京津冀公共服务水平差距进行了分析,也指出财政分配差距是导致京津冀公共服务难以实现一体化的根本性原因。段祺瑞等(2014)指出京津冀区域各辖区间的竞争促进了"京津冀经济圈单个经济体的经济增长",拉近了各辖区之间的经济往来联系,但于文豪(2015)进一步提出辖区间激烈的竞争也形成了"因患寡而患不均"的区域结构性矛盾,不仅导致了各辖区间经济与社会发展差距的不断扩大,更造成了地方财政能力、人均公共服务财政投入等方面的显著差距。

关于京津冀协同发展,叶卫平(2006)提出区域的协同发展和优势整合需要在组织机制、财税制度、利益分配机制上进行创新,建立区域政绩评价机制,创新财政转移支付、增值税体制,建立突破行政区划限制的京津冀利益分配机制。祝尔娟、文魁等(2014)用综合承载力、区域承载力、相对承载力、潜在承载力等新理念综合分析了京津冀区域的发展,提出从"纾解承载压力"和"增强承载压力"两方面实现区域协调发展。孙久文、原倩(2014)采用纵向历史比较和三大城市群横向比较的方法,将京津冀协同发展划分为被动阶段、自动阶段和协同阶段三段时空演化阶段,提出"扁平化"城市体系和"多元化"动力机制,构建"一体化"要素市场和"长效化"协调机制建议,推进京津冀区域向更高的协同阶段演进。刘东生(2012)对京津冀经济圈经济社会发展优劣势进行了量化分析,发现三地经济社会辐射能力弱化严重,协同发展难以推动。连玉明(2014)指出京津冀三地间的行政区划限制,造成许多方面政策不统一和利益不统一,各自为政、各行其是的区域发展形势,使得京津冀区域内各辖区之间难以实现高层次的协同,引发市场分割、恶性竞争,应打破京津冀行政区划的界限,促进协同的实现。祝尔娟(2014)提出推进京津冀协同需要处理好中心城市与所在区域、北京与天津分工合作、经济社会生态协调发展、市场与政府四大关系,在利益契合点上实现突破。许爱萍(2014)针对科技创新,指出京津冀三地由于科技创新资源分布不均衡、创新成果区域间转化存在障碍、创新人才流动受制于体制约束等问题,阻碍了京津冀区域内各辖区间科技创新的协同发展效率。皮建才、赵润之(2017)在充分考虑了京津冀跨界污染的现实情况下,通过动态博弈模型,进一步揭示出京津冀环境的共同治理相较于单边治理虽然能够有效提升区域的整体社会福利水平,但需要依托于补偿机制才能够得以顺利推行。

关于京津冀区域地方财政合作面临的困境,实现京津冀区域协同,首要的问题就是合作,只有加强合作才能提高京津冀区域的整体经济实力。而合作的实现需要建立在共同利益的基础之上,因此,连玉明(2014)指出京津冀三地共同利益的探寻是实现京津冀跨区域协调发展的根本途径。伍文中(2013)提出为了实现京津冀的协同发展,京津冀之间在树立"竞合"理念的同时,应通过建立利益协调和利益分享机制,加强沟通、联系与配合,实现京津冀的要素流动、资源共享和优势互补,增强整体发展意识,避免重复建设和消除恶性竞争,促使区域在合作中加快整体发展速度,实现京津冀个体的"共赢",达到京津冀区域总体利益的最大化。段铸、程颖慧(2014)更是强调协同发展理当成为地方政府间财政关系的基本态势,地方政府财政间的竞争在协同发展的引导下必将最终走向财政协作。而刘亮(2011)提出依据我国当前的税收制度,跨地区经营企业由于总分支机构的存在,会产生税收与税源背离问题,京津冀区域同样面临此问题;段铸等(2014)、周建霞等(2013)也指出京津冀区域的财政支出责任模糊,与财权难以完全匹配,影响了横向转移支付的实施,造成了区域内发展的严重不平衡,且京津冀区域经济的发展多属于政府投资拉动经济,京津冀三地的产业布局趋同,还影响了区域内劳动力的流动以及技术的进步;高玉(2015)更加鲜明地提出京津冀政府之间在税收分配方面缺乏协调机制,在协同发展中的产业转移会影响产业转出地的税收,再加上总部经济税收政策的存在,京津冀区域财政政策对于协同会有一定的影响。

关于京津冀区域地方财政合作的改革建议,刘亮(2011)提出可以建立京津冀政府税收协调机制,就京津冀区域内的征税对象、纳税环节、纳税地点、税收分享比例、信息沟通等方面进行协商,达成制度上的安排,缓解乃至消除京津冀三地间的税收与税源背离问题,实现产业结构的调整,以促进京津冀的协同发展;白彦锋(2014)、齐子翔(2015)提出可以在建立由京津冀高层领导参加及财政金融等部门实际担任职务的规范协调机构的前提下,基于京津冀现有的京津风沙源治理工程、河北张家口坝上地区绿化等财政合作项目基础,探索建立京津冀合作发展基金、整合中央政府对京津冀的各类资金并集中力量解决重点问题、推动京津冀的财政资金行业统筹、明确各级政府财政支持的责任;李靖(2014)进一步提出针对重点基础设施项目向社会私营部门招标,可以通过 BOT、BOO、PFI 等方式,让非公共资源也参与提供公共产品和服务,既实现政府公共部门的职能也同时为民营部门带来利益,即公私合营得以实现;而段铸、王雪祺、程颖慧(2014)提出规范京津冀财政竞争秩序,完善横向转移支付制度,建立产业与科技双对接的财政支持系统,将环境补偿、基本公共服务均等化、京津冀共同开发内容纳入跨区利益协调机制,通过预算专项列支,鼓励社会资本参与京津冀建设,以扩大建设资金来源;张牧扬(2014)针对京津冀雾霾的治理问题,提出通过横向转移支付的方式,以专项资金的形式,拨付给相关企业,切实保障专款专用,实现辖区间协同治污,而在此过程中,为了激发积极性,还需中央给予相应的财政资金和财政政策表示支持,有助于解决辖区间收入差距造成的污染意愿差异;高玉(2015)指出探索建立以产值比例分享为核心的税收制度,并将其作为京津冀协同发展的基础性制度保障。

(五)研究文献述评

1.现有研究取得的成果

首先,随着我国区域经济的快速发展,国内学者更多地从全国视角考察和探讨了区域的差距问题,如研究区域的产业结构趋同问题、区域的公共设施重复建设问题、区域的经济差距扩大问题等,并进而提出解决区域问题的相关制度与非制度性的改革措施和建议,由此,区域协同发展成为区域经济发展的战略选择。国内外学者对于有关区域间、政府间、机构间的协同、协作、协调以及合作的相关经济问题进行了诸多的探讨和深入的研究。对于区域内的共同发展,众多学者通过研究基本达成共识:即一方面,区域的协同不仅仅是辖区间经济差距、地方财力差距的缩小,还在一定程度上蕴含了本辖区公民所享受到的基本公共服务的大体均等;另一方面,基于先天的地理、人文、资源等环境的差异性,区域的协同也并非等同于各辖区经济和社会差距的完全消除。

其次,虽然 Tiebout 的研究基于一系列的严格假设,但其仍旧开创性地呈现了"表达自身偏好"的自然机制——人口流动,辖区间居民的"用脚投票"构成了辖区间政府竞争的机制,奠定了财政分权理论的坚实基础,并引发了后续学者有关税收竞争、财政竞争以及标尺竞争等众多的理论与经验研究。由此,财政分权体制下,地方政府具备财政利益的主体地位,会围绕财政收支形成其自身的激励。国外学者通过各种技术模型和方法聚焦政府间的税收竞争与财政竞争问题,充分论证了税收和财政竞争的存在,并通过理论分析和实证检验出税收、财政等竞争对于当地的税率、财政支出、财政政策的影响,进而提出过度竞争导致区域间、区域内差距扩大的结论,进而提出政府间开展有序财政竞争和合作的理念,以缩小区域差距。而国内众多学者在对我国当前辖区间的财政竞争进行研究的过程中,也指出由于我国财税体制改革而造成的地方财税体系的不完善("中国式财政分权")、政府考核机制的不健全,以及中央政府主导下的"政治集权、经济分权",使得中国地方政府发展本地经济的冲动与其财政利益高度吻合,我国辖区间同样存在着税收、财政等竞争,且具有过度竞争、恶意竞争的发展可能态势。这不仅造成地方财政支出结构扭曲、公共服务提供不足等问题，还造成了资源匮乏与资源浪费的同时存在，致使各地方仅注重短期经济利益，而对各辖区、区域内乃至全国的经济长效健康发展带来了消极影响。

最后，在中国式财政分权和区域协同的共同背景下，学者们提出辖区间合作发展的设想，由此，区域内辖区间"携手"共同谋发展成为下一阶段的必然发展路径选择。我国学者从辖区利益角度出发，总结出打破行政区划界限，将区域利益与辖区利益相结合，谋求"共赢"是纠正政府间恶性竞争为有序竞争以致合作的根本，并在此基础之上，进一步探索了政府间合作的可能性、合作的形式以及合作的内容。但对地方政府间财政合作的研究，最初被涵盖在政府合作之中，仅进行了基本层次的探讨，近些年，在国外财政合作研究的基础之上，国内学者就我国区域内所面临的环境污染、产业结构扭曲、基础设施重复建设等公共服务的提供以及经济的发展问题，开始从地方政府间财政合作的视角着手深入研究。并对区域内地方财政合作进行了检验，提出建立区域内地方财政风险基金、完善转移支付制度、改善政府考核机制等相关合作建议。

总之，根据当前的文献资料，区位理论、区域发展理论与财政分权理论等为区域内各辖区的协同发展提供了坚实的理论基础；国内外学者对于地方政府间竞争的翔实研究，为辖区间财政开展合作提供了充分的论据；当前对京津冀区域经济的大量文献研究，为以京津冀区域为研究对象阐述辖区间财政合作问题提供了丰富的信息与资料，这都为地方财政合作的系统化研究奠定了重要的基础。

2.现有研究的不足

第一，区域协同的界定、衡量和财政合作的涵义比较混乱。首先，从现有区域协同发展的研究看，学者们大多将区域经济的协同发展认为是区域之间的相互依存，相互开放，共同发展，缩小区域之间差距并控制在一定范围之内。但区域协同与区域经济一体化两个概念的关系仍尚未完全理顺。有的学者指出区域协同是一体化的高级阶段，而有的学者则又认为区域协同的范畴宽于区域经济一体化。其次,财政合作缺乏明晰的内涵以及内容的界定。由于对财政合作的研究文献有限,对于财政合作的具体形式、内容等都还没有达成科学的共识,甚至有的学者将地方政府间的合作直接视同为财政合作。

第二,研究理论缺乏中国针对性。西方地方政府的职能主要是提供公共物品和公共服务,并没有中国地方政府如此大的经济管理权力,因此,西方行政权力在很大程度上依托于公共服务,通常不会成为合作的障碍,其研究的重点也就自然落在了如何通过行政权力的协调来更好地为居民提供公共物品和公共服务上,从整体研究情况来看,其对地方政府合作的分析主要集中在博弈和制度之上。但由于"中国式财政分权"、中国户籍制度的存在,我国地方政府与西方地方政府的权力范围存在很大的差异性,我国地方政府受中央政府的约束力更强、公众受户籍的影响较大,由此而衍生的政府绩效考核机制、人口流动受限等因素,也成为地方财政合作的阻碍,而这些在当前的文献研究中都缺乏深入的剖析和论证。

第三,缺乏系统化的地方财政合作研究。我国政府行为对经济的空间结构、区域生产力布局等方面都有着显著的影响,甚至能够产生决定性的作用。尽管学者们对地方政府竞争对区域资源配置、区域市场的形成、区域生产力布局的影响研究较多,但对地方政府合作对区域市场一体化、区域经济的生产力布局、区域资源合理配置等方面影响的研究却比较缺乏。此外,我国政府间关系研究中,对纵向政府间及横向政府间的竞争关系研究较多,但对地方政府间横向合作关系研究则较少,尤其是对地方财政合作研究更是甚少,缺乏系统性,至今还没有形成适用于中国地方财政合作的完整理论框架。

三、研究主要内容及方法

(一)研究的主要思路及内容

本书的研究思路为:问题的提出—理论分析—现实考察—实证检验—对策研究(详见图0-1)。首先,本书运用区位理论、区域发展理论、政府干预理论作为区域协同发展基础理论,并借用财政分权理论,基于对地方财政合作的基本概念界定,分析地方财政竞争中的协调和合作的驱动与可能性,进而深入剖析地方财政合作与区域协同发展的内部关联关系,揭示地方财政合作促进区域协同发展的作用机理;其次,研究京津冀区域发展的历程,分析京津冀协同发展与地方财政合作的现状,并根据所选测度指标对区域协同发展与财政合作进行测算与评价;再次,基于京津冀协同发展与地方财政合作的测算数据,通过空间计量分析方法,验证地方财政合作对于区域协同的促进性作用;最后,结合当前京津冀区域地方财政合作推行困境分析,提出构建地方财政合作制度路径的改革建议和配套措施。

本书主要研究内容由绪论部分和六章内容构成。其中,绪论部分对论文选题的研究背景及研究意义进行阐述,并结合选题的研究目的对国内外在区域协同以及地方财政合作方面的相关文献进行综述,厘清本书的研究思路以及主要研究内容。

第一章主要研究区域协同发展与地方财政合作的基础理论。在对区域协同发展基本概念进行界定的基础上,从功能定位、发展目标以及实现途径三个方面,匹配以区位理论、区域发展理论以及政府干预理论,深入阐述区域协同发展的基础理论;在对地方财政合作内涵进行基本界定的基础上,以财政分权理论为理论起点,从财政分权体制下的地方财政竞争以及地方财政竞争中的协调与合作递进剖析和归纳地方财政合作基础理论;进而探析地方财政合作对于区域协同发展的促进作用机理。

第二章主要考察京津冀区域协同发展与地方财政合作现状。根据京津冀区域的形成历程总结出京津冀区域所具有的四大特点以及区域中经济协同和社会协同的两大发展趋势;从经济发展与社会发展方面对京津冀区域协同发展现状进行总体性的描述,并就京津冀区域现有的地方财政合作政策从税收收入分享政策、资金共筹共建方案以及横向资金补贴方式等几个方面进行介绍。

第三章主要测算与评价京津冀区域协同发展与地方财政合作。通过熵值评价法以及基尼系数和泰尔指数,从经济发展与社会发展两个角度,选择相应的度量指标,对京津冀区域协同发展以及地方财政合作进行测算,并根据所测算出的区域协同发展与地方财政合作结果进行分析和评价。

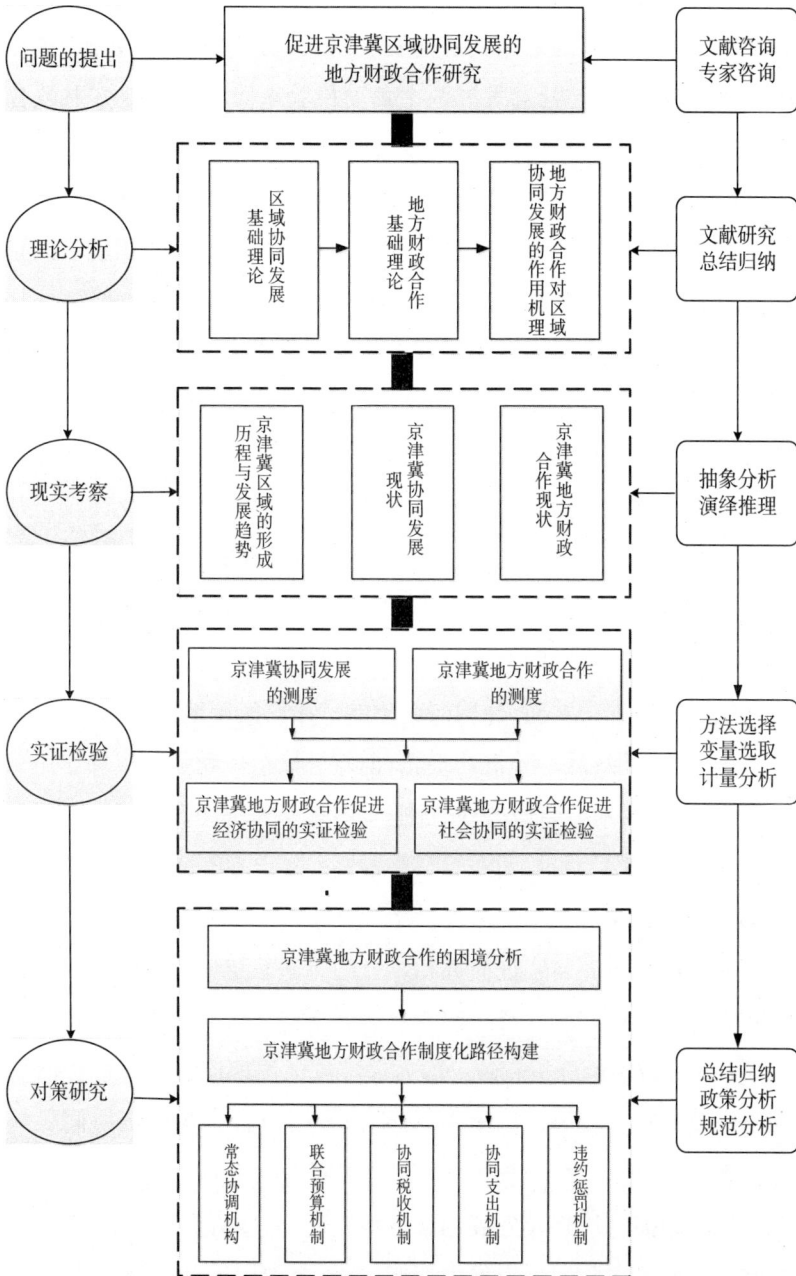

图 0-1　研究技术路线图

第四章主要实证检验京津冀区域地方财政合作对区域协同发展的促进作用。运用第三章所测算的京津冀协同发展以及地方财政合作数据,选择空间计量方法,从经济发展与社会发展两个角度检验京津冀区域地方财政合作对于区域协同发展的促进作用,并对所得到的实证结果进行深入剖析,进而得出地方财政合作对于区域协同发展确实具有正向影响作用的结论。

第五章主要分析京津冀区域协同发展中的地方财政合作困境。因京津冀区域地方财政合作的实现将有助于加速京津冀协同发展,从行政区划阻隔、现行财政体制缺陷以及区域内财力梯度差距格局固化三个方面,分析地方财政合作面临的现实困境,为京津冀区域地方财政合作建构设想的有的放矢打下坚实基础。

第六章主要提出京津冀区域协同发展中地方财政合作优化建议。基于京津冀区域协同的发展背景,从促进地方政府财政合作的角度出发,明确协同发展中地方财政合作的"协同与共赢""平等与均衡"以及"长效与动态"理念定位;从设立协调机构、增设联合预算机制、完善协同税收机制、健全协同支出机制和构建惩罚机制五个方面,建构制度化的京津冀区域地方财政合作机制,以促进京津冀协同发展;从培养契约理念、创新考核指标和强化市场作用三个方面,提出促进京津冀地方财政合作,加速实现京津冀协同发展的相关配套策略建议。

(二)研究的主要方法

本书采用规范研究与实证研究相结合的方法系统研究京津冀区域协同发展中的地方财政合作问题。具体研究方法包括:

1.历史分析与理论分析相统一的方法。从区位理论、区域发展理论、政府干预理论以及财政分权等理论出发,判别地方财政合作与区域协同发展的内在逻辑机理,揭示地方财政合作对于区域协同发展的促进作用(第一章);将京津冀区域协同演进历程及发展趋势进行梳理,通过历史阶段的划分,分析出地方政府在区域形成与区域发展中所起的导向性作用,进而从理论上透视出地方政府在区域发展中所发挥的积极作用(第二章)。

2.定量分析与定性分析相结合的方法。一方面,对京津冀区域协同发展与地方财政合作的现状进行概括性地描述(第二章);另一方面,选取相应评价方法、筛选适度指标对京津冀区域协同发展以及地方财政合作进行定量测算与定性评价(第三章),并在此基础之上,通过构建空间计量模型,选择恰当控制变量,从地方财政合作对于区域经济协同、对于区域社会协同两个角度,实证检验地方财政合作对于区域协同的促进性作用(第四章)。

3.文献研究法。论文通过对现有文献的归纳与总结,以及对所选研究对象的深入思考和探究,在吸取与论文研究内容相关的理论精髓以及借鉴与本研究对象相适应的重要研究方法基础上,探寻地方财政合作对于区域协同发展的作用机理(第一章),验证地方财政合作对于区域协同发展的促进性作用(第四章),进而提出行之有效的地方财政合作建构设想与配套策略(第六章)。

4.比较分析法。在本书的研究中,运用横向与纵向比较相结合的方法,阐述和分析研究对象。如在区域协同发展水平方面,对比京津冀区域内各个辖区的经济发展和社会发展水平、对比京津冀区域内各辖区历年的经济发展和社会发展水平、对比京津冀与珠三角、长三角三个区域的经济发展和社会发展水平等,以此判定京津冀区域协同发展现状(第二章);再如,比较分析国内外区域协作发展中在常态协调以及惩罚机制构建等方面的制度选择与机制设计,总结经验进而分析地方财政合作制度化路径选择中需要酌情考虑和增设的机构、机制建设(第五章、第六章)。

(三)研究的创新

一是研究视角的创新。目前国内基于京津冀区域协同背景下有关合作的研究,多集中于政府间合作、政府与企业合作等角度展开,从财税角度尤其是从辖区间的地方财政合作角度的研究仍然较少。由于区域协同发展既包括经济协同也包括社会协同,但现有研究多是探寻区域协同发展中的经济协同问题,较少进行社会协同的深入研究,而地方政府和地方财政不仅具有促进经济增长和发展职能,还有提供公共服务、满足公众公共需求的职责,在"市场起决定作用"的改革背景下,区域社会协同与区域经济协同同等重要。因此,本书从经济协同和社会协同两个角度,研究和验证了地方财政合作对于区域协同的促进性作用,为在京津冀区域协同发展中实现地方财政合作的制度化建设寻求了充足的理论与实践依据。

二是研究内容的创新。本书基于地方政府的竞争合作关系以及政府的职责功能,并在区域协同近景与远景目标的发展需求下,聚焦于京津冀区域协同发展与地方财政合作问题,不仅通过众多指标的遴选、测度、评价了京津冀区域协同与地方财政合作的现状以及发展趋势,并进而通过模型验证了地方财政合作对于区域协同的促进作用,并在深入透析地方财政合作困境的基础上,从地方财政合作的原则、合作的路径以及配套改革措施等方面着手,试图构建包括税收、财政支出、转移支付制度等较为系统且切实可行的地方财政合作制度化框架,完成了对地方财政合作较为系统化的研究。

三是研究方法的创新。由于辖区间地方财政合作尚未形成制度化或机制化,合作行为较为零散、碎片,且政府间的合作多为政府行为,从中有效剥离财政合作成分难度较大。因此,本书试图在此方面有所突破,通过筛选相关指标对京津冀区域经济、社会发展的协同情况以及地方财政合作的驱动程度进行测算与评价,并在此基础上进一步对地方财政合作与区域协同发展的关系进行了空间实证检验。

在研究的过程中,基于当前文献对财政合作的度量还缺乏较为成熟以及公认的指标和测度方法,本书鉴于对地方财政合作的理论及京津冀区域发展特点的基础性认识,进行了对地方财政合作相关评价方法选择以及相关指标筛选的尝试。但由于自身理论水平以及研究能力所限,且各辖区间财政合作的具体合作方案以及合作效果等方面资料与数据的缺乏和不完整,再加上影响各辖区间财政合作的因素较为纷杂,并往往具有一定的主观性,故当前对于地方财政合作评价方法的选择以及指标的设定,仍需随着对区域协同与地方财政合作问题进一步深入地研究而进行科学的推敲和调整。此外,因京津冀区域协同的进程以及各辖区政府间合作程度均在不断地提高,测算区域协同发展以及地方财政合作指标的设计与选择,也必将需要相对应地动态性调整和改进,以促进区域内地方财政合作机制的有效形成,并逐渐发展成为一套成熟、科学的指标体系,纳入区域内各辖区政府的绩效考核之中,这也将是本人在今后研究中需要努力的重点和方向。

第一章　区域协同发展与地方
财政合作的基础理论

第一节　区域协同发展的基础理论

一、区域协同发展的基本内涵

协同在中国的汉语语系之中古而有之,通常表达为谐调、统一、协助、配合之意。如《汉书·律历志上》中"咸得其实,靡不协同"的感慨和《后汉书·桓帝纪》中"内外协同,漏刻之间,桀逆枭夷"的策略建议,以及鲁迅在《热风·随感录三六》中"太特别,便难与种种人协同生长,挣得地位"①的感悟,其中的"协同"都具有共同、统一的涵义;而清朝李渔在《比目鱼·奏捷》中"若果然是他,只消协同地方,拿来就是了"和毛泽东在《给中国人民志愿军的命令》中"协同朝鲜"的作战指令,其"协同"则具有协助、配合之意。但从战略的角度深入研究并最早提出协同概念的是美国著名的战略专家 Ansoff(李辉,2010)。Ansoff(1965)在《公司战略》中指出,一个公司或企业涉足新产品市场的战略决策需要考虑新产品的市场范围、公司的未来发展方向、公司自身的竞争优势以及企业间的协同模式四个战略性要素。他通过投资收益率基于产品与市场的可能组合性阐释了协同的有效性(协同效应),即基于协同理念的战略模式可以促成企业与企业之间的理想匹配关系,从而通过规模经济实现整体价值的增值。日本战略专家伊丹广之在 Ansoff 协同理念的基础上,还提出协同效

---

① 佚:《热风·随感录三六》,《新青年》1918 年 11 月 15 日第 5 卷第 5 号。

应的发生是基于企业隐形资源①的使用(安德鲁·坎贝尔等,2000),故协同具有一定的"搭便车"②性质。德国著名物理学家 Hermann Haken 从物理学的角度探究了协同系统从无序到有序的演化规律,并于 20 世纪 70 年代创立了协同学(Synergetics),即以协同作为基本范畴,研究开放系统由内部子系统的协同作用形成有序结构机理和规律的一门综合性交叉学科(Haken,1977)。

由此可以概括出,协同并非是一种简单的合作模式,而是一种包含了目标、过程以及结果三个层面的高度融合协作模式。一方面,就协同主体而言,其不仅强调协同系统内部各个子系统或者各个部门之间的协调性,还注重各个子系统的集体性,各个子系统均具有提高整体效益的一致目标;而另一方面,就协同的开展进程而言,基于各个子系统间身份的平等性,注重各个子系统的优势资源匹配性,即从本质上来说,主动打破人、财、物、信息、流程等资源之间的各种壁垒和边界,在协同系统内整合和充分利用各种实体资源或共享隐形资源,实现资源配置的高级优化。再者,就协同的结果而言,协同系统内最终产生新的结构和新的功能,实现协同效应,带来综合价值的有效增值。因此,协同是两个或两个以上资源或个体之间协作程度最高、最和谐(刘光容,2008)的一种进程和状态。

而区域协同发展则是运用协同学的理论内核来研究和解决区域发展过程中的不均衡问题,是基于区域协调发展的更高级区域发展模式。一般情况下,区域是指国家政权体系和行政层级管理结构下的行政地理单元,主要是按权力结构分布和行政层级覆盖面划分的(杨龙、彭景阳,2002);因区域发展不均衡可以分为区域间的发展不均衡和区域内的发展不均衡两类情况,而本书以区域内的发展作为主要研究对象,故本书所指区域协同亦是针对于区域内各辖区间的协同。即区域内各辖区间的协同发展主旨目标表现为缩小区域内各辖区间差距、缓解和消除各辖区间的不均衡发展状态,汇集区域内各辖区的力

---

① 伊丹广之将企业的资源分为实体资源和隐形资源,隐形资源主要是指企业在经营中积累的知识和经验等。

② 此处"搭便车"是指企业间在展开协作过程之中,某些企业通过减少自身付出而坐享资源免费或低成本使用的现象。

量以实现整个区域功能的提升、竞争力的增强、发展速度的稳定和健康发展周期的延长,提高该区域在全国乃至在国际分工中的有利地位。但区域内各辖区间的差距、不均衡并非仅仅表现在经济发展方面,还表现在社会发展方面,区域协同发展也必然会相对应地主要集中于区域经济的协同发展和区域社会的协同发展两大部分。

1.区域经济协同发展。区域经济发展是区域实际福利得以提高、经济得以长效增长的物质基础和前提条件,其代表着一个区域财富与产出量的扩张可能性。而任何一个区域都存在经济相对发达的中心辖区和经济相对落后的外围辖区,发达与落后间较大的经济差距就成为区域内均衡机制失灵的最主要表现。因区域协同发展的核心目标之一就是缩小以致消除区域内辖区间过大的经济差距,以实现区域整体经济实力的增强。故区域经济协同发展就是有效运用市场机制和政府调控手段,遵循协同战略理念,共同架构科学的区域产业结构格局,平衡区域内辖区间的经济利益分配,缓解资源、交通、信息、科技、生态环境以及体制创新等影响区域内辖区经济发展的因素差异,实现区域内各辖区间经济的互补和联合,发挥区域协同效应,提升整个区域的经济综合实力,促进区域走向"经济政策区域化""经济机制区域化""经济改革区域化",模糊经济中心与经济外围的界限,最终实现区域空间经济的"一体化"。

2.区域社会协同发展。一个区域的社会发展①与该区域的经济发展高度相关,区域社会发展既是维持区域经济发展不可或缺的基础环境条件,又是区域经济发展的动力和最终归宿点。为了实现区域的良好发展,需要经济运行以及社会发展的相互适应和相互调节。因随着区域内各辖区之间经济发展差距的逐渐呈现,具有非经济性特征的社会民生建设、社会管理创新、社会体制改革以及社会能力建设(任泽涛,2013)等社会四大重要领域在各辖区间的差距也在逐渐拉大。因此,以缩小乃至消除辖区间经济差距为目标的区域经济协同发展不仅包含在区域协同发展之中,以缩小乃至消除区域内各辖区间的

---

① 社会发展分广义与狭义概念,广义的社会发展包括政治、经济、文化、军事等方面的发展内容;狭义的社会发展是针对于经济发展而提出的社会生活状态和人们的生活质量、生活方式等方面发展内容。本书中的社会发展均是狭义的社会发展含义。

非经济性特征社会差距为目标的区域社会协同发展也应包含在区域协同发展之中。由此,区域社会协同发展是以解决区域内各辖区间的社会不均衡问题为行动起点,通过整合区域内各种社会管理资源、加速推进区域内辖区间基本公共服务均等化,为区域经济协同创造良好的维护和支持条件,构建经济社会稳定区域协同机制,形成有效的区域协同常态,最终实现区域社会发展的"一体化"。

因无论是区域的经济协同发展还是区域的社会协同发展,其协同的实现过程均是一个漫长的过程,并非一朝一夕之事。而区域协同发展是通过解决区域内各辖区间的经济和社会发展不均衡、缩小和消除辖区间差距,聚集各辖区的优势,凝结而成为更强大、更具有竞争力的整体性区域过程。故可将区域协同发展的近景目标确定为:缩小乃至消除各辖区间经济和社会发展差距,而将区域协同发展的远景目标确定为:包含经济和社会的区域"一体化"。并依据区域的区位理论、区域发展理论、政府干预理论,从区域协同发展的功能定位、发展目标以及实现途径三个方面,递进式探讨区域协同发展的理论依据。

二、区位理论

区位虽然是地理学的重要概念,但区位理论却已成为经济地理学与空间经济学中重要的理论之一,并被广泛地运用到了区域经济问题之中。区位是区域发展中一个基础性的问题,基于"经济人"追求利润最大化的角度,随着社会的发展、人类活动领域的拓展、市场机制的完善,区位设定所需要考虑的因素亦愈加复杂和多样,而区位理论为科学合理地规划区域发展、平衡区域内各辖区间的发展奠定了良好的理论基础。

区位理论是研究人类活动的空间区位选择和在空间内优化组合人类活动的理论,其集合了自然地理、经济地理和交通地理在空间上的展示。伴随人类活动领域的拓展和变化,区位理论也在不断发展。在农业经济时代,德国学者V.Thunen 于 1826 年完成了世界上第一部关于区位理论的古典名著——《孤立国对农业和国民经济之关系》,从而提出农业区位理论,他将景观特征、资源和经济要素间的相互作用融入其中,指出在农业生产中,影响最大收益实现的并非是自然条件,而是生产地与市场的距离,即运输成本,构成了土地利用一般性理论基础。进入工业经济时代,德国经济学家 A.Weber 于 1909 年出版《工业区位论》一书,提出工业区位理论,他从运输成本、劳动力成本、人口密度等几个因素,分析聚集、分散对成本节约程度的影响,为实现成本最低而选择最理想区位。随着人类活动从生产领域向流通、消费领域的扩展,中心地理论也应运而生,其为德国著名地理学家 W.Chrestaller 于 1933 年在《德国南部的中心地》一书中提出,他主张:区域的发展需要有服务区域的中心,称之为"中心地";中心地存在级别划分,高级中心地在一个区域中仅为一个;不同级别中心地提供服务种类的多少与中心地的级别、规模大小相关,但每一个中心地都有提供最低购买力和服务水平的需求门槛。因经济的快速发展,区位间的相互依赖关系愈发明显,市场因素亦愈发受到重视,A.Losch 在 Chrestaller中心地理论的基础上于 1940 年出版了《区位经济学》,以市场需求作为空间均衡变量,基于经济、自然、人与政治等因素对市场区影响的考虑,认为正六边形①是理想的高效市场区结构。

区域协同发展既包括经济协同又包括社会协同,虽然区位选择的目标是寻求利润或是效益最大化,但在我国广阔的地域范围内,区域内各辖区之间不仅存在自然环境条件、自然资源条件等地理区位方面的差异,还存在人才数量、技术水平、创新能力等经济区位、社会区位乃至政治区位方面的差异,因此,中心地与市场区在区域内的分布并不规则。如中心地的选择往往需要依赖于规模经济和交通成本之间关系②,富裕区交通网络较贫困区交通网络更加密集,交通成本相对更低,更易成为中心地。而无论是农业区位理论、工业区位理论、中心地理论还是六边形市场区理论,都阐述了地理区位在经济发展中的重要作用,而将区位理论运用于区域发展范畴,尤其是运用于我国区域协同发展范围之内,从区域整体发展与区域内各辖区的区位比较优势角度,确定

---

① Losch 认为企业最初的销售范围一般以产地为圆心、销售距离为半径形成销售圆形范围,但因市场中存在众多的竞争者,圆形销售市场会受到挤压、占领,从而形成蜂窝状六边形的市场网络。

② 安虎森:《区域经济学通论》,经济科学出版社 2004 年版,第 10 页。

区域内各辖区的功能定位,对有效发挥区域内各辖区的相对比较优势、加速缩小以致消除各辖区间的经济社会差距,以及实现区域内的均衡发展具有事半功倍的效果。

三、区域发展理论

缩小差距作为区域协同发展的近景目标,"一体化"作为区域协同发展的远景目标,预示着区域协同发展的进程之中,必然包含着一段区域内各辖区之间从区域非均衡发展走向"一体化"均衡发展的历程。而因区域均衡、区域非均衡是贯穿区域发展的矛盾统一体(陈秀山、石碧华,2000),且鉴于区域非均衡发展理论是在对区域均衡发展理论的批判中逐渐形成并迅速发展起来的,故在研究区域协同发展理论时,需要按照区域均衡发展理论、区域非均衡发展理论以及区域"一体化"发展理论的顺序进行探寻和剖析。

(一)区域均衡发展理论

均衡发展理论亦称为平衡发展理论,产生于 20 世纪 40 年代,是基于哈罗德—多马新古典经济增长模型而发展起来的,其最具有代表性的两大理论为"大推进理论"和"贫困恶性循环理论"。其中,作为均衡发展理论先驱人物的英国著名发展经济学家 Paul Rosenstein-Rodan,在 1943 年的《经济学杂志》上发表了《东欧和东南欧国家工业化的若干问题》一文,提出"大推进理论",系统阐述了发展中国家或地区需依赖于各个工业部门"同比率"全面大规模投资的"极端"均衡发展理论。即通过投资既能够有效解决市场不足问题,又可以降低生产成本,带来市场需求与供给双向激励的外部经济效果,从而突破经济发展瓶颈迅速启动停滞的经济,加速实现工业化。而"贫困恶性循环理论"是 1953 年由美国发展经济学家 Ragnar Nurkse 在《不发达国家的资本形成》一书中提出的,他认为落后的国家或地区由于资本形成不足,会造成资本供给不足的恶性循环(低收入——低储蓄能力——低资本形成——低生产率——低产出——低收入)和资本需求不足的恶性循环(低收入——低购买力——投资引诱不足——低资本形成——低生产率——低产出——低收入)。而若想打破两个恶性循环,需要在工业、农业、消费品生产和资本品生产等各个国民经济部门,根据产品的需求价格弹性和收入弹性确定投资比率展开全面大规模的投资,以增加储蓄、促进资本的形成,消除经济发展障碍。

无论是"大推进"均衡发展理论还是"贫困恶性循环"均衡发展理论,其理论的研究对象均为发展中国家或地区,且其研究的理论出发点就是帮助发展中地区迅速摆脱经济困境,实现该地区的经济快速发展,以缩小与其他地区的经济差距。由此,均衡发展理论深刻阐述了大规模投资和宏观经济规划在刺激发展中地区经济崛起中的重要作用,为区域协同发展中的宏观经济调控、大规模扩大投资、调整投资结构、配置有限资源、迅速发展经济、加速缩小差距等提供了重要的理论依据。而我国各地区基于先天自然资源条件、区位条件、人力资本条件、历史积累条件等纷杂的因由,各个地区的经济和社会发展水平参差不齐已属于区域发展常态,并在短期内难以实现差距的消除,致使区域整体的发展前景受到区域内各辖区较大的影响。而将区域均衡发展理论中对于投资以及宏观规划的经济激励理念运用至区域内各辖区的经济和社会发展之中,既是对区域内部均衡、同步发展的注重和强调,也是对区域内落后辖区加快经济和社会发展进程的有效帮助,从而有利于缩小和消除区域内各辖区间的差距。

(二)区域非均衡发展理论

虽然均衡发展理论强调了空间的均衡化,但基于现有可利用资源的有限性,以及区域内各辖区在经济和社会发展过程中的竞争性和互补性同时存在的显著性,大规模投资的最终投资效果会受到管理水平、技术水平、资源质量等众多因素的影响,投资效果具有较强的不可控特性,甚至会出现投资初衷与投资结果的背离。因此,在区域均衡理论的基础之上,区域非均衡理论应运而生,其具有代表性的非均衡发展理论包括增长极理论、循环累积因果理论、不平衡增长理论、倒"U"型理论等,此类理论均主要倡导发展中国家或地区集聚资源和资本选择部分部门、部分行业重点发展,再带动整个区域全面发展的理念。

1.增长极理论

增长极理论是由法国经济学家 F.Perrous 于 1955 年在《略论增长极概念》

中提出的。他认为,增长并非同时且均匀地分布在所有地区之内,增长强度也有所不同,且对于整个地区的"终极影响"①也存在不同。他借喻物理学的"磁极"概念指出,在经济增长过程中,由于资本密集、技术密集、规模经济等因由,区域空间内存在着若干增长点或是增长极,这些部门或是地区会像磁极一样产生经济增长的向心力或离心力,从而影响区域空间内的增长程度和增长走向。Perrous 在对增长极理论的探究中还指出,增长极的培育和形成并非一蹴而就,而是一个积淀的过程,需要具备特定的条件。而增长极的最终形成存在两条途径,一条是通过市场机制自发而形成,另一条则是可以由政府主导建成。一般情况下,一个地区发展成为增长极应具备区域优势、规模经济效益以及科技创新能力三大条件。首先,从人类历史发展的结果来看,经济和人口会根据资源禀赋与历史发展进程的不同,在地理空间上形成一定的聚集点,在这些聚集范围内无论是基础设施,还是劳动力素质、市场环境等各个方面都要优于其周边地区,而优越的条件又会吸引周边地区资本、优秀人才等生产要素的流入,形成增长极;其次,从资源条件来看,具有原材料、能源等资源优势的地区,由于拥有生产上的区位优势,往往比不具有这些优势的地区更有利于增长极的形成;最后,从技术条件上看,技术创新能力高的地区,劳动生产率更高,对各生产要素的吸引力也更大,也更有利于增长极的形成。增长极形成之后,在产品的市场供求关系、生产要素的流动等方面,增长极对非增长极地区会产生自然的导向拉动作用和支配性影响,进一步吸引周边资源向增长极的集聚,引致区域内更大的不均衡。

2.循环累积因果理论

循环累积因果理论是瑞典经济学家 G.Myrdar 于 1944 年在《美国的困境:黑人问题与现代民主》中首次提出的,并于 1957 年在《经济理论和不发达地区》中将该理论运用至区域问题。他认为,社会是一个动态发展的过程,某一社会经济因素的变化,其结果会引起另一社会经济因素的变化,而后面的因素

---

① F.Perrous,"A Note on the Notion of Growth Pole ",*Applied Economy*,Vol.1,No.1(1995), pp.307-320.

变化又作为因由反过来推动最初因素变化,此种互为因果的关系,会导致社会经济过程沿着最初那个因素变化的方向发展下去,即形成发展的循环积累。这种循环积累因果关系会引发循环上升和循环下降两种累积形式,从而优先发展的经济发达地区发展更快,发展缓慢的落后地区发展更慢,造成"地理上的二元经济"。

而在整个区域的发展历程之中,优先发展地区作为区域内的聚集经济力量,具有回波效应和扩散效应。回波效应又称为极化效应,是指基于优先发展地区所具有的资本充裕、规模经济以及良好创新能力等优势,从而吸引和拉动区域内或区域外的劳动力、资金、技术等经济要素、经济活动向其不断集聚,促进该地区规模经济的实现和提升,而规模经济则又会进一步增强其集聚能力,提高经济增长速度,扩大经济增长的影响范围,最终陷入"马太效应"①,造成区域内各辖区间更加不均衡的经济状态。而扩散效应是指优先地区在一系列联动机制和外部经济下,使经济活动和生产要素不断向周边地区扩散转移的过程。当扩散效应大于回波效应时,将有助于带动周边地区经济的迅速发展,从而缩小区域内各辖区间的差距。

3.不平衡增长理论

美国著名经济学家 A.O.Hirschman 也是经济非均衡发展战略的倡导和拥护者,曾于 1958 年在其出版的《经济发展战略》中明确指出平衡增长理论是不可行的,并针对性地提出了"不平衡增长"理论。他认为,非均衡发展是经济发展的最佳方式,在经济发展过程中,增长点或增长极会首先得到发展,经济发展的不均衡虽难以避免,但却具有一定的合理性。他指出,基于资源的有限性,齐头并进式的全面投资行为并不可行,有选择性地设定优选投资项目,充分运用有限的资源将会带来更高的投资效率,实现"引致投资②最大化";先得到发展的地区对落后地区的购买力、投资会有一定的拉动作用,并带来落后地区边际劳动生产力和人均消费水平的提升,从而产生具有正向作用的"涓

① 马太效应是指强者越强,弱者越弱的现象。
② 引致投资是相对于自发投资而言的,一般是指由经济增长所带来的收入增长或人口增长等内生因素所引发的投资。

滴效应";但与此同时,先得到发展的地区其高收入、高效率和良好投资环境会进一步吸引落后地区的优质生产要素,如资金资本、创新技术、高端人才等,引发选择性移民现象,导致落后地区与先得到发展的地区经济差距不断扩大,出现"极化效应"。

此外,Hirschman 还曾更深入地揭示出,在工业化实现的过程中,经济增长的快慢并非完全取决于投入资本的高低,而有限资源的配置效率和使用能力则起着更为关键的作用,其中具有较强"联系效应"①的部门、产业,更有利于吸引投资实现经济的扩张,促进经济的增长,而相对落后的地区,选择具有较强"后向联系"效应比拥有较强"前向联系"效应的产业,其"引致投资最大化"的效果会更加显著。

4.倒"U"型理论

美国经济学家 J.G.Williamson 在美国经济史学家 W.W.Rosstow 经济成长阶段理论和俄裔美国经济学家 S.S.Kuznets 收入分配倒"U"型假说的基础上,于 1965 年发表论文《区域不平衡与国家发展过程》,运用实证研究方法分析了区域空间结构变动问题,提出了关于区域经济差距问题的倒"U"型理论,即区域经济增长的非均衡性与区域经济的发展水平之间存在倒"U"型关系。他将一国的经济发展划分为经济起飞与经济成熟两大发展阶段,在这两大阶段中,由于市场机制的完善程度不同、要素流动的阻碍程度也不同,必然会造成区域经济增长呈现出不同程度的不平衡。如图 1-1 所示,在经济发展的起飞阶段,市场机制尚不完善,各辖区的初始资源禀赋分布不均衡、交通通讯业尚不发达、生产要素运输和迁移成本高昂、投资资金流动不畅、产业间关联效应差,进而区域内较发达辖区对欠发达辖区的扩散效应发挥有限。而国家为了实现经济高速增长目标,还会萌发保护发展条件较优越辖区的主观倾向,造成区域内经济的不平衡程度呈现出逐步扩大趋势,致使区域非均衡状态加剧;但当经济发展到一定水平之后,经济发展由起飞阶段逐渐步入成熟阶段,相较于

---

① 联系效应包括前向联系效应和后向联系效应。前向联系是指一个产业与其下游产业的联系,如该产业的技术、价格、产值发生变化会影响下游产业的生产成本;后向联系是指一个产业与其投入所需产品的上游产业的关联影响,如该产业投入的变化会波及上游产业的投入等。

起飞阶段,市场机制的不断完善、国家总体经济实力的逐步增强、交通通讯等基础设施条件的大大改善,致使生产要素运输和迁徙成本呈现下降趋势、投资资金流动更加顺畅,发达辖区对不发达辖区的扩散效应随之日渐增强,不发达辖区的经济迅速增长,而发达辖区也因各种拥挤而逐渐显现出规模的不经济,区域内各辖区间的经济差距逐步缩小。

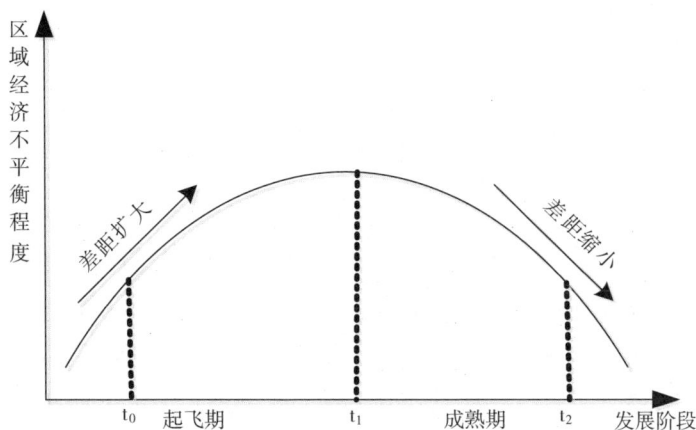

图1-1　区域发展的倒"U"型曲线

　　相对于均衡发展理论,非均衡发展理论更加全面且比较符合实际,认为区域的非均衡增长是经济发展过程中的经济常态。非均衡发展理论不仅揭示出各经济部门之间和产业之间存在内在关联,还基于在现实中生产要素和资源有限的基本特征,指出不发达辖区的资本和资源短缺、创新能力不足、技术水平低下等经济环境因素会对辖区经济发展有一定的约束影响;更是阐明政府的宏观调控在辖区经济发展过程中也具有非常重要的作用。虽然各个非均衡发展理论的研究和分析角度稍有不同,但均否定全面投资的经济增长方式,并建议挑选优势的部门、产业、项目,聚集资源进行相对集中性的投资,充分发挥增长点的拉动效应、乘数效应、扩散效应、涓滴效应,实现投资项目的"引致投资最大化",削弱经济增长过程中的极化效应,带动整个区域尽快进入经济发展的成熟期,逐渐缩小发达辖区与落后辖区的差距,为实现均衡发展创造条件。因此可以判断出,区域非均衡发展理论与区域均衡发展理论虽存在显著差异,但殊途同归,其研究的终点具有一定的统一性。

而依据区域协同发展的基本内涵,区域协同本身就是建立在区域内各辖区之间已经存在的经济差距和社会差距之上,由此以缩小和逐渐消除各辖区之间差距作为近景目标的区域协同发展,可以将区域非均衡发展理论作为区域协同发展的基础性指导理论,进而以此加速提升区域内欠发达辖区的经济和社会发展,具有合理性。虽然根据非均衡发展理论会存在差距进一步扩大的风险,但基于各个辖区自身迅速发展的需求,在区域协同发展进程之中,须以提高本辖区经济和社会发展为基本前提,展开缩小区域内经济和社会发展之旅。尤其是我国区域内各辖区之间在资源禀赋和生产要素差异性较大,且总量有限的现实情况下,区域发展更应遵从非均衡发展理论的核心思想,一方面,充分考察各辖区之间的比较优势,选择相对的优势项目,集中资源和要素进行重点培养和配置,以发挥"引致投资最大化"作用,加速提升整体区域的发展速度和发展质量;另一方面,加快区域发展步入成熟期的进程,并科学判断和甄别区域内的增长点或增长极,在政府的有效引导下,充分运用增长极对非增长极支配作用,增强增长极向非增长极的辐射作用和正向拉动效用,缩小发达辖区与落后辖区之间的差距,从区域非均衡走向区域均衡。

(三)区域"一体化"发展理论

"一体化"源于"integration",具有整合、统一的涵义,最初对其的认知和判断更倾向于经济方面,如1954年荷兰经济学家 J.Tinbergen 首次提出经济"一体化"概念①,他指出各个经济体之间通过"相互协作和统一"以消除各种"阻碍经济最有效运行"②人为因素的过程就可以认定为是"一体化"的过程,"一体化"有助于创建最适宜的经济结构,进而提高经济运行的效率。1985年美国经济学家 P.H.Lindert 和 Kindleberger 认为经济"一体化"是两个或两个以上的国家或地区,为促进生产要素的自由流动,打破地区之间的边界限制和贸

---

① 李瑞林:《区域经济一体化研究》,中国人民大学出版社2009年版,第28页。
② 赵儒煜:《国际经济理论问题探索》,吉林大学出版社1995年版,第97页。

易壁垒,从而实现区域经济整合提高整体经济效率的过程,包括宏观经济的一体化、生产要素的自由流动、经济体之间的贸易自由等内容。而美国经济学家J.E.Meade 则兼顾了经济与福利双方面,他指出"一体化"是一种"联盟状态的过程",不但需要"消除各成员体经济单位之间的歧视",而且还需要"形成和实施协调和共同的政策",以有效实现"经济和福利目标"①。而将"一体化"的内涵运用于区域间以及区域内的发展,则意味着区域"一体化"就是通过各个经济体之间行政、财政以及货币政策的协作、协调、合作,消除各经济单体之间的不公平待遇以及影响整体经济最优运行的阻滞因素,实现各个经济单体之间商品和服务的贸易自由化、各生产要素的流动自由化,以优化和提升各个经济单体经济和福利水平的动态发展过程。

就区域"一体化"理论而言,自 20 世纪 20 年代初见雏形至今已形成次优理论、一致性理论、关税同盟理论、大市场理论、自由贸易区理论、协议性国际分工理论、综合发展战略理论等相关的一体化理论。其中,大市场理论的代表人物为 T.Scitovsky 和 J.F.Deniau,他们指出独立经济体在发展的过程中,为了保护自身的利益制定了众多的地方保护政策,容易造成市场划分的狭小,而市场的过分细化又会引发市场弹性的缺失,不利于生产要素的自由流动和迅速集聚,无法形成大规模经营,无法获取相应的规模经济效益,易造成资源、劳动、技术的浪费。但区域"一体化"则是打破独立经济体之间的经济边界,将零散的小市场整合成一个大市场,允许并促进各种生产要素在大市场的自由流动,优化配置资源组合,提升生产要素的生产效率,提高整个区域的经济能力。而综合发展战略理论是将政治因素、机构因素、经济因素考虑其中,将"一体化"上升为经济发展的一种战略思考,提出建立强有力的共同机构,并通过有效的政府干预加以实现。虽然区域内各辖区之间的经济发展水平参差不齐,但随着经济活动的日渐丰富,各辖区之间的经济往来和经济相互依赖程度在逐渐增强,欠发达辖区拥有迫切发展的愿望和动力,可通过协商等手段确定经济"一体化"的综合发展战略,拟定"一体

---

① 宋玉华等:《开放的地区主义与亚太经济合作组织》,商务印书馆 2001 年版,第 30 页。

化"的经济政策,在政府的引导和扶持下,整合利用区域内各辖区之间的资源和生产要素,充分发挥互补功效,突破区域内外的经济制约因素,提升区域整体发展潜力。

尤其是随着区域经济"一体化"浪潮的推动,全世界绝大部分国家和地区都加入到各种区域组织或是签订了各种贸易协定,区域经济合作迅猛发展,并已经成为世界经济发展的主流趋势。区域"一体化"的典范——欧盟,其推行不仅是建立在世界大战后各个成员国谋求经济发展的迫切基础需求之上,还因为其"欧洲统一思想"的历史性以及秉承性,促使其在经济联盟发展到一定阶段的基础上,逐步走向了市场联盟、货币联盟以致当前的政治联盟。虽然欧盟在发展中会受到机制性障碍、成员国政策分歧、地缘政治等问题的困扰,如"希腊债务危机",并受到众多学者对其"欧洲一体化"体制的质疑,但不可否认,欧盟通过金融政策、货币政策乃至财政政策上一定程度上的"统一"和一致,确实为各个成员国的经济和发展带来了不可忽视的裨益。总之,基于合作的区域经济"一体化"发展,不仅使得成员国或者成员地区在商品和服务贸易中市场范围得以有效扩大;还有利于资本、技术、劳动力等生产要素在合作区域内的自由流动,有效拓宽生产要素的来源渠道;更有利于减少成员方之间贸易摩擦的可能性,从而有效降低交易成本,形成良性的互惠互利经济循环,最终激励了区域经济"一体化"中各个成员国或成员地区经济的长效和共同发展,激发各成员国或地区努力向更深度的合作迈进。

由此,全世界区域经济"一体化"的发展历程为我国逐渐勾勒出了一条较为清晰的区域发展路径,即具有共同"志愿"的各个成员地区(如区域内各辖区)为了促进各自的经济发展,通过协商与合作共同商定区域性"共赢"协同发展之路,并以契约的形式缔约未来共同发展中的行为准则,以此促进区域经济以及带动各个地区经济的快速发展。区域"一体化"作为区域协同发展的远景目标,不仅拥有较为成熟的区域"一体化"发展理论作为其发展历程的理论支撑,还拥有如欧盟等成功形式作为其实践经验的总结,区域协同发展目标必将实现。

四、政府干预理论

(一)政府与市场的关系

政府与市场长期被形象描述为"看得见的手"与"看不见的手",而如何正确处理"两只手"之间的关系几百年来都是被争论的焦点。20世纪30年代的世界经济大萧条,使人们看到了市场经济的局限性,并进一步总结出:垄断、外部效应、信息不对称、收入分配不均以及经济波动等均是"市场可能失败""市场不理想"以及"市场失灵"的表现,而单纯依赖市场价格机制无法实现自发性的调节和纠正。尤其是美国著名的经济学家J.E.Stiglitz,他从市场失灵与政府的经济职能两个方面,系统论证了政府干预的必要性,他指出在实践过程中,市场长期处于不完备状态、信息难以完全对称、市场内的企业竞争也无法达到完全竞争模式,此时单靠市场自身的调节根本不能实现帕累托最优。由此,弥补"市场失灵"成为了政府进行干预的重要证据,以凯恩斯主义为代表的政府干预理论也进而取代了传统古典经济学理论成为了经济学的主流。虽然之后凯恩斯主义的观点受到了货币学派等现代经济学派的质疑与批判,提出政府的干预也并非是无懈可击的,政府的干预也存在"政府失效",公共选择理论更是指出政府干预会造成"公共决策失误""政府扩张""官僚机构低效率"以及"寻租"等行为,从而形成社会更大的资源浪费,但Stiglitz认为,政府失灵并不比市场失灵更糟糕,且基于政府拥有征税权、处罚权、禁止权等强制性特权,对于无处不在的"市场失灵"现象,政府的可干预领域极为广泛,这是对市场良好的弥补和监督。因此,政府在经济发展中的作用在世界范围取得了广泛的共识,政府干预理论也成为各国制定经济发展政策的理论基础。

而针对区域发展问题,通过对区域均衡发展理论、非均衡发展理论以及"一体化"发展理论的回顾与解析,也可以总结出政府在区域发展中具有重要作用。在均衡发展理论中,虽然均衡发展是一种美好的愿景,但就其理论的推演过程而言,无论是"大推进理论"抑或是"贫困恶性循环理论",其均衡发展的实现以及经济社会发展差距的缩小,都需要加大对经济欠发达辖区各产业、各部门的投资,但由于经济落后辖区自身的市场机制本不健全,仅依靠自然增长形成的资本积累极为有限,难以筹集实施均衡发展战略所需的大量资金,需要遵守区域整体宏观发展规划,依靠政府指令性的政策和导向,吸引各种生产要素投资于落后辖区各产业与各部门,以推动落后辖区经济与社会发展进程,才能有效缩小区域内差距,实现区域均衡。在区域非均衡理论中,其既承认了辖区间差距与发展不均衡的现实,也指出了区域平衡增长的基本不可能,但考虑到区域资源以及辖区资源的有限,非均衡的区域发展战略也需要政府干预。政府可通过宏观设定培养具有较强辐射作用的经济增长极或中心地,通过对主导产业和优势区域的重点投资和扶持战略,实现主导产业和优势辖区经济的快速增长,充分发挥经济活动间的相互关联性,引导优势辖区通过"扩散效应""涓滴效应"带动其他辖区经济和社会发展,从而推动区域的整体发展。在区域"一体化"理论中,尤其是综合发展战略理论中,已经明确阐述了政府在区域"一体化"进程中的重要作用,无论是消除阻碍经济有效运行规章制度的消极"一体化"途径,还是拟建立新规章制度强化市场效果的积极"一体化"途径,都需要依赖于政府的主动参与。此外,在区域"一体化"发展中,相较于区域均衡发展、区域非均衡发展,其对政府干预的需求更加迫切、更加全面。因为区域"一体化"的目标是追求区域整体经济的长期和持续性发展,虽然也关注区域中各辖区的经济发展趋势,但更加注重各辖区的聚拢性以及区域的整体性,在区域短期发展的进程之中,甚至可能会出现为了区域整体利益而牺牲辖区个体经济利益的可能性。而无论是区域均衡发展还是区域非均衡发展则更强调各个单体经济的发展独立性,虽然也考虑区域的整体发展,但区域的整体发展则主要是为各个独立经济体服务的,因而,此时的区域发展具有相对于"一体化"聚拢性的发散性。无论如何,政府与市场关系在区域发展中的表现,为政府参与干预以解决区域差距问题提供了更加充分的理论依据。

区域协同发展是区域经济"一体化"的升级与进一步的演化,是区域全方位的"一体化"实现,当前的区域协同不仅包含了区域经济协同的内涵,还包括区域社会协同的内涵。因此,区域经济协同的过程就是在区域经济"一体化"历程中实现区域经济的均衡和持续发展过程,政府适度的导向性干预不可或缺;区域社会协同的进程包括整合区域内各种社会管理资源、加速推进区域内辖区间基本公共服务均等化等协同内容,相较于区域经济协同更加复杂,其所需协调和顾及的方方面面也更加多元化,更需要政府科学的引导和影响作用。总之,在以缩小辖区差距和实现区域整体发展为目标的区域协同发展历程之中,在区域经济协同和区域社会协同的共同发展中,通过政府干预将区域内各辖区的各类资源、生产要素进行优化和配置,并协调好区域整体利益、各辖区间利益,避免过大冲突和矛盾,是实现区域协同发展的有效途径,必然将长效存在。

（二）政府干预中的公平与效率

公平与效率是评价政府经济行为的两大基本准则,并经常成对儿出现,但公平与效率的关系长期以来都是众多专家与学者热衷探讨的内容,是经济社会发展中评价政府行为不可避免的长效基本性问题。如古希腊思想家Aristotle 在其经典著作《政治学》中就早已指出政府只有遵循"正义原则",并以"树立社会秩序"[1]为目的才是合法有效的,充分表明了政府在维持"正义"的社会公平与形成"秩序"激发经济效率方面的责任和职能。William Petty、Francois Quesnay 以及 Adam Smith 一脉相承的政府观,更是倡导政府应在"不违反正义的法律"[2]这一基本公平前提下,给予经济足够的发展自由。而即使在 Friedrich August Hayek 自由主义的政府责任观中,以创造并维持竞争条件和充分发挥市场经济活力为政府主要责任,已显著体现出其对于市场效率的推崇,但与此同时他也提出为了保障社会竞争的顺利进行,政府具有提供"最低限度收入保障"的公平性职责。

1.公平理论与效率理论

公平包含了伦理学的判断视角（厉以宁,1996）,并经常以正义的形式而存在,但由于公平并不意味着完全的对等,反之,绝对的对等又常常成为

---

① 萨缪尔森:《经济学》,中国发展出版社 1992 年版,第 45 页。
② 亚当·斯密:《国民财富的性质和原因的研究》,商务印书馆 1979 年版,第 441 页。

典型的不公平体现,所以,对于公平高低的评价则主要运用机会均等作为基本的评判标准,即对于社会成员之间各种权利诉求以及利益分配机会均等与否的评价。如美国经济学家 Milton Friedman 提出"任何专制障碍"都不应阻止社会成员的机会均等①,伦理学家 W.K.Frankena 更是进一步指出社会成员获得法律面前平等、受教育机会平等此类分配基础的平等才是合理的②。但鉴于个人天赋、功能能力、资源禀赋等先天条件的差异性,市场机制的分配格局必然容易造成公平目标的偏离甚至背离,政府充分发挥政府干预的有效性,通过税收政策、财政补贴政策、政府投资等收入调控杠杆给予非均等的纠正,不仅有助于社会公平、社会正义的实现,更有助于社会稳定的维护。

而效率作为经济学研究的中心问题③,其主要是对投入与产出效果高低的考察。即基于人类需求无限与现实资源有限、稀缺的基本矛盾,通过对不同资源的优化、配置组合等方式实现资源的有效利用,最大程度地满足人类的需求。但从经济学的角度理解,效率的涵义则较为丰富和复杂,主要包括技术效率、配置效率以及制度效率三个层次。首先是技术效率,指在经济发展中其生产的投入与产出的关系,为了追求效益的最大化,效率则意味着以最小的投入获取最大的产出。如英国经济学家 M.J.Farrell 提出的效率衡量方法为:产出规模不变基础上的最小成本与实际成本之比④;而美国经济学家 Harvey Leibenstein 提出的效率衡量方法为:投入规模不变基础上的实际产出与最大可能产出的比率⑤。其次是配置效率,是指在技术效率的基础之上通过改变资源配置的格局,如等价交换等方式以提升效率总体水平的途径和方式。意

① 米尔顿·弗里德曼等:《自由选择》,商务印书馆 1982 年版,第 135 页。
② 威廉·K.弗兰克纳:《善的求索:道德哲学引论》,辽宁人民出版社 1987 年版,第 106—107 页。
③ 亚里士多德:《政治学》,商务印书馆 1965 年版,第 19 页。
④ M.J.Farrell,"The Measurement of Production Efficiency",*Journal of Royal Statistical Society*,*Series A*,*General*,Vol.120,No.3(1957),pp.253-281.
⑤ Harvey Leibenstein,"Allovative Efficiency 'X-efficiency'",*The American Economic Review*,No.56(1966),pp.392-415.

大利经济学家 Pareto 所提出的著名帕累托最优理论就是典型的配置效率理论，即他认为当任何一种资源配置格局的变动都会造成效率损失时，此时是最优的效率状态。最后是制度效率（张艺缤，2011），是指通过制度安排以影响投入与产出的技术关系和配置关系，进而影响最终效率水平的途径。制度效率的实现需要依托于配置效率或技术效率才能得以实现，因技术效率主要受资源品质、技术水平、生产工艺等方面的影响，故政府作为政策的决策者以及财政资金的有效使用者，其具有生产、经营等制度安排以及调整资源配置格局等方面的权利和能力，政府可以运用相应的政策进行干预，进而通过提升制度效率、配置效率以实现基于资源稀缺有限背景下的资源最大化利用和效益最大化实现。

2.公平与效率关系理论

对于公平与效率之间的关系与次序，在不同的领域、不同的发展阶段，其所需的设置和安排也有所不同。Paul A.Samuelson（1948）早在《经济学原理》中就指出在经济学的领域中，所有的经济行为只关注资源的配置问题，即一切均以效率为核心；美国学者 J.S.Adams（1965）更是通过对微观管理的观察和分析得出，一定程度上公平对于效率而言具有服务性。美国思想家 Daniel Bell（1976）在《资本主义文化矛盾》中也指出公平与效率之间的矛盾是现代社会的基本矛盾之一，直接表现为社会发展与经济发展之间的冲突，公平与效率的优先次序则取决于社会发展和经济发展的具体需求。但就其公平与效率的本质和其最终的奋斗目标而言，生产力的提高和共同富裕的实现两者并不矛盾，确切说共同富裕作为终极目标（厉以宁，1996）既需要效率的贡献，同样也需要公平的服务，由此，社会关系环境的公平正义才有助于经济的积极性、活跃性和创造性的发挥（高兆明，1996），才有助于经济效率的有效实现，才能够走向社会的共同富裕。

由此可以判断，无论是维护经济效率抑或是维护社会公平均是地方政府进行政府干预的主要责任内容，效率与公平在地方政府责任中均具有举足轻重的作用，且两者之间具有相辅相成、互促互进的关系，良好的社会公平环境将更加有助于经济效率的发挥，而经济效率所带来的经济增长将会进一步改善社会环境。而在区域发展中,以地方政府作为行为主体的地方政府干预可以通过相互间的行政命令、政策协调以及财力支持,为区域内各辖区创造更加良好的经济发展和社会发展环境,以有效履行政府的经济效率责任和社会公平责任,促进政府与市场关系的和谐发展,加快区域协同中从非均衡向均衡、"一体化"的发展节奏。

第二节　地方财政合作的基础理论

一、地方财政合作的概念界定

合作(Cooperation)通常被解释为两个或两个以上的个体间或组织间为达到共同目的,相互之间展开的一种配合性联合行动方式。合作的范畴相对较为宽泛,无论是在具有被动特性的协调中[①],还是在较为注重独立性的协作中[②],以及在既强调过程又注重结果的协同中,都依赖于合作去实现其共同或相似的目标。合作的主体可以为个人也可以为组织,即合作的实现既可以是人与人之间的合作,也可以是组织与组织之间的合作,还可以是个人与组织之间的合作。地方政府作为特殊的经济主体,地方政府之间为了实现共同的目标、达到共同的目的也可以进行政府间的合作行为,即表现为地方政府间的合作。而地方财政作为"为了满足公共需求"[③]而产生的以地方政府为主体的经济行为,地方政府之间长期、全面的合作,必将充分体现在地方政府之间的财政往来活动之上,进而表现为地方财政合作。因此,地方财政合作是指两个或者两个以上的地方政府之间为了实现满足公共需求等共同财政目标,而相互之间展开的配合性联合分配财政行动方式。

因地方财政主要包括财政收入和财政支出两大活动内容,故地方财政合

---

①　协调是指针对事务中出现的各种摩擦和矛盾,进行的不影响最终结果的处理方式,具有消极性。

②　协作是指各个独立执行任务的主体间为了实现共同目标,而进行的组合搭配和调整。

③　刘京焕、陈志勇、李景友:《财政学原理》,高等教育出版社 2012 年版,第 3 页。

作也主要体现于地方政府间财政收入方面的合作与地方政府间财政支出方面的合作。而地方政府间的财政收入合作是指在遵守国家既定的相关财政税收法律法规前提下,地方政府之间基于共同的目标在税收优惠政策范围调整、税收优惠幅度选择、非税收入收费标准调节等方面,通过谈判、合议、契约等协商形式而达成的合作意向与合作方案。地方政府间的财政收入合作会带给合作双方或多方政府在税收收入、非税收入等地方财政收入变化。而地方政府间的财政支出合作是指在遵守国家相关财税法律法规前提下,地方政府之间基于共同的目标在地方财政支出项目的范围、支出的规模、支出的形式等方面,通过协商而达成的合作行动方案。地方政府间的财政支出合作会带给合作双方或多方政府在支出规模以及支出方向等方面的地方财政支出变化。

鉴于地方财政合作是以实现共同财政目标而达成的配合性联合行动,其合作行动的促成虽然受地方政府本身所具有的责任而赋予的地方财政职责的驱使,以及地方财政本身所具有的职能而赋予的财政作用范畴的驱使,但其合作的形成与否更决定于地方财政合作所带来的共同财政利益践行的可能性。因此,本节以财政分权作为地方财政合作基础理论的切入点,深入剖析地方财政之间从竞争走向协调、进而步入合作的理论依据。

二、财政分权下的地方财政竞争

(一)财政分权与地方财政竞争的一般理论

分权一般包括管理分权、财政分权和市场分权,其中财政分权是从分权演化而来的概念,主要指为实现资源的最优配置明晰各级政府间的收入与支出安排的权利分配而进行的责任与利益的划分。美国经济学家 C. Tiebout(1956)在《地方公共支出的纯理论》中提出了著名的"用脚投票"理论,从公共产品提供和人口迁移的角度充分阐释了地方政府存在的必要性,即地方政府以吸引选民为目的,有满足选民公共服务需求的动力和职责,从而标志着传统财政分权理论的建立。之后美国经济学家 G.J.Stigler 和 Sharp(1957)提出了最优分权理论,认为不同级次政府的居民对公共服务的需求偏好和需求数量是存在差异性的,相对于中央以及上级政府而言,地方政府对于辖区内居民公共服务需求的具体偏好和需求数量更加了解,分级次展开对公共服务的提供更加合理。而 Oates(1972)在《财政联邦主义》中以中央和地方提供等量公共产品为限制条件,总结出地方政府为辖区居民提供公共产品比中央政府提供效率更高、更符合帕累托最优的分权定理①。后来 J.M.Buchanan(1965)提出"俱乐部"理论,指出地方政府在提供公共产品的过程之中,"俱乐部"内成员数的过度增加会带来拥挤成本提高等外部负效应问题,地方政府管辖范围并非越大越好,其政府管辖存在最优规模。由此,以财政分权理论为依托的多层政府、分级财政管理逐渐被广泛接受。且随着财政分权理论内容的日益丰富,其已涉及政治学、经济学、管理学等众多领域内容,尤其是发展至现在的财政分权理论,与以公共产品理论与古典财政理论为基础的传统财政分权理论不同,其承认信息的不对称,并以此作为先决条件,对如何架构政府结构以实现公共政策制定者激励机制与公共服务有效供给制度的契合展开研究。

因地方政府存在的必要性是财政分权理论的基础,层级性的政府构造又往往代表着层级性的财政制度,而在地方经济社会发展的历程之中,地方政府已经演化成为地方经济社会发展的利益主体,在财政分权的背景下,地方政府为了追逐地方利益,具有长期健康高效发展地方经济和更有效提供辖区内公共服务的双重动力,从而激发地方政府争夺有利于本辖区社会经济发展的稀缺资源和改善辖区投资环境的积极性,从而展开地方政府间的竞争。又因政府活动的有效实现往往需要财政作为财力上的支持,因此地方政府之间的财政竞争成为政府竞争中最为重要的体现方式之一,尽显各个地方政府对于自身财政利益追逐的疯狂性。故地方政府间的财政竞争一般是指各级地方政府为了有效争夺有助于增强本地区经济实力和提高本地区社会福利的稀缺或优质资源、资本、技术等生产要素,而运用税收优惠、提高公共财政支出等财政收支手段的行为和活动。

---

① 平新乔:《财政原理与比较财政制度》,三联书店、上海人民出版社 2009 年版,第47—58页。

关于地方政府间的财政竞争,"效率悖论"①早已存在。Tiebout(1956)在论证地方政府存在必要性的过程中就已提出,"用脚投票"会促使政府间展开以吸引选民为目标的公共服务提供竞争,而这种政府间的财政竞争对地方政府支出效率的提高是有利的。Richard Teather(2005)也在经济增长、资本市场有效性、企业发展和政府行为等多方面论证出税收竞争确实对于经济发展具有推动作用。但与此同时,许多专家学者也对政府间财政竞争的负面效应进行了研究和论证,如 Oates(1972)认为地方政府间通过竞相压低税率的财政竞争行为虽然可以在招商引资中取得优势,但却会造成公共支出水平的下降。而 Zodrow 和 Mieszkowski(1986)及 Wilson(1996)则在此基础上通过一个标准的税收竞争模型,进一步验证出地方政府间理性的财政竞争行为也可能造成社会非理性后果的结论。由此可以推断出,地方政府间的财政竞争行为已经成为地方政府竞争中较为普遍的现象和方式,其在吸引外资、调动政府积极性方面确实有其有效的一面,但同时基于监管不到位、体制不健全等因由,也确实存在众多扭曲性行为,甚至还具有负面影响。

(二)"中国式财政分权"与地方财政竞争的特殊性

我国财政分权体制推行的标志是 1994 年的分税制改革,其不仅以税法的形式对中央与地方政府的财权进行了划分,还更加明确了中央政府与地方政府的事权范围,从而实现了自 20 世纪就开始的中央政府部分性放权让利的目标。此次分税制的主体内容之一就是将税收收入划分为中央税、地方税以及中央和地方共享税,但因改革的不彻底,造成了我国中央政府与地方政府在财权与事权方面的不对等,形成了财权集中在中央,而事权却分散在地方的"中国式财政分权"(Qian and Rolan,1998)特色,致使中国地方政府在事权责任并未削减的基础上财政主体收入出现了迅速的缩水。再加上 2006 年农业税的取消、2011 年起推行的"营改增",当前地方财政因缺乏支撑力较强的主体税种,其财力愈发紧张。除此之外,当前我国经济还迈入了新常态发展阶段,经济增速也由超高速增长转为中速增长,在现行 70% 以上的税收收入来自于间

---

① 郑尚植:《财政竞争与地方政府的公共支出结构》,《云南财经大学学报》2011 年第 6 期。

接税的税制体系下,税收收入增速会随着经济增速的下调而出现下降,本就捉襟见肘的地方财力压力更大。

在具有典型财政体制分散性和政治管理体制集中性特点(Blanchard and Sheleifer,2001)的"中国式财政分权"以及不完善的市场机制背景下,一方面,我国地方政府也会通过优惠的财税政策或改善公共服务水平等方式,以吸引更多的市场投资以促进本地区的发展,但因为我国中央税、地方税以及共享税的立法权集于中央,地方政府可以运用的税收优惠手段极为有限,尤其是在税收优惠空间越来越狭小的现在,使得我国地方政府间的财政竞争与国外地方政府主要通过税收优惠等方式展开财政竞争不同,我国地方政府之间虽然也存在税收竞争,但已经难以在法律允许的范围之内表现出较大的竞争性作用,而更多的则表现出以财政支出为主的财政竞争形式;另一方面,与国外较发达地区主要依靠市场的资本投资不同,我国政府投资在地方经济社会发展中具有举足轻重的作用,而税收收入作为政府投资的主要资金来源、地方财力作为政府投资能力的物质支撑,引致各个地方政府之间展开对税源的争夺以及地方财力的较量,加剧我国各个地方财政对于影响税源的资源、资本、技术、人才等要素的角逐;再加上,我国当前政府绩效考核机制中仍旧较为显著的GDP导向性特点以及我国较为"传统"的"官本位"思想,使得政治晋升对于地方政府官员而言具有"无法抗拒"的诱惑力,地方政府官员会为了获得良好的政绩甚至以牺牲地区长远发展为代价而展开"晋升锦标赛"(周黎安,2007),造成地方保护主义、重复建设、政绩工程等过度竞争问题,给地方财政带来更加沉重的财力负担。

三、地方财政竞争中的协调与合作

Joel Bleeke 以及 David Ernst 在《协作型竞争》一书中就明确指出合作可以为竞争服务,并认为具有长期性的有效协作是维持长效竞争的基础,而由"草率"和"短视"目标所驱动的"联营"不仅会造成合作的失败,还会引发竞争的无效。而深入探索各个组织在经营活动对抗中从竞争走向协调以致合作的战略决策与战略形式演化历程,发现竞争中的协调与合作是在企业之间竞争关系之上衍伸和拓展而来的,其根本的落脚点仍在竞争之上,即通过合作促进自身的不断发展与壮大,进而在以后的竞争中获得更大的优势,其本质是一种"合作性竞争",是一种"正和博弈"的"非零和博弈"①过程。

而 1968 年美国经济学家 Richard.N.Cooper 在其《相互依赖的经济学》中,就曾指出地区与地区之间的经济社会发展不是独立的,而是彼此依存、相互联系的,均有义务共同努力建设一个基于契约、协商,而不是地位、强制的社会。美国学者 Adan.M.Brandanburger 以及 Barry.J.Nalebuff 于 1997 年还曾将竞争与合作策略运用到区域发展的政府关系研究中,指出地方政府在发展区域经济时,会受到同一区域内其他地方政府的影响,又由于各地政府之间利益及目标并非完全一致,各地方政府间的竞争与合作必然同时存在,而合作的实现则是基于对自身利益提高的追逐(彭彦强,2010),即各地方政府间的合作是以"正和博弈"为预期的策略选择。日本经济学家滨田宏一在哈马达模型(如图1-2)中非常直观地表达出,如果国家或者地区之间具有一定的相互依赖程度,在政策协调与非政策协调不同的假设条件下会形成截然不同的三种解:第一种,效率最高的合作解,此时双方国家(或地区)通过充分的信息沟通与协调,基于顾及到双方福利的考虑而选择达成的合作均衡"契约线"②(B_1、B_2),在该"契约线"上可实现双方福利水平的提高以及整个社会福利水平的最大化;第二种,效率最低的纳什均衡解,双方国家(或地区)在非合作条件下,均不考虑其他国家(或地区)政策选择,凭借自身的完全独立性行为而做出的自认为最利己的选择解(点 N),该点远离社会福利水平最大化的"契约线";第三种,具有"先发优势"的斯塔克尔伯格均衡解,双方达成领头方与尾随方基

---

① 非零和博弈是相对于"零和博弈"而提出的,是一种具有合作特性的博弈模式,即博弈后的收益和损失之和不再为零,可以分为"正和博弈"和"负和博弈"。零和博弈是指参与博弈的双方不具有合作的可能性,只存在一方获得全部收益而一方只能全部损失这一种情况,收益与损失相抵为"零"。正和博弈是指当博弈双方的利益均有所提升,或者其中一方的利益有所增加但另一方的利益并未受损,其整体的利益之和仍旧有所提高时,呈现出"双赢"的结局;负和博弈是指当博弈双方因冲突或斗争,造成双方的收益都小于损失,整体的利益也随之有所下降时,呈现出"两败俱伤"的结局。

② 契约线是指在该线上通过双方的政策博弈可达到帕累托最优状态,即实现社会福利最大化,但具体在线上哪一点实现均衡则需视具体的博弈情况而定。

本协议,领头方做出承诺并且按照所做承诺执行相应的政策,如财政政策、税收政策、金融政策等,而尾随方基于领头方的政策选择,承诺在"反应曲线"[1]上对应做出最利己的相应最优选择(点S),但并不考虑自身政策选择对于领头方的影响情况,该点也远离社会福利最大化的"契约线"(齐子翔,2015)。通过三种情况的比较和分析,可以明晰地总结出相互依赖的国家或地区之间通过政策的相互协调与合作,可以实现帕累托改进,并逐步走向社会福利最大化。

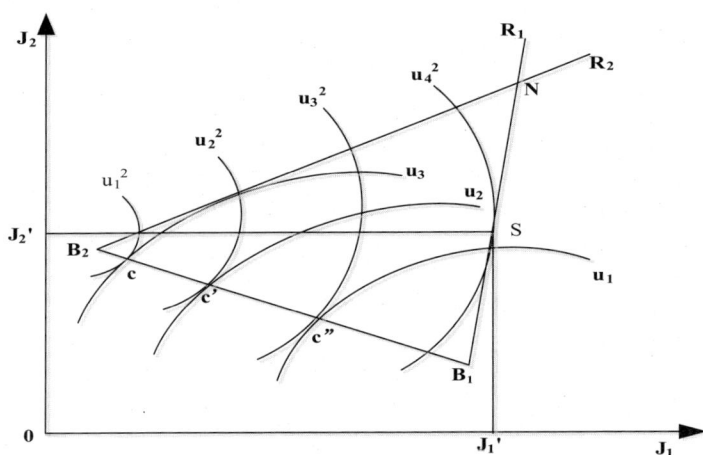

图 1-2　哈马达政策协调模型

注:图中 J_1、J_2 为国家(或地区)政策,u 均为国家(或地区)的无差异曲线,B_1、B_2 为政策协调"契约线",R_1、R_2 为国家(或地区)的反应曲线。

由此,作为一个相对独立的经济管理者、干预者,在区域发展的背景下,地方政府基于地方经济利益提高的考量,地方财政之间的关系必然会从单纯的财政竞争走向"竞争性合作"。即源于财政分权所带来的地方利益之争,地方政府之间的财政竞争必然存在,但因各方利益之间存在空间依赖关系,为了减少经济社会发展中各地方政府间财政竞争而引发的效率损失,并期待获取更高、更长效的单体利益及区域整体利益,地方政府间会通过各方利益的交换程

---

① 反应曲线是指具有相互依赖关系的国家(或地区)中,当对方国家(或地区)的政策已经给定时,该国家(或地区)有可能做出的政策选择。

序、争端解决机制和公共决议等方式（Jose Luis Crespo 和 Joao Cabral，2010）①
展开财政合作。虽然区域发展中地方财政合作也注重单体利益，但随着区域
中各辖区间经济社会差距的缩小、地区间利益协调机制的完善，以及区域在世
界经济社会发展中地位的上升，地方财政在区域内对于资源、人才、技术、资金
等方面的相互争夺将会减弱，区域内各辖区间经济社会关系也愈加紧密，地方
政府间单纯的单体竞争关系，将会逐渐协调为以提高区域整体竞争力为目标
的"竞争性合作"关系，而非"合作性竞争"关系。不仅可以防止地方财政间恶
性竞争、过度竞争的再次发生，还可以形成优势互补、合作共赢的区域发展新
格局，实现"非零和博弈"中的"正和博弈"结果，既促进区域内各辖区的发展，
又有助于区域整体发展，符合区域协同发展要求。

第三节　地方财政合作促进区域
协同发展的作用机理

在区域协同发展的背景下，作为政府干预手段中汇集了政策与资金双重
手段的财政，必将发挥其充分导向作用。即基于区域整体性的发展规划，通过
区域内各辖区间配合性的财政政策与财政资金配置方案，实现区域内各种资
源的优化与整合，促进区域经济与行政区划的尽快融合，缩小区域内各个辖区
间的差距，从而有效保障区域协同发展中近景目标与远景目标的最终实现
（如图 1-3）。

一、区域整体发展的规划作用

区域发展不仅需要关注区域内各辖区的独立发展能力，更需要强调区域
整体性的发展机遇和发展方向，而基于区域内各辖区间社会经济的发展差距，
区域协同发展的目标是在缩小辖区间差距的基础上实现区域的整体良性发

---

① Jose Luis Crespo and Joao Cabral, Lisboa, "The Institutional Dimension to Urban Governance and Territorial Management in the Lisbonmetropolitan Area", *Urban Governance in Southern Europe*, Vol. 197, No.45(2010), pp.639-662.

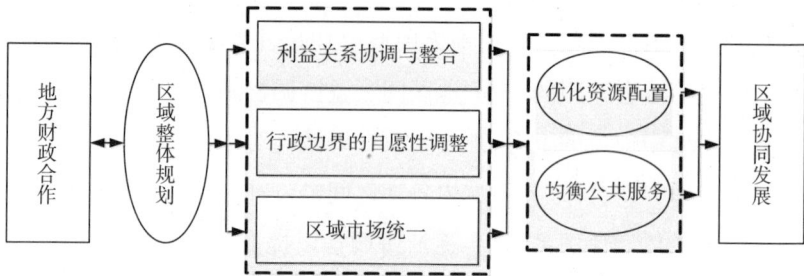

图 1-3　地方财政合作对区域协同发展的促进作用机理

展。因在实现理想目标的实践历程与市场经济机制的正常运行之中,经济发展是区域协同发展的核心动力源泉,而社会发展是保障经济发展的必要环境。同时肩负经济效率与社会公平责任的政府在颁布与实施各种宏观政策时,既要实现促进经济快速、长效发展的效率目标,又要实现各辖区能够均衡发展的公平目标,单纯顾及效率或是公平均不可取。而通过各辖区间政府在财政与税收方面的沟通与协作,既可以顾及到财政政策、财政收支活动对产业政策、产业结构等区域经济协同的支持和引导作用程度,又可以关注到财税活动对各辖区公共服务、跨辖区公共服务的提供范围和水平,从而促进区域社会协同环境的构建和维护,这将有助于发挥各辖区财政对于区域协同发展的全方位支持作用,实现区域的经济协同和社会协同的共同发展,提高区域整体发展能力。

虽然相较于国际区域"一体化"而言,我国的地域差距较大,但我国区域发展多因区域的地域相近、文化相似、历史相同等特点,往往具有更强的融合性,更易形成"集体认同感",无论是"一体化"的速度还是协同的发展进程均会相对较快一些。但因我国中央层面对于区域经济社会发展的扶持,常常依托于各种建设项目而展开,以此带动区域内产业布局和基础设施建设,属于典型的"项目拉动"式区域发展模式(刘云中等,2013),不仅易引发区域内辖区间激烈的竞争,还易造成区域内各辖区之间项目竞赛。而地方政府作为区域内各辖区管理的主要责任主体,其做出的城市发展决策经常具有一定的短期性和封闭性特征,在资源有限的现实发展环境下,甚至还会引发各辖区之间产

业结构雷同、基础设施建设重复、招商引资恶性竞争、环境污染严重、地方政府
行为扭曲等现象的频发(李郇、徐现祥,2011)。因此,凭借区域内各辖区间地
方财政协调合作平台的构建,结合全国性区域间比较优势和区域的整体发展
特色,依据区位理论在充分体现区域内各辖区相对优势的基础上,明确区域内
各辖区功能定位,将区域内各辖区的单体发展与区域整体发展结合起来,从而
科学确定区域的总体发展框架和长期发展规划,合理安排区域产业分工与公
共服务提供格局,形成具有互补功能、分工合理、梯度有序的协同化发展区域,
并在此基础之上统筹规划区域的建设用地指标、大项目审批以及区域基础设
施建设,避免重复建设和同质竞争,从而转变“项目拉动”型区域发展模式为
区域经济社会全面发展模式,将有助于改善区域层面的发展环境,有效增强区
域软实力,实现区域的深度协同发展。

二、经济与行政区划的融合作用

根据区域发展理论,区域的发展最初多基于经济互补的目标展开竞争与
合作,且随着区域内各辖区经济的快速发展以及辖区间相互依赖程度的相应
提升,区域内市场、资本、人才竞争加剧,为减少区域内各辖区间的内耗,增强
整体区域凝聚力,区域协同发展已成为区域的长期发展路径选择。但我国长
期存在严格的行政区划,促使以省区为主的地方经济呈现出“封闭式”各自发
展的状态,又由于我国地域辽阔,辖区间资源禀赋条件等先天自然条件、经济
发展水平、市场发育成熟度以及历史发展进程等后期经济技术发展水平存在
较大地域差异,致使我国各辖区间的经济和社会发展差距显著。而为了实现
缩小辖区间经济与社会差距的区域协同发展近景目标和区域“一体化”的远
景目标,在市场经济体制还不完善的中国,通过区域内各辖区间具有政府导向
性的地方财政合作,可以打破固有行政区划权力的绝对化分割,化解区域内各
辖区间的行政壁垒,调整辖区间的利益关系,形成区域统一性市场,促使行政
权力所控制的资源在区域内得以更有效地重新配置,以平衡辖区间经济与社
会发展的基础环境差距。

（一）促进辖区间利益关系的协调与整合

稳定和加速地方发展是每个地方政府的职责所在,而经济发展是地方发展的核心推动力。区域协同发展理论充分表明地方经济的发达程度在一定程度上决定了其在区域发展中的地位和重要程度。地方政府为了在区域发展中获取一定的发言权,地方政府具有提升本地区经济增长幅度和延长经济增长时限的自发动力。不论区域内各辖区间是竞争关系还是合作关系,其共同的驱动力就是地方政府单体经济利益的诉求实现。尤其是我国自1994年分税制改革以来,税收的划分确定了中央与地方的事权范围和支出责任,分税制改革虽然有效解决了地方政府的激励问题,但由于分税制本身存在分权不彻底、分权不合理等问题,作为更注重经济效益和当期效益的地方政府,为保证和促进当地经济增长,基于自身利益的行为逻辑,对具有社会效益以及长期效益特点的公共产品和服务提供,易造成激励扭曲以及提供性懈怠(彭宅文,2010),对普惠性的公共产品和服务难以表现出自主积极性;与此同时,中国的财政分权体制是依托于中央与地方、上级与下级的政府委托管理而建立起来的财政制度,各级地方政府官员也遵循中央对地方、上级对下级的逐级选拔规则,中国的财政分权管理体制被笼罩于政治高度集权的范围之下,受其政治集权的约束,一定程度上削弱了财政分权本身所具有的资源优化和配置的高效性,同时也扩大了地方政府追逐单体利益最大化的偏好,从而在区域发展中凝结出各辖区间较为"顽固"的竞争关系。

但财政作为"经济改革、政治改革向文明社会过度"(赵国钦、宁静,2015)的承接点,其在区域发展的历程之中,可以发挥出较强的推动作用,帮助辖区间单纯的利益竞争逐渐转化成为"共赢性"的"竞争性合作"。基于区域协同发展的共同目标,区域内各辖区通过协商后的各项财政合作活动,不仅可以有助于形成区域经济利益共同体,还有助于形成区域社会利益共同体,从而利于协调和配置地方财政利益关系和地方政府利益关系,解决地方政府间的利益追逐和分配问题,实现辖区利益与区域整体利益乃至国家利益的"相似"或"一致"。由此,区域内各辖区间的地方财政合作既可以从根本上有效消除引发恶性竞争的驱动力,又可以对辖区间的竞争进行有序引导,维持辖区政府的经济与社会发展积极性,助推区域经济和社会协同发展目标的尽快实现。

（二）引导区域行政界限的自愿性调整

我国长期以行政区划边界作为政府经济与社会管理的地域界限,再加上我国"中国式分权"的财力分权与政治集权的特性,使行政区划界限与地方政府的利益辖区边界几乎保持了高度的一致性。虽然行政区划严格的边界明晰了政府的管辖范围,有助于政府各项管理与服务的有效实施,但随着我国区域性经济与社会发展诉求的愈发明显,区域内各辖区间的经济往来和社会关系也愈加频繁和密切,行政区划边界日渐演化成为区域"一体化"进程的行政壁垒,阻碍着区域协同范围以及协同程度的拓展和纵深。由此,在区域协同发展背景下,通过区域内各辖区间科学税收共享、利益补偿、横向转移支付等地方财政合作机制的构建,各辖区的单体经济发展与单体社会发展会伴随着各辖区间合作程度的加深,而逐渐驱动各辖区间利益的融合,乃至最终形成区域利益综合体。在辖区利益逐渐提升以及区域利益逐渐壮大的发展过程中,区域内各辖区在更大利益的诱导和驱使下,会进行自愿性的行政权力调整,从而冲破"固化"的狭小行政区化限制,促使经济与行政区域的日渐融合,助推区域整体性经济和社会协同的发展。

（三）促成区域内统一市场的尽快形成

稀缺资源和优质资源往往意味着更高的经济效益和更快的经济发展,大量稀缺资源、优质资源的拥有则意味着经济持续、快速增长的有效支撑和保障。因此,在地方发展经济的过程中,各个地方政府迫于各种优质资源的有限性,会采取各种行政或经济手段和方式进行稀缺以及优质资源的竞争、甚至是掠夺。对于经济相对较发达的地方政府而言,为了维持自身在区域内长期的主导身份,必会主动保持其在整个区域内经济的较发达状态,经济相对较发达的地方政府会通过行政命令、税收优惠政策、财政支出等方式降低项目投资门槛或者提高项目投资收益,以吸引稀缺自然资源、高端人才、先进技术以及优质资本的流入,促进其经济的快速发展;而对于经济相对欠发达的地方政府而言,其原有的经济落后身份不仅造成其被动的发展局面,还面临着经济发展只能使用劣质资源的恶性循环,但地方政府为了扭转原"被动发展"为"主动发展"的尴尬局面,经济相对欠发达的地方政府也往往具有采取各种行政、经济手段来吸附资源的积极意愿和主动性。由此各个地方政府之间长期存在着资源要素的竞争。

我国当前行政区划界限与政府利益边界的匹配性不仅造成了人才、资本、资源等生产要素在区域内自由流动障碍,还致使商品与服务等产品区域统一市场的割裂①。首先,就生产要素市场而言,基于区域内自然资源、高端人才、创新技术、优质资本等资源的稀缺和有限性,区域内各辖区的"利益最大化"发展需求必然造成区域内生产要素、资源的抢占与掠夺,在我国"大政府、小市场"的长期发展背景下,资源流动会受到各种政策、甚至是制度的阻碍,不仅不利于区域内资源配置的优化,还造成了一定程度的资源浪费与成本增加;其次,就商品与服务市场而言,各辖区为了本辖区的财政收入利益以及促进本辖区内企业的壮大和成长,会充分运用政府"特权"维护辖区内市场和辖区内企业的发展,形成众多辖区性小市场以及地方保护主义政策,既不利于区域内整体市场的形成,也不利于区域内企业公平竞争环境的实现。因为我国要素市场与产品市场的割裂状态已长期存在,区域统一市场难以依赖各辖区在区域协同发展进程之中自发形成,因此,通过区域内各辖区间的地方财政合作博弈,借助各辖区的协作力量,基于区域长期的共同发展意向和发展规划方案,通过产业结构格局的区域性设计和安排,打破原有要素和产品市场的辖区性特点,有助于形成区域内统一的要素和产品市场,引导生产要素在区域内的自由流动,降低各辖区在商品与服务采购与提供方面的成本,加速区域的经济发展和社会发展速度,实现区域协同发展。

三、区域差距缩小的保障作用

随着各个地区经济和社会发展的需要,以及在经济运行中市场表现的有限性,促使财政在国家或地区的经济增长、经济发展以及社会发展过程中发挥

---

① 在分权化制度安排下,地方政府为了获取地方利益最大化,扶持本地经济,增加财政收入,产生限制本地资源流出和外地产品流入的冲动,从而造成市场的非一体化(Bai,2004)。

着愈发重要的作用。拥有主导者和参与者双重身份的地方政府,面对区域协同发展的趋势选择,须整合和充分利用区域内外各种资源,平抑区域内辖区间的过大差距,推进区域的整体城市化进程,实现区域整体的社会和经济均衡、持续、良性发展。

(一)优化资源配置

缩小区域内辖区之间的经济差距是区域协同发展的核心目标,提升区域整体经济发展水平是区域协同发展的政府职能。为了有效避免区域内辖区间的经济差距呈现"马太效应",进而造成经济发达辖区不愿与经济落后辖区进行横向联系,以及经济落后辖区难以参与经济区分工与合作的局面,需要辖区政府间互通有无,共谋区域发展,实现辖区地方与区域共同发展的"多赢"结果。而地方财政合作是拥有共同财政目标的各个地方政府积极配合,通过税收政策、财政转移支付和政府投资等政策达成合作共识与决策的过程。其通过合理规划整体区域的经济发展结构,进行资源整合,携手影响生产要素等资源在地区间、部门间的流动方向与流动数量,如在限制开发区和禁止开发区减少工业开发行为等,以缓解由此引发的辖区地方财政收入波动而出现的改革或调整抵触情绪,这不仅与辖区地方财政自身管理能力有关,还与辖区之间地方财政的沟通、协作能力密切相关,进而通过合作共同达到商品或服务提供数量的调节,从而实现宏观与微观层面的资源配置与优化,提高区域内资源配置效率,体现地方政府的经济效率责任,实现区域整体经济的长足发展。

(二)均衡公共服务

在区域协同发展的背景下,区域社会发展的"一体化"和经济发展的"一体化"相互影响,缺一不可,致使在缩小区域内各辖区间差距的过程之中,也必然包含经济发展的均衡以及社会发展的均衡,而社会发展的均衡首先需要保障区域内各辖区间公共服务的均等化。

1.一般公共服务的均衡提供

虽然区域经济"一体化"是区域协同发展的一部分,但经济"一体化"的制度框架并不一定会带来区域整体的协同发展(段铸等,2014)。马斯格雷夫(R.A.Musgrave)早在1939年发表的《公共经济的自愿交换理论》中,就将税收与政府公共服务供给视为一种"自愿交换"行为。即公众以牺牲私有财产(税收和非税收)为经济代价,将公共权力让渡给政府,委托政府配置资源,提供公共服务,满足公共需求。此种说法也一度成为政府具有为公众提供公共服务的先天职责论据。换个角度,该种"自愿交换"行为是建立在"委托——代理"的基础之上,即公众缴纳规定的税收和费用,政府满足公众的需求,给予公共服务的提供。此类公众与政府的交换是基于公众认定政府不仅可以为自己提供足够数量和质量公共服务的判断,还认为政府提供公共服务所消耗的平均成本应低于个人对服务购买的成本。由此,政府具有为公众提供公共服务的义务和责任,同样公众也具有依照法律法规缴纳税费的义务和责任;政府具有主动支配政府财政收入的权利,公众也具有监督和判定政府财政支出资金高效与否的权利。

而我国社会公共服务体系自新中国成立初期的刚刚建立到体系的日臻完善经历了一个较为漫长而复杂的演进过程。(1)中华人民共和国成立初期,在《中国人民政治协商会议共同纲领》(1949)的指导下,我国城乡分别建立了"企业办社会"式的单位提供与集体经济提供的"二元"公共服务供给模式,如职工的"铁饭碗"和农村的"五保户"。受当时经济发展程度和平均主义分配思想的影响,该时期的公共服务虽然范围较窄、水平较低,但却具有平均化的特点,各辖区之间的公共服务水平差异性较小。(2)改革开放初期,我国经历从社会主义计划经济向社会主义市场经济的转型,在"效率优先,兼顾公平"思想的影响下,不仅公共服务供给的决策权、融资权逐步由中央政府向各级地方政府下放,公共服务供给的提供方式也逐渐向市场和社会领域放开,如基础教育的地方负责、分级管理制度以及民政部"社会福利社会办"的倡导。相较于新中国成立初期,该时期的公共服务受到更多的重视,其提供的项目也在逐步丰富起来,但城乡之间仍然处于"二元"化分离模式,且各辖区间的提供水平因地方政府财力的差异而逐渐拉大了差距。(3)分税制体制改革后,以规范各级政府间的收入分配关系为核心内容的分税制财政体制改革使得企业与社会职能得以进一步的分离,政府与社会逐渐成为公共服务提供的主要承担者,如城镇企业职工养老保险制度、农村最低生活保障制度、新型农村合作医疗制度等保障制度的建立,均在其中明确体现出政府的支出和保底责任。该时期政府在公共服务提供方面更加体现了其公共服务职能,并逐步展开对改变城乡二元经济结构、缩小城乡公共服务提供差距的探索与尝试,但城乡之间、地区之间的公共服务提供仍存较大差距。(4)科学发展观与和谐社会的建设时期,公共服务成为政府的基本职能之一,实现公共服务均等化既成为了公共财政制度的重要内容,也成为了服务型政府建设的重要价值追求。该时期公共服务体系的建设更加全面和完善,涉及社保、教育、卫生、文化生活、环境保护、节能减排等多个领域,如将农村居民、城镇居民全部纳入社会基本养老保险体系之中,建成了世界上包含人数最多的养老保障体系,不仅实现了社会基本养老保险的"制度全覆盖",还实现了农村与城市基本养老保险制度的统一。

社会公共服务提供制度的逐渐统一,打破了实现公共服务均等化的制度瓶颈,为公共服务提供均等化的有效实现创造了良好的环境。但鉴于公共服务(公共物品)一般具有"非排他""非竞争"以及效益外溢等特点,而提供公共服务又是政府的基本职责所在,故地方政府对于公共服务的提供往往具有属地性特点,即本辖区政府承担本辖区居民的社会公共服务提供责任。而在区域协同发展的进程之中,基于区域内各个辖区间在历史条件、自然条件、经济条件、社会条件、政府政策等方面的差异性,各辖区间极易存在不同的社会发展水平、不同的公共服务水平,给以缩小和消除辖区间差距,并实现区域"一体化"的区域协同发展带来障碍。因此,通过区域内各辖区间在税收政策、财政支出以及转移支付等方面的地方财政合作,以社会公共服务均等化提供为起点,推动区域内各辖区间优质社会公共资源的流动和共享,降低各辖区公共服务提供服务成本以及拓展辖区公共服务受益范围,在实现区域内各辖区公共服务数量与质量上"双"提升的基础上,逐步缩小区域内各辖区的社会公共服务水平差距,实现区域内的公共服务均等化,进而逐步缩小区域内各辖区的社会发展水平差距,促进区域社会协同的实现。

2.跨区公共服务的提供

跨区公共服务一般是指超越特定行政区划的公共服务,如跨区基础设施、跨区生态环境、跨区卫生防疫等,也具有一般公共服务的"非排他""非竞争"

特性。虽然政府具有承担提供公共服务的责任,但基于我国当前福利与户籍相对匹配的制度设计,地方政府在辖区间的博弈中虽对辖区内社会福利水平问题有所考虑,但仍更多地以地方经济增长为政府决策导向,尤其是对于跨区公共服务,如跨区交通、水资源利用、环境保护等公共工程,以及跨区医疗、跨区养老、跨区教育等公共服务,如果区域内的辖区政府从共同提供的公共工程、公共服务中所获得的预期收益大于预期成本,其辖区之间展开的合作具有自发性;但如果公共工程与公共服务的预期收益较为有限,或者合作的协商成本较高,其展开合作会缺乏动力,难以对受益界限模糊的跨区公共服务提供表现出积极性,并取而代之表现出"搭便车"的行为取向,易造成跨区公共工程与公共服务提供的不足。而随着社会公共服务体系的逐步完善与新型城镇化发展理念的日渐深入,公众对于各种公共服务的数量需求与质量需求都呈现出"刚性"的增长,跨区公共服务提供问题更加突出。

又因跨区公共服务的受益范围虽较辖区内的公共服务受益范围模糊,但其仍具有一定的地域性,以满足区域内公众需求为主,故跨区公共服务提供问题难以长期通过中央资金支持给予解决,仍旧需要以地方政府为主要承担和提供主体。鉴于区域内各辖区政府对于跨区公共服务提供难以表现出自发性的积极,通过区域内各辖区间的财政合作,以跨区公共服务成本分担为核心,合理确定各辖区需要担负的责任和义务,可以有效解决区域内跨区公共服务的提供问题,弥补区域发展中的社会公共管理缺位,并进而拉近区域内各辖区间的经济和社会关系,既有助于实现区域内的经济效率,又有助于维护区域内的社会公平,有利于推进区域社会协同发展进程。

此外,随着我国农业与非农业户籍制度的取消、人口流动束缚的逐渐打破,流动人口的"本地化"以及农业人口的"市民化",虽然有助于劳动力生产要素流动的"自由化",并愈加趋于符合市场的"自由化"运行机制,但基于区域内辖区之间仍存的较大社会发展差距,人员的流动性会进一步发挥"用脚投票"的作用。且分税制后我国财政分权体制对于地方财力的规范与限制,面对公共服务数量的不断扩张与质量的不断升级需求,以地方政府承担为主的地方公共财政支出压力陡增。由此,在区域协同发展的背景下和在不违背市场正常运作机制的基础之上,通过各辖区间的通力合作与科学布局,借助各辖区间有限的税收合作、财政支出合作、横向转移支付制度、补偿机制等财政合作政策和手段,在产业发展与基本公共服务提供双方面发挥对各辖区的人口流动"引导"和"导向"作用,从而可以实现"流动人口"与"人口流动"的真正趋稳,有效缩小区域内各辖区间在经济与社会发展上的差距,为区域经济协同创造稳定的社会协同环境,实现区域稳定发展的美好愿景。

第二章　京津冀区域协同发展与地方财政合作的现状

　　包括北京、天津以及河北省的石家庄、唐山、廊坊、保定、秦皇岛、张家口、承德、邯郸、邢台、衡水和沧州 11 个地级市的京津冀区域,作为我国最重要的政治、经济、文化与科技中心,与长江三角洲、珠江三角洲被公认为我国三大人口和社会经济活动的集聚地带。

第一节　京津冀区域的形成历程及发展趋势

一、区域的形成及特点

　　京津冀区域位于中国的华北平原北部,所辖"两市一省",其中"两市"指北京市和天津市两个直辖市,"一省"则是指河北省全境,京津冀共计所辖 13 个地级以上城市,203 个县级区划单位,土地面积共有 21.78 万平方公里,为全国土地面积的 2.3%。根据史料记载,作为首都、直辖市的北京至今已拥有三千多年的历史,并早在公元 1421 年就已经成为了真正意义的首都,其特殊的政治属性、政治地位和长期的历史积淀,不仅集聚了较高的人气,吸引了周边地区的各种优质生产要素,加速了本地市场和经济的发展,还有效提高了该地区的行政管理水平,逐渐成长为京津冀区域乃至全国的经济和政治中心,如2014 年北京常住人口 2152 万,地区总产值 2.133 万亿元,分别约占京津冀区域的 19.47% 和 32.09%。而天津地跨海河两岸,自古以来就因漕运而兴起,曾有"畿辅门户"的称谓,凭借其独特地理位置所形成的绝对优势,天津的进出口贸易较为繁荣,在鼎盛时期,其贸易总额能够位居全国第二①,而在华北地区则更是首屈一指。天津因其港口性的区位条件,经济发展也极为迅速,在京津冀区域快速晋升为仅次于北京的第二大经济中心,与北京共同组成了京津冀区域的"双核心",2014 年天津常住人口 1517 万,地区总产值 1.572 万亿元,分别约占京津冀的 13.72% 和 23.65%。而河北省所辖石家庄、唐山、廊坊、保定、秦皇岛、张家口、承德、邯郸、邢台、衡水和沧州 11 个地级市,2014 年共计常住人口 7384 万,地区总产值 2.942 万亿元,分别约占京津冀的 66.81% 和 44.26%。

在京津冀区域的历史发展进程中,其称呼可谓莫衷一是,从 1982 年包含内圈和外圈②的"首都圈",到 1996 年"2+7"③的"首都经济圈",到 2001 年的"大北京",到 2004 年"2+8"④的"京津冀都市圈",再到 2010 年的"环首都经济圈",以致现在"2+11"⑤的"京津冀协同",愈发体现出京津冀区域"一体化"的发展趋势。截至 2014 年年底,京津冀区域现共计人口 11053 万人,已占全国总人口的 8.08%,当年地区生产总值 6.647 万亿元,占全国地区总产值高达 10.484%⑥,与珠江三角洲和长江三角洲共同组成了我国东部沿海地带三大以城市聚集为形式的"经济带""城市群"。而相较于其他区域,京津冀区域作为一个包含"两市一省"的特殊区域,该区域的形成与发展自有其天时、地利、人和的原由,总体可以概括为:区位条件相近、人文环境相似、要素禀赋互补、政府导向显著四大特点。

（一）相近的区位条件

京津冀区域内"2+11"个城市中,城市与城市间多为相邻关系。作为京津

---

①　陆军:《论京津冀城市经济区域的空间扩散运动》,《经济地理》2002 年第 9 期,第 574—578 页。

②　内圈是指北京、天津、唐山、廊坊、秦皇岛;外圈是指承德、张家口、保定、沧州。

③　"2"是指北京和天津,"7"是指河北省的唐山、保定、秦皇岛、承德、廊坊、沧州、张家口。

④　"2"是指北京和天津,"8"是指河北省的唐山、保定、秦皇岛、承德、廊坊、沧州、张家口、石家庄。

⑤　"2"是指北京和天津,"11"是指河北省的石家庄、唐山、保定、秦皇岛、承德、廊坊、沧州、张家口、衡水、邢台、邯郸。

⑥　数据来源:中华人民共和国国家统计局网站,http://data.stats.gov.cn/easyquery.htm?cn=E0103。

冀区域内的两个核心城市,北京与天津地界相连,两城市之间的主要城镇公路里程数仅为 136 公里,而其他城市以北京和天津为经济核心辐射散开。其中,被誉为"京津走廊上的明珠"的廊坊市地处京津之间,是距离北京、天津最近的城市,地理距离仅为 63 公里和 83 公里;而距离北京和天津最远的邯郸市,公路里程分别为 456 公里和 460 公里;在所有城市中,两个城市间地理距离最远的要算京津冀区域内最南端的邯郸市与最北端的张家口市,两个城市的公路里程为 736 公里。

随着京津冀区域经济的逐步发展,区域内辖区间的高速公路、城际铁路、市郊铁路、高速铁路不断延伸,区域内的交通设施愈加完善。北京、天津作为京津冀的中心城市,对其周边其他城市充分发挥了扩散、辐射作用,如京山、陇海、京张、津浦、津榆、芦汉等众多交通铁路的修筑,促使京津冀区域内的唐山、石家庄等城市也慢慢发展成为华北地区的次级市场,与北京、天津的经济关系愈发密切,使得京津冀各个辖区间的时间距离不断缩短,地理距离的影响正在逐步弱化。例如北京与天津两个核心城市之间仅需用 33 分钟就可基本抵达对方的城市中心,而廊坊与北京、天津之间也仅分别是 21 分钟和 17 分钟的距离;即使是地理距离最远的邯郸市,也仅需 1 小时 54 分钟和 2 小时 27 分钟就可以抵达北京和天津市[①],越织越密的京津冀交通大网,将京津冀区域内各个辖区紧紧地集聚在一起。

(二)相似的人文环境

在我国漫长的历史长河中,京、津、冀三地间具有较深的历史渊源。早在春秋、战国时期,太行山各流域就已经成为京津冀人口频繁活动的区域,又因北京在明朝时期成为首都,其逐渐演变成为京津冀区域的政治、经济、军事和文化中心,无论是明朝初期的北平府,还是清朝时的顺天府,首都的地域管辖范围都较大,河北的部分地域如遵化、霸州等地区就包含在作为首都北京的地域板块之内;而在民国时期,北京曾被改名为北平,与天津都同属于河北,直至

---

① 数据来源:中国铁路客户服务中心,http://www.12306.cn/mormhweb/,2015 年 7 月 15 日。

新中国的成立,北京重新被确定为首都,天津再次成为直辖市;而到了1958年2月,天津的直辖市身份转变成了河北省的省会,但1967年1月河北省省会又迁至石家庄,天津重新成为直辖市。这一系列的历史更迭,促使京、津、冀三地的地理区划在交叉与变更中形成了相对较为稳定的京津冀区域,不仅使得京津冀区域拥有了相连的地脉,更使得冀文化和京津文化拥有了高度同源的文脉,再加上京、津两市内嵌于冀域之内,三地间长期的人口往来与流动,还形成了相通的人脉。

(三)互补的要素禀赋

京津冀区域内各辖区间的要素禀赋优势各有不同,北京坐拥雄厚的政治资源,天津拥有良好的港口优势,而河北省各辖区在土地、矿产和劳动力等方面存在一定的资源优势,促使"2+11"组成模式的京津冀区域在经济与社会发展的过程中,彼此需求、不可或缺,构成了较为稳固的相互依存且相互服务的互补关系。

北京作为一座历史悠久的古都,众多朝代的首府都在此设置,曾有"燕都"、"燕京"、"北平"、"京兆"等多个别称。作为首都,北京是中央政府办公所在地,所拥有的政治地位和政治影响力,使其具有其他城市不可比拟和无法复制的独特性。而北京得天独厚的政治资源,不仅将北京打造成为了全中国独一无二的政治中心,聚集了全国各地的政治和社会精英,更将其培育成为具有超强资源吸附能力的财富聚集之地。但北京作为典型的消费型城市,在新中国成立初期许多基本的日化用品均来自于天津生产。

天津拥有丰富的水资源,附近汇集了海河、北运河、永定河、大清河、子牙河、南运河六条河流,以及子牙新河、独流减河、马厂减河、永定新河、潮白新河、还乡新河六条人工河道,以及20世纪80年代就兴修的引滦入津水利工程。天津临水而建,现已经成为中国北方最大的沿海开放城市,其在滨海新区建成了世界等级最高的天津港,为京津冀及周边地区服务。

相较于京、津,河北省具有较为明显的土地资源、矿产资源和劳动力资源优势,为北京和天津的发展提供了必要的基础条件,有效地弥补了京津两市在工业化发展进程中对于生产要素资源的迫切需要。其中,河北省已发现矿产156种,占全国总矿产种类总量的65.82%,分布在唐山、保定、邯郸等9个设区市,其中分布较为广泛且资源储量占据全国前五位的已有 39 种。如唐山和沧州的地下苦卤资源储量较高,河北全省的年海盐产量能占全国的 21.2%;河北省海域的油气资源也较为丰富,主要分布着冀东、大港、渤海三大油田;河北省长达 487 公里的海岸线,设有秦皇岛、唐山、黄骅三大港口。而与京、津比较,河北的可用土地资源也较为丰富,河北省共计土地面积 18.85 万平方公里,其中农用土地为 13.168 万平方公里,建设用地 2.011 万平方公里,未利用土地 3.675 万平方公里①。除此之外,河北省的劳动力资源也较丰富,2013 年河北省的劳动人口 5376.9 万人,北京的劳动人口 1730.5 万人,天津的劳动人口仅 1143.4 万人,分别是河北的 32.18% 和 21.27%②。

（四）显著的政府导向

京津冀区域形成至今一直具有显著的行政性色彩,无论是京津冀的区划安排,抑或是京津冀区域发展的目标设定,还是京津冀区域内各辖区发展的功能定位,以及京津冀区域发展的路径选择,无不彰显出政府在当前以致未来发展中的主导性作用。

因京津冀区域是北京市、天津市以及河北省三地行政区划地理范围的简单加总,其并未基于京津冀区域发展趋势而对其进行重新的地界整合与划分。而中国具有较为特殊的行政等级管理体制,行政等级的高低与资源配置的主动性和资源的优质程度往往有着直接的联系,即行政等级越高的地区,资源配置的自主性越高,资源吸附的能力越强,反之,行政等级越低的地区,资源配置的被动性越强,资源"逃逸"的可能性越大。在京津冀区域之内,首都身份的北京、直辖市身份的天津和普通省份的河北,无论是在京冀关系中还是在津冀关系中,河北均会处于弱势地位,在京津冀协同发展的过程中将会难以处在平等的协商地位。但京津冀的长效发展并非简单地以京、津、冀三地的身份而展开经济与社会的携手共进,"2+11"的城市群发展模式将会是较为长期的区域发展模式,而京、津与河北 11 个地级市之间的行政等级差异化程度也进一步被放大。

---

① 数据来源:河北省国土资源厅, http://www.hebgt.gov.cn/index.do? templet = zygk _ list&cid = 984&id = 17158。

② 数据根据《2014 中国统计年鉴》计算所得。

首先,在京津冀目标设定方面,具有较为明显的政府主导性。一般的区域发展,其主要以缩小区域内辖区间的差距,实现区域整体快速、长效发展为最终目标。但京津冀有所不同,京津冀区域的发展虽然也提倡通过优化产业结构、提高资源配置效率等途径实现京津冀经济与社会差距的缩小,但在区域发展目标设计初衷还注重和强调北京首都功能的保障和非首都功能的疏解。虽然两个目标并不存在本质上的冲突和矛盾,但政府主导在京津冀区域发展中的作用已十分明朗。

其次,在京津冀区域发展的路径选择方面,也具有明显的政府主导性。区域发展一般依据区域内各辖区的自身比较优势,在竞争与合作中协商确定各自的产业分工和功能定位,具有一定的市场自发性。但京津冀区域有所不同,为了有效推动京津冀区域发展和实现区域发展目标,对于京津冀三地的功能定位,政府已经做了较为明确的顶层设计,并安排了产业、交通、生态作为主要的优先发展三大领域。

二、区域的协同演进历程

(一)中央计划性经济协作阶段(1949—1978 年)

自新中国成立至改革开放之前的这段时期,我国处于高度的计划经济管理体制之中,所有的经济活动都基于中央的计划和部署展开。新中国成立初期,虽然我国的经济迅速全面进入复苏阶段,但全国的经济基础较为薄弱,各个地区的人力、物力、财力等均严重不足,全国的经济仍处于较为落后的状态。为了均衡全国发展,合理调配有限的物资,促进各省区市的分工与协作,中央政府于 1958 年成立了七大经济协作区①,以组织和促进各地区的经济协作,而包含京、津、冀的华北地区即为其中之一,京津冀区域的协同发展进入萌芽阶段。步入七十年代,中央大力提倡建立本地化的工业经济体系,京津冀区域内各辖区均运用有限的生产要素进行工业化建设,但基于辖区间自然资源禀

---

① 七大经济协作区包括:东北、华北、华东、华中、华南、西南、西北,其中华中与华南区于 1961 年合并为中南区,后因"文化大革命"全部被取消。

赋的差异性与京津的特殊性,在中央政府的计划和主导下,河北省内众辖区被动地为京津提供了大量的能源、原材料和农产品。经过一段时间的投入和建设,京津冀区域内各辖区间逐渐显现出产业同构现象,造成京津冀辖区间越来越明显的工业化竞争,从而进一步引发了京津冀区域内各辖区间对于资金、能源和项目的激烈争夺,中央政府计划下的协作关系逐渐淡化。

虽然京津冀区域协同的萌芽最后却呈现出愈发激烈的各自相互竞争,一定程度上显示出中央计划性经济协作的失败。但此阶段的京津冀协同因正处于全国区域内百废待兴的特殊阶段,一方面,京津冀区域的特殊地理位置、良好人文条件以及较丰富的自然资源禀赋,促使其在短时间内拥有了自我经济发展的充沛条件;另一方面,经过长期战争的洗礼和沉淀,京津冀与全国其他地区一样,还拥有了异常强烈的经济发展意愿。再者,京津冀区域内各辖区在该阶段的经济水平均处于较低的阶段,既未形成典型的"增长极",也没有形成显著的经济差距,中央政府的计划性干预政策难以发挥其倡导"扩散效应"的作用,京津冀区域内各辖区间缺乏协同动力,至此,京津冀协同并未在中央计划下走向更深,而是步入了独立发展自身经济阶段。

(二)地方自发性经济合作阶段(1978—1996 年)

改革开放以来,我国的经济体制由计划经济转型至市场经济,政府的主导作用日益弱化,反之,市场的基础作用正在逐渐强化。各地区根据自身的发展需求逐渐自发地形成结盟,以此加速本地区的经济发展。1981 年北京、天津、河北、内蒙古、山西五个省(自治区、直辖市)共同组建了华北地区经济技术协作会,这是全国范围内最早的一个区域协作组织,该组织筹建的初衷是为了通过协商打破行政区划的分割,加强各个地区之间的物资协作,充分利用五省市之间的物资,提高物资的调配效率。在此之间,京津冀区域内各辖区之间曾成功建成了几个合作项目,如京冀合作建成了生活资料基地(肉、蛋、菜)和生产资料基地(纯碱、生铁),邢台市与天津市合作完成了第二棉纺厂的扩建工程和医用塑料厂的注射器生产线的建设[1]。为了进行物资的串换,1986 年环渤

① 马海龙:《京津冀区域治理协调机制与模式》,东南大学出版社 2014 年版,第44 页。

海地区的 15 个城市还成立了环渤海地区经济联合市长联席会;1988 年北京
与环北京的河北 6 个①城市也组建了环京经济协作区,不仅卓有成效地创办
了农副产品、工业品批发等交易市场,还组建了信息网络等行业协作,以推进
各个辖区的经济合作。在 1985—1989 的四年间,河北省内各辖区与京津两市
签订经济联合项目 6000 多项,引进技术 3000 多项,引进人才 16000 多人,共
计引进资金高达 53 亿元②。

　　京津冀自发性的经济合作组织是我国经济体制由计划经济向市场经济转
型的典型产物,一定程度上提高了区域内各辖区间资源的配置效率,但因自发
性合作组织缺乏长效的发展规划和违反合作协议后的实质性惩罚措施,自发
性合作组织的凝聚力会逐渐削弱。京津冀区域内曾经具有标志性的华北地区
经济技术协作会于 1990 年最终走向了消亡,环京经济协作区于 1994 年也停
止了活动。此外,自发性经济合作组织内部虽然具有一定的协作性,但各个经
济合作组织之间、各个合作项目之间,由于缺乏有效的协调性,也易造成地区
间、组织间、项目间的恶性竞争、重复建设,从而引发京津冀之间的严重内耗,
不利于京津冀区域整体性的健康发展。

　　(三)政府主导性经济协同阶段(1996—2014 年)

　　1996 年 3 月全国人民代表大会上提出建立长江三角洲、环渤海、东南沿
海等七个综合经济区,同年《北京市经济发展战略研究报告》明确提出"首都
经济圈"概念,2011 年"十二五"规划纲要中又从国家层面正式提出"首都经
济圈",我国京津冀区域发展步入了政府积极倡导和参与、京津冀区域内各辖
区政府间频繁接触的新合作阶段。

　　自 2003 年,北京市海淀区政府与天津开发区管委会就联合出面连续组织
了以促进京津间经济合作为目标的多次经济论坛;2004 年 2 月,国家发改委
与京、津、冀发改委在廊坊就京津冀区域经济发展战略的原则性问题达成"廊

————————

　　①　分别为:保定市、廊坊市、唐山市、秦皇岛市、张家口市、承德市。资料来源:http://
epaper.ynet.com/html /2014-04/03/ content_50154.htm? div =-1。

　　②　闫凌州:《政府主导京津冀科技创新联盟研究》,河北工业大学 2005 年博士学位论文。

71

坊共识",5月,环渤海七省市①政府又达成"北京共识",6月,国家发改委联合商务部、七省区市达成"廊坊框架",11月,国家发改委又牵头组织《京津冀都市圈区域规划》的编制;2006年,京冀双方还签署《关于加强经济与社会发展合作备忘录》;2007年,京津冀建立了统一的质量标准认证体系;2008年,京津冀三方发改委签署《促进京津冀都市圈发展协调沟通机制建议》、津冀双方签署《关于加强经济与社会发展合作备忘录》。京津冀合作的内容更加广泛,涉及交通运输、信息技术、人才市场、建筑市场、旅游市场、金融市场等众多经济相关领域。

此阶段的京津冀协同相对于上一阶段的地方自发性,不仅更加体现出了各级地方政府的积极推进作用,还通过国家发改委、商务部等上级政府出台的政策和组织的活动,透视出中央对于京津冀合作发展的大力支持,从而取得了显著的成效。但此阶段的京津冀合作仍存在一些亟待解决的问题,一方面,协同范围狭隘,仍以经济领域合作为主,虽然京津冀辖区之间的合作领域已经跨至交通、技术、人才、教育、卫生等多个领域,但其中心目标均是以加强京津冀经济合作为核心目标,而在非经济领域,合作的范围和程度都差强人意;另一方面,协同缺乏顶层设计,难以从更高层面宏观把握京津冀协同发展的长远目标和效益,京津冀区域内各辖区合作的主旨依然主要在于通过京津冀协同合作而提升各辖区的经济增长速度,而非京津冀整体区域的长效发展。

(四)国家战略性全面协同阶段(2014年以后)

2014年2月26日,京津冀协同发展被确定为重大国家战略,2014年11月,京津冀签署了《京津冀水污染突发事件联防联控机制合作协议》,2015年4月30日,作为京津冀顶层设计的《京津冀协同发展规划纲要》(以下简称《规划纲要》)审议通过,随后8月京津冀联合签署《京津冀百项安全生产地方标准协同合作框架协议》、12月共同发布《电子停车收费系统路侧单元应用技术规范》和《老年护理常见风险防控要求》地方标准,并出台《京津冀协同发展交通一体化规划》,京津冀协同发展进入重大国家战略的全面实施、全面协同

———————

① 京、津、冀、晋、蒙、鲁、辽七个省市自治区。

阶段。

《规划纲要》的出台,不仅明晰了京、津、冀的功能定位,为京津冀协同发展的具体实施指明了路径,还指出京津冀协同发展并非单纯是京津冀的经济协同与经济发展,而是包括行政管理、公共服务、公共事业等众多内容的共同协同和共同发展,在强调和灌输京津冀经济协同的同时,还需关注和实现京津冀的社会协同。《规划纲要》明确提出京津冀协同发展以"有序疏解北京非首都功能"为核心,以交通、生态、产业为重点突破领域。其不仅是对北京首都作用的进一步强调,更是对疏解必要性的进一步强调,这不单单是对地方利益的协调,也是对国家整体利益的维护。此外,通过京津冀协同发展的顶层设计可以看出,京津冀协同发展并非只是着眼于京津冀这一区域的产业调整,抑或是京津冀区域内各辖区的经济和社会发展,而是放眼全国,从全国视角布局京津冀产业结构的优化和整合,以此起到全国范围的区域协同发展带头作用。

随着京津冀协同发展被确定为国家重大国家战略以来,京津冀区域内各辖区之间的合作越发全面,如北京与唐山之间的首钢曹妃甸合作项目、北京与张承(张家口、承德)生态功能区的共建、北京中关村示范区与天津滨海新区的合作等,截至 2014 年年底,仅北京市中关村企业已经在天津、河北累计设立分支机构达 1532 个,充分体现出京津冀之间合作的进程和步伐的加速。由此可以判断,以后的京津冀协同发展必将秉承《规划纲要》这一京津冀区域协同顶层设计原则,充分发挥北京、天津这两个经济增长极的"扩散效应",一方面,实现京津冀区域内各辖区间经济和社会差距的逐渐缩小乃至消除;另一方面,遵循"比较优势"、"合作共赢"等共同发展理念,在各级政府的有效助推作用和市场完善的主导作用下,尽快实现京津冀区域的"世界级城市群"这一"一体化"宏伟目标。

2017 年 4 月 1 日,中共中央、国务院印发通知,决定设立河北雄安新区,以疏解北京非首都功能、快速提升河北经济发展层次,使之成为京津冀协同发展的新支点。雄安新区的横空出世[1],标志着以非首都功能疏解作为主要内

---

[1]　叶堂林、祝合良、潘鹏:《京津冀协同发展路径设计》,《中国经济报告》。

容之一的京津冀协同发展进入了更高层次。雄安新区地处于北京、天津、河北保定腹地,由河北省的雄县、容城和安新三个县及周边部分区域构成,共涉及29个乡镇、557个村、125万人。雄安新区规划建设以特定区域为起步区先行开发,起步区面积约100平方公里,中期发展区面积200平方公里,远期控制区面积约2000平方公里,京、津、雄各自相隔150公里左右,构成一个等边三角形的三个支点,是与深圳经济特区、上海浦东新区齐名的、具有全国意义的新区,被称之为"千年大计""国家大事"。其区位优势明显、交通便捷通畅、生态环境优良、资源环境承载能力较强,现有开发程度较低、发展空间充裕、具备高起点高标准开发建设的基本条件。其不仅承载着北京非首都功能集中疏解的重要任务,更是肩负着"建设绿色生态宜居新城区、创新驱动引领区、协调发展示范区、开放发展现行区"的重要职责,在落实京津冀协同发展与打造以首都为核心的世界级城市群战略,以及拉动河北省总体发展方面更是做了"加法"。随着2017年9月9日第一份临时占地补偿协议的签署,雄安新区全面建设正式拉开帷幕。

三、区域的协同发展趋势

随着全球"一体化"、区域"一体化"理念的逐步深入,京津冀区域的"一体化"诉求也越发明显,根据京津冀区域的形成、特点及演进历程,区域协同发展成为京津冀区域的未来发展趋势和方向。

(一)京津冀的经济协同动向

根据区域协同发展的基本内涵,区域协同作为区域合作程度最高、最和谐的一种合作模式,是一个多元素诉求的复杂体系,包括经济、政治、文化、社会、生态等诸多的协同内容。在区域协同的复杂体系之中,经济协同作为协同最为核心的内容,既是其他协同得以推行的物质基础,也是其他协同有效保持的必要条件。经济协同的实现需要打破区域内各辖区之间人、财、物、信息、流程等各种资源和生产要素的边界和壁垒,实现区域内资源配置的优化和整合,以形成区域内有序的系统结构机理和规律,凝结出区域内新的功能,带动和引发出更大的整体效应或集体效应(哈肯,2005),达到提升区域整体综合价值增值的经济发展目标。

随着京津冀区域内各辖区间横向经济联系越来越紧密,相互间依存度越来越高,京津冀协同发展成为推进区域城市化进程与建设和谐社会的必然路径选择。尤其在《规划纲要》中京津冀"以首都为核心的世界级城市群"的协同定位,与《国家新型城镇化规划(2014—2020年)》中京津冀城镇化建设目标相匹配,力图尽快提升京津冀区域的整体竞争力,发挥京津冀区域对全国经济社会发展的重要支撑和引领作用。且根据《规划纲要》,对京津冀协同发展的整体格局设计,北京市定位为"全国政治中心、文化中心、国际交往中心、科技创新中心"、天津市定位为"全国先进制造研发基地、北方国际航运核心区、金融创新运营示范区、改革开放先行区"、河北省定位为"全国现代商贸物流重要基地、产业转型升级试验区、新型城镇化与城乡统筹示范区、京津冀生态环境支撑区",三个地区的明确定位为京津冀三地的未来经济发展指明了方向,结合"交通一体化"、"生态环境保护"、"产业升级转移"三个近期重点发展领域,京津冀协同发展的近期、远景均规划到位并相映成辉。依据《规划纲要》的顶层设计,促进京津冀经济结构和空间结构调整,促成新经济增长极的形成,力图将京津冀打造成为"世界级城市群",京津冀协同发展历程必定是一个巨大的"系统工程"。京津冀协同的实现需要以经济协同为基础,针对京津冀区域内各辖区间要素禀赋的互补特点,遵循优势互补原则,摒弃各辖区之间的"一亩三分地"思想和"诸侯经济"发展模式,通过产业结构协调、资源配置优化、空间系统格局调整等协同方式,提高和改善京津冀区域内各辖区以及京津冀整体区域的经济规模、经济结构、经济增长,实现经济长效发展,为达到京津冀区域内各辖区的人口动态发展、资源环境、社会发展等方面的均衡发展提供物质支撑。

(二)京津冀的社会协同理念

"和谐社会"目标任务的提出,促使我国将长期秉承"推动经济社会持续健康发展"的新执政理念,既要重视经济建设又要重视社会建设。为了实现区域的良好发展,需要经济运行以及社会发展的相互适应和相互调节。区域发展中的社会建设需要依托于整个区域对各辖区在城市布局、设施配套等方面的设计和安排,实现"城市分工协作,提高城市群一体化水平"的发展目标。而区域社会发展既是维持区域经济发展不可或缺的基础环境条件,又是区域经济发展的动力和最终归宿点,故京津冀的协同发展也不仅仅是区域内各辖区经济的携手并进,更应是基于各辖区内社会公共服务水平、社会发展条件共同提升与完善的社会协同发展。

1.产业调整的社会协同需要

随着辖区间产业的转移和调整必然会引发人员的流动,无论是人口的流出地还是流入地,一方面,鉴于人口规模的减少或增加,势必会对本辖区公共服务提供数量和质量带来边际效应的波动;另一方面,流出地和流入地之间的公共服务水平差距也会触动人员流动的转移情绪。尤其是京津冀协同发展中,大部分产业调整带来的人口转移是从北京向天津、河北各辖区的转移,以及天津向河北各辖区的转移,但北京和天津的社会发展水平明显高于河北省各辖区,公共服务的消费"刚性"必定会带来产业转移人员流动的抵触性。为了高效实现京津冀区域的整体产业优化和升级,平抑和消除转移人员的抵触性情绪是产业调整的保障性工作,故加速京津冀区域内各辖区间的公共服务协同发展速度,缩小辖区间公共服务的数量和质量差距,尽快实现辖区间公共服务的均等化才是根本性的解决途径。

2.疏解非首都功能的社会协同需要

京津冀区域内各辖区的城市功能互补以及整体区域功能的完善是京津冀协同发展步向"一体化"的良好策略。北京作为首都城市,是中国户籍制度最严格的城市之一,其城市人口规模迅速膨胀,1970 年北京市的人口为 387 万,2014 年已经达到 2152 万,44 年间平均持续每年增长 44 万人,给北京带来了各种"城市病"的困扰,其发展的可持续性面临着前所未有的严峻挑战。而京津冀协同发展将"有序疏解北京非首都功能"拟定为重大国家战略的核心任务,充分体现出国家解决北京"大城市病"的决心和用心。"非首都功能的疏解"既包括产业的疏解,也包括公共事业的疏解以及人口的疏解等众多内容,是对北京"政治中心、文化中心、国际交往中心、科技创新中心"首都功能以外其他功能的疏散。"非首都功能的疏解"作为排解北京因人口和功能过度集聚而造成的人口规模过度膨胀、城市资源严重紧缺、城市环境日益恶化、城市交通异常拥挤等大城市"痼疾"与"顽症"的最佳途径,可以有效优化北京的城市功能以及提升北京居民生活品质。

面对北京功能疏解对河北各辖区的需求,无论是产业疏解、公共事业疏解,最终均表现为对人口的疏解。因此,人口疏解所需的基础性公共设施的完善程度以及公共服务提供的质量水平,在一定程度上会制约人口疏解的规模以及疏解的品质。而从成本收益的理论角度,若地方被动接受的疏解人口为地方政府创造的收益价值高于地方政府由此所承担的补贴增加和支出责任增加的成本之和,地方政府则对于人口疏解的实现表示积极;但反之,若疏解人口所创造的价值较低,不仅增加了地方政府的财政补贴负担,还提高了地方政府公共服务的支出成本责任,地方政府对于人口疏解的实现则难以表示出积极性。由此,一方面为了防止人口疏解成为短期的人口迁移,避免未来出现人口"回流"现象;另一方面为了调动地方政府对于功能疏解的积极响应,京津冀区域内各辖区政府在基础性公共设施的建设以及公共服务水平的保障方面,应通过社会协同发展减少差距,实现"一体化"。

第二节　京津冀区域协同发展现状

区域协同发展的目标就是缩小区域内各辖区之间的差距,并最终实现区域的"一体化",而相接的地缘关系与相通的人缘联系使京津冀区域自古以来就是一个相互融合的整体。京津冀区域在经过了中央计划性经济协作、地方自发性经济合作、政府主导性经济协同三个阶段之后,现已经步入了国家战略性的全面协同阶段。虽然距离京津冀"一体化"的理想目标仍存较大差距,但京津冀区域经过长期的建设与发展,京津冀整体区域以及各辖区之间无论是经济发展水平还是社会发展水平均已有了较大的提高,各辖区之间的联系程度也得到了进一步加强,京津冀协同进程有所发展,为京津冀协同发展的有效推进提供了良好的协同基础条件。

一、区域内联系紧密程度的增强

我国历史上的人口流动多是因为战乱、灾害或是出于对土地资源的追逐而形成,但伴随地方经济发展对于公众生活与工作影响的逐步加深,地方经济对于人口流动的影响力越来越大。尤其是改革开放以来,我国经济速度的腾飞带来了地区之间的经济增长差距,并随之扩展成为地区间的社会发展差距、人文环境差距等等。经济相对发达、社会发展水平相对较高的城市凭借其平台资源的丰富、公共服务的完善对于公众形成巨大吸引力,"迁移人口"、"流动人口"不仅成了经济发展到一定阶段的必然产物,其流动的速度、频率以及范围还在逐年提升和扩张。如 1982 年全国的流动人口数量还仅为 0.0657 亿人,2013 年全国流动人口已经达到 2.45 亿,若考虑人户分离人口则已达到 2.89 亿人,这意味着 31 年间平均每年有 700 万居民持续性新增到人口的流动之中,而其中跨省流入人口主要集中在广东、浙江、上海、北京、江苏和福建六省,2009 年共计流入约 1.7 亿人口,约占全国流入人口总数的 83.36%,2013 年则进一步上升至约 2.1 亿人口①。人口流动规模的不断扩大,表明更多的公众改变传统"一成不变"的生活与工作理念,为追求更加完善的基础设施、丰富的物质条件、良好的教育和医疗资源、价廉质优的公共物品、更多的就业机会等目标而选择改变自己生活与工作的地域。对于流入地而言,这虽然有助于生产要素资源的优化配置,有助于活跃地方的经济,有助于发挥规模经济降低公共服务的平均供给成本,但鉴于城市承载力的有限性,会引发现有地方公共服务的拥挤性或地方政府财政支出的快速增加,如住房问题、子女就学问题、交通拥堵问题、留守老人孩子等"城市病"问题(国家人口计生委流动人口服务管理司,2010),造成地方公共服务供给质量的下降或者地方政府财政支出压力的加大。而对于流出地而言,人口大规模的流出不仅仅意味着大规模劳动力的流失,更预示着消费的萎缩、公共服务边际成本的提高,甚至地方

---

① 数据来源:根据国家卫生和计划生育委员会流动人口司,《中国流动人口发展报告 2014》,中国人口出版社 2014 年版,第 177 页的相关数据计算得来。

经济的下降和衰退,造成更大地区间的经济和社会差距。

　　而京津冀区域协同作为京津冀区域内各辖区共建共享的一个发展平台,京津冀区域内各辖区之间的经济往来随着区域协同进程的推进而愈加频繁,且伴随着现代通讯、网络技术的快速发展与不断创新,区域内各辖区之间的空间距离随之进一步缩短,各辖区内公众之间的沟通与交流更加通畅与便捷,京津冀公众的公共意识和公共需求同质性趋势愈发明显。尤其在京津冀协同发展的背景下,京津冀协同项目比比皆是,协同范围也逐渐扩大,各辖区的公众对于区域内公共服务均等化诉求表现得更加急迫。"产业转移"和"非首都功能疏解"作为京津冀协同的两大主要内容,为了有效疏解非首都功能产业,北京 2014 年不仅关停退出了 392 家制造业和污染企业、拆除了 36 个中心城商品交易市场,还搭建了 30 个产业疏解合作平台,推进了 53 个产业转移疏解项目①,2015 年更是重点进行了动物园地区批发市场、大红门地区批发市场和天意小商品批发市场疏解项目的推进。除此之外,北京还与河北、天津等地就合作办学、共建养老机构等公共事业进行了接洽和协商,以加速北京教育、医疗卫生、社会保障等社会公共服务功能向区域内各辖区的均衡疏解和扩散。因天津也具有与北京相似的"城市病",如天津 2014 年的人口密度达到 1273 人/平方公里,仅比北京少 38 人/平方公里,相对人口密度较低、功能并不具有集中性的河北省各辖区成为有序疏解的主要承接地。

　　2017 年 9 月 29 日《北京城市总体规划(2016—2035)》发布,不仅进一步明确了北京的战略定位、发展目标、城市规模以及空间结构,还对于如何疏解中心城区非首都功能、如何建设城市副中心、如何构建经济结构等问题给予了更加详尽的规划。《总体规划》中再次重申,北京作为全国政治中心、文化中心、国际交往中心和科技创新中心,将打造成为国际一流的和谐宜居之都,并计划将人口规模长期稳定在 2300 万人,城乡建设用地规模也有明晰的数量规定。此外,此次《总体规划》结合近几年来京津冀协同发展已经开展的进程,

---

　　①　资料来源:《北京 2015 年政府报告》。

并提出了"一核一主一副、两轴多点一区"①的空间结构,并结合新建的雄安新区,提出"两翼"②比翼齐飞的世界级城市群定位。针对雄安新区,《总体规划》从京津冀协同发展的视角,一方面提出会全力支持央属高校、医院向雄安新区疏解,并支持市属学校、医院到雄安新区合作办学、办医联体;另一方面还指出会支持部分在京行政事业单位、总部企业、金融机构、科研院所等向雄安新区转移,并在雄安新区合作建设中关村科技园区;再者,还提出借助北京冬奥会的契机,与河北共建京张文化体育旅游带。至此,京、津、冀之间的内在联系紧密程度在未来的发展路径中将会愈加紧密。

二、区域内经济发展水平的提升

(一)经济规模

国内生产总值(GDP)常作为衡量一个国家或地区经济活动水平的指标,其是规定时间内该国家或地区所生产和提供的最终产品与劳务的价值总和。而根据京津冀区域内各辖区的 GDP 水平(表 2-1)可以看出,自 2007—2013年京津冀 13 个辖区的经济规模均呈现逐渐上涨的态势,尤其是北京与天津两市,其经济规模总量从 2007 年的 9353.32 亿元、5050.5 亿元,分别上升至2013 年的 19500.56 亿元和 14370.16 亿元,七年间 GDP 水平分别上升了10147.24 亿元和 9319.66 亿元,平均每年上升 1449.6 亿元和 1331.38 亿元。与此同时,虽然河北省 11 个辖区的经济总量水平与北京、天津并不属于一个数量级,但各辖区的经济规模也有所上涨,如 2007 年河北省 11 个辖区中 GDP水平最高的唐山市和最低的衡水市,在七年间也分别上涨了 3341.795 亿元和511.85 亿元,平均每年分别增长 477.4 亿元和 73.12 亿元。但从图 2-1 中也可以鲜明地看出,北京与天津快速的经济规模扩张与河北省 11 个辖区相对较

---

① "一核"是指首都功能核心区;"一主"是指以北京东城区、西城区、朝阳区、海淀区、丰台区、石景山区为地域的中心城区;"一副"是指北京城市副中心,即原来的通州新城规划建设区;"两轴"是指中轴线及其延长线,长安街及其延长线;"多点"是指顺义、大兴、亦庄、昌平、房山新城五个位于平原地区的新城;"一区"则是指包括门头沟、平谷、怀柔、密云、延庆以及昌平和房山的山区。

② "两翼"是指北京城市副中心和雄安新区。

为迟缓的经济总量提升,正在造成经济总量规模差距的进一步拉大,京津冀区域协同发展缩小经济差距目标还尚未有效实现。

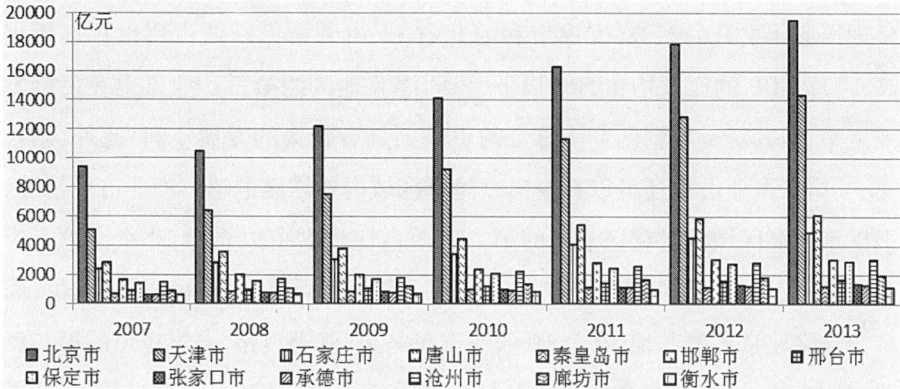

图 2-1 京津冀区域内各辖区经济规模水平

数据来源:2008—2014 年《中国区域经济统计年鉴》。

(二)经济结构

因经济规模仅能看出一个国家或地区的总体经济发展水平,而经济结构则可以进一步判断出各个产业对于经济总量的贡献程度,由此判断一个国家或地区的经济结构特点,也可以有效推断出其经济规模增长的长效性。因此,不同产业所占经济总量的比重在一定程度上表示该辖区的产业结构,也一定程度上预示着该辖区的经济发展水平。

随着科学技术的不断创新,原劳作在农业、工业等第一、二产业中的许多人们逐渐被科学技术所替代和解放,而与此同时,以服务业为核心的第三产业却随着人们生活水平的提高而蓬勃发展起来。如表 2-1 是京津冀区域内各辖区产业占 GDP 的比重情况,首先,北京市第一产业的 GDP 占比是京津冀区域内各辖区中最低的,其占比从 2007 年 1.08%一路下滑至 2013 年的 0.83%,下降趋势较为明显,天津市第一产业的占比在京津冀区域内各辖区中排名第二,其也从 2007 年的 2.18%持续下降至 2013 年的 1.31%,表明北京与天津以农业为主的第一产业对两市的经济总量贡献最少,而河北省 11 市第一产业的占比均为两位数,其中衡水、张家口、承德、邢台的比重较高,表明在此四个城市的经济结构之中,农业的发展仍旧对该地区的经济发展水平有重要的影响;其次,京津冀区域内各辖区的第三产业占比中,北京市高达70%以上,充分表明以服务业为主的第三产业是北京的支柱产业,其对于北京经济总量的贡献呈现出逐年上升的态势,天津市和河北省11市的第三产业占比也在逐年提高,占总GDP的比重均在50%以下,说明津冀地区的第三产业虽也在蓬勃发展之中,但其对于各辖区经济总量的贡献仍具有较大的发展空间;此外,结合第一、第三产业占比还可以判断出京津冀区域内各辖区的第二产业占比情况,根据京津冀区域内各辖区七年的第二产业占比排名可以看出,北京市第三产业的"一支独大"致使第二产业占比与第一产业相同也处于京津冀最低位,而京津冀除北京外的其他12个辖区,仅秦皇岛市、张家口市、石家庄市的第二产业占比未超过50%,其余9个城市七年的第二产业占比均已超过半数,由此可以说明津冀的第二产业对于本地经济总量均有非常重要的影响。因此,根据京津冀区域内各辖区的产业占比情况,可以基本作出判断:天津与河北省大部分辖区的产业结构存在较高的相似度,而这种较高的相似度对于追求产业比较优势的区域协同发展而言,具有产业结果调整与优化的阻碍性。

表 2-1 京津冀区域内各辖区产业占比

产业占比	2007		2008		2009		2010	
(%)	第一	第三	第一	第三	第一	第三	第一	第三
北京市	1.08	72.09	1.08	73.25	0.97	75.53	0.88	75.11
天津市	2.18	40.54	1.93	37.94	1.71	45.27	1.58	45.95
石家庄市	11.70	39.00	10.91	38.90	10.27	40.15	10.87	40.51
唐山市	10.32	32.25	9.55	31.11	9.45	32.80	9.44	32.42
秦皇岛市	11.42	49.71	11.26	48.19	12.72	48.53	13.62	46.86
邯郸市	12.98	34.44	11.57	33.32	12.25	33.86	13.04	32.75
邢台市	16.46	27.06	15.24	27.69	15.04	28.46	15.65	28.74
保定市	15.67	34.65	15.62	36.07	15.35	34.29	14.81	33.59
张家口市	15.25	39.85	16.50	39.53	15.17	43.00	15.83	41.21
承德市	16.58	27.10	15.00	24.83	14.91	33.48	15.68	33.28

续表

产业占比 （%）	2007		2008		2009		2010	
	第一	第三	第一	第三	第一	第三	第一	第三
沧州市	11.35	36.82	11.74	37.75	12.00	39.75	11.47	37.91
廊坊市	13.17	30.17	12.30	31.06	12.06	34.52	11.66	34.77
衡水市	17.55	32.93	17.41	33.68	18.85	30.35	19.72	29.63
河北平均	13.86	34.91	13.37	34.74	13.46	36.29	13.80	35.61

产业占比 （%）	2011		2012		2013		平均	
	第一	第三	第一	第三	第一	第三	第一	第三
北京市	0.84	76.07	0.84	76.46	0.83	76.85	0.93	75.05
天津市	1.41	46.16	1.33	46.99	1.31	48.05	1.64	44.41
石家庄市	10.16	40.07	10.05	40.16	10.05	41.44	10.57	40.03
唐山市	8.94	30.98	9.02	31.72	9.03	32.27	9.39	31.94
秦皇岛市	13.08	47.72	13.38	47.33	14.67	47.03	12.88	47.91
邯郸市	12.57	32.66	12.69	33.71	12.90	35.76	12.57	33.79
邢台市	15.31	29.16	15.69	30.16	15.88	31.74	15.61	29.00
保定市	14.00	31.36	13.90	31.12	14.09	31.54	14.78	33.23
张家口市	16.12	39.69	16.68	40.43	18.32	39.56	16.27	40.47
承德市	14.99	30.18	15.67	31.42	16.54	32.38	15.62	30.38
沧州市	11.44	36.00	11.35	36.06	10.39	37.34	11.39	37.38
廊坊市	10.82	34.85	11.06	34.96	10.24	37.16	11.62	33.93
衡水市	18.79	28.65	18.70	29.58	15.72	32.10	18.11	30.99
河北平均	13.29	34.67	13.47	35.15	13.36	36.33	13.52	35.39

数据来源：2008—2014 年《中国区域经济统计年鉴》。

（三）经济增长

因任何一个国家或地区的经济发展都具有一定的惯性和持续性，故选择一个国家或地区的经济增长率作为考察对象，可以动态表现出该辖区的经济发展水平。如果经济增长率长期处于正值可以表明该辖区经济保持着稳定上涨态势，若经济增长率波荡起伏甚至出现负值，则表明该辖区的整体经济发展不稳定，且甚至存在经济倒退现象。

图 2-2 是京津冀区域内各辖区在 2007—2013 年的实际经济增长率①变化情况,从平均经济增长率来看,天津的平均经济增长率最高为 12.06%,显著高于北京的 6.73%,其他 11 个辖区中除了秦皇岛、邢台以及衡水外,其余 8 个辖区的平均经济增长率均高于北京的增长率;而从历年的经济增长率来看,自 2009 年以来天津就保持着比北京要高的经济增长率,且自 2009 年承德、沧州、廊坊三市的经济增长率也超过了北京,2010 年后石家庄、秦皇岛、邯郸、邢台等所有辖区均超过了北京的实际经济增长率,这预示着,京津冀区域内除北京外的其他 12 个辖区,通过较高的经济增长率、较快的经济发展速度,正在慢慢缩小与北京经济发展水平的差距,正在向京津冀区域的经济协同、经济"一体化"逐步靠近。

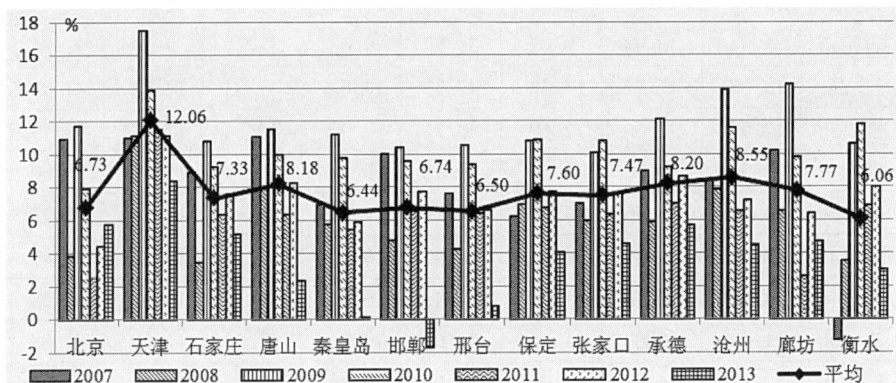

图 2-2 京津冀区域内各辖区实际经济增长率

数据来源:2008—2014 年《中国区域经济统计年鉴》。

(四)经济效益

经济规模的大小抑或是经济增长的快慢,辖区经济发展的效益是其最终的体现。就经济产业结构而言,无论是第一产业还是第二、第三产业,企业的生产、经济总量的实现,在现代化社会中均离不开对电量的消耗,且人均城市用电量这一指标既涵盖了城市的经济规模又包含了城市的人口规模,所以,选择该指标也可以对京津冀区域内各辖区的经济效益情况进行比较和分析。

----

① 该处的实际经济增长率为 GDP 增长率扣减掉当年价格指数(CPI)后的结果。

表 2-2 为京津冀区域内各辖区的人均城市用电量,从表中的平均用电量可以看出,北京、天津以及唐山的人均用电量较高,平均水平均超过了 6000 千瓦/小时,而区域内的邢台、邯郸、保定、沧州以及衡水的人均用电量较低,平均水平均不足 1000 千瓦/小时,表明此 5 个辖区的经济效益水平相对较低;而从历年的人均城市用电量来看,虽然邯郸、保定、沧州、廊坊、衡水等几个辖区的人均用电量较少,但自 2007 年到 2013 年间,其人均用电量的增长速度却较快,以邯郸为例,2007 年的人均城市用电量仅为 444.44 千瓦/小时,而 2013 年的人均城市用电量则增至 1542.32 千瓦/小时,七年间增长了 2.47 倍,而北京和天津的人均城市用电量七年间仅分别增长了 0.24 倍和 0.45 倍,由此再次说明河北省内部分辖区的经济增长速度高于北京和天津的增长速度,有助于经济差距缩小的实现,与京津冀协同发展的整体趋势基本上相匹配。

表 2-2 京津冀区域内各辖区人均城市用电量

用电量 (千瓦/ 小时)	2007	2008	2009	2010	2011	2012	2013	平均
北京市	5463.62	5183.50	5797.35	6288.61	6275.06	6578.69	6771.66	6051.21
天津市	5324.58	5524.58	5887.90	6857.57	6976.62	7274.32	7714.06	6508.52
石家庄市	1271.31	1266.79	1299.63	1331.04	1425.58	1433.33	1487.48	1359.31
唐山市	4528.06	4938.85	5787.05	6339.09	6449.26	7052.06	7649.68	6106.29
秦皇岛市	2439.72	2566.29	2505.76	1623.22	1543.80	1919.66	2491.80	2155.75
邯郸市	444.44	461.54	532.98	565.95	649.37	682.45	1542.32	697.01
邢台市	676.71	722.98	743.93	718.47	725.05	662.79	644.00	699.13
保定市	432.26	510.45	566.78	467.02	651.27	664.50	662.59	564.98
张家口市	1199.19	1359.13	1322.39	1481.68	1571.32	1576.80	1568.60	1439.87
承德市	1053.84	1110.85	1279.44	1374.92	1279.68	1146.81	1220.69	1209.46
沧州市	265.30	320.35	379.80	710.62	781.35	1096.97	920.24	639.23
廊坊市	533.77	607.60	715.67	863.92	1234.03	1462.17	1545.98	994.73
衡水市	441.89	447.67	473.95	734.08	622.32	635.66	642.13	571.10

数据来源:2008—2014 年《中国区域经济统计年鉴》。

三、区域内社会发展条件的改善

区域社会协同是区域协同发展中最为重要的内容之一,而作为对一个国家或地区民生与发展都具有重大影响的社会公共服务,是社会发展的基础性条件。尤其在京津冀区域内,各辖区间具有相近的区位条件、相似的人文环境、互补的要素禀赋等特征,但当前京津冀区域内各辖区在社会公共服务方面仍存在较大差距,而消除差距并非一蹴而就的工程,且区域协同发展中,无论是产业的转移还是非首都功能的疏解,都会涉及人员的流动和转移,而与其生活密切相关的公共教育、公共文化、公共医疗卫生、社会保障、生活环境等基本公共服务供给的水平,则往往成为人员选择生活和工作地域的关键内容,影响着区域协同发展进程的顺利推进。

(一)公共文化教育服务

文化与教育均属于基本公共服务的范畴,尤其公共图书馆的运营以及免费基础教育作为典型的民生需求,不仅需求弹性较小,且其具有的"非排他""非竞争"以及效益外溢的公共服务属性,致使以追逐利益最大化为行为准则的市场在此方面的提供基本无效。为了保障经济与社会的正常发展进程,政府具有无法推卸的责任和义务。因此,通过人均教育支出的规模以及公共图书馆的馆藏书册数量、小学生的生师比,从辖区政府的供给水平①以及供给质量双方面,可以考察各辖区在公共文化教育提供方面的社会发展基础条件情况。

图2-3是京津冀区域内各辖区2007年与2013年的公共文化教育服务水平情况,从图中可以看出,2007年北京的人均文化教育支出显著高于京津冀其他辖区,虽然北京市的小学生生师比并未显现出明显的高财政投入结果优势,但当年的图书馆藏量却以较大优势居于京津冀区域第一;2013年的人均

---

① 基础教育和公共文化其资金支持主要来源于财政的投入,此处运用人均文化教育财政支出可以体现出财政在教育和文化方面的财政支持力度,人均化之后平抑了城市规模大小,缩小了支出的数量级差距,更能体现该辖区的实际财政投入情况。为了消除价格对于财政支出的影响,所有人均财政支出均以2007年为基期做了GDP平减。

文化教育支出除了天津有了较大幅度的提升外,其他辖区基本延续了 2007 年的走势,且整体的人均支出均在绝对规模上均有较大的提升,另外,图书馆藏量与生师比的走势也基本上与 2007 年的趋势相一致。由此可以判断出,京津冀区域内各辖区的公共文化教育服务水平均有较为明显的提高,但天津与河北省 11 市无论是公共文化教育方面的地方财政投入水平还是公共服务供给效果均距离北京仍存在较大差距,与京津冀社会协同发展的"一体化"目标相距甚远。

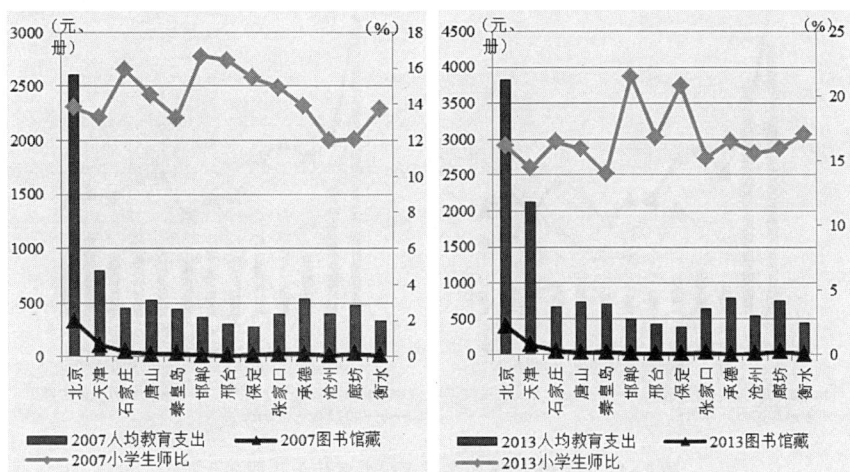

图 2-3　京津冀区域内各辖区的公共文化教育服务水平

注:图中的图书馆藏量为每百万人的拥有量;数据来源于历年《中国区域经济统计年鉴》。

(二)公共医疗卫生服务

因医疗和卫生与公众的身体健康密切关联,所以公共医疗和公共卫生长期以来一直是政府关注和重点支持的领域。通过人均医疗卫生支出、医生人数以及医疗机构床位数,可以判断出该辖区在公共医疗卫生服务方面的社会发展基础条件情况。

图 2-4 为京津冀区域内各辖区的公共医疗卫生服务水平情况,从图中可以看出,2007 年无论是人均医疗卫生的财政投入还是医生人数、床位数,北京、天津均远远高于京津冀其他 11 个辖区,差距较为明显。其中,北京的人均财政支出为 980.44 元,而河北省内最高的唐山为 164.61 元,最低的邢台为

68.82元,仅为北京的1/14;2013年京津冀区域内各辖区除了天津以外,其人均财政支出、医生数以及床位数均有明显的上涨,最高的北京人均财政支出为1262.74元,其他辖区与北京虽仍存较大差距,但差距正在逐步缩小,如河北省内人均财政支出最少的是邢台市,其与北京的差距已经缩小至1/6。由此表明,在公共医疗卫生服务水平方面,京津冀区域内各辖区间的差距缩小进程较快,京津冀社会协同发展取得较明显进展。

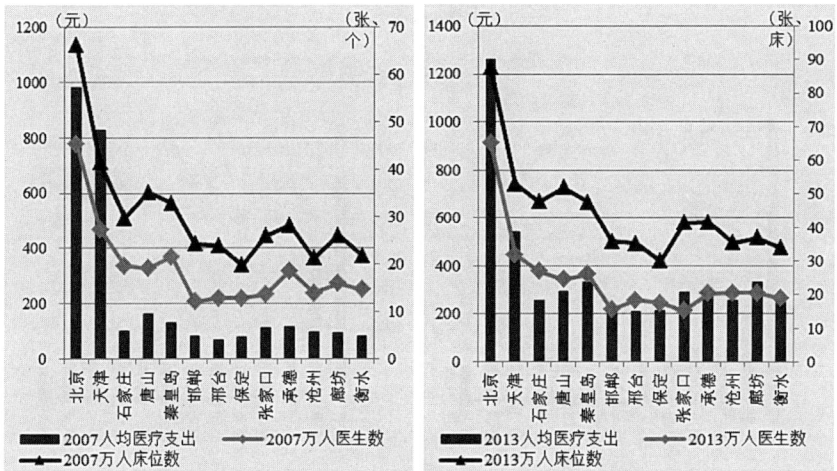

图2-4 京津冀区域内各辖区公共医疗卫生服务水平

数据来源:历年《中国区域经济统计年鉴》。

(三)社会保障服务

社会保障服务水平的高低以及社会保险之间的接续问题是流动人口较为关心的社会公共服务项目之一,尤其是在京津冀区域协同的初级阶段所涉及的因产业转移、非首都功能疏解而引发的人口转移和流动,辖区间的社会保障服务水平的差异程度将会对迁移有所影响。

图2-5通过人均社会保障财政支出、参加城镇职工医疗保险人数以及城镇职工养老保险人数三项指标显示了京津冀区域内各辖区的社会保障服务水平情况。如图所示,2007年北京的三项指标均远远高于京津冀其他各辖区,表明京津冀除北京外的12个辖区的社会保障服务水平与北京差距较大;而到了2013年,虽然从绝对规模上看人均财政支出和参保人数都有了较为显著的

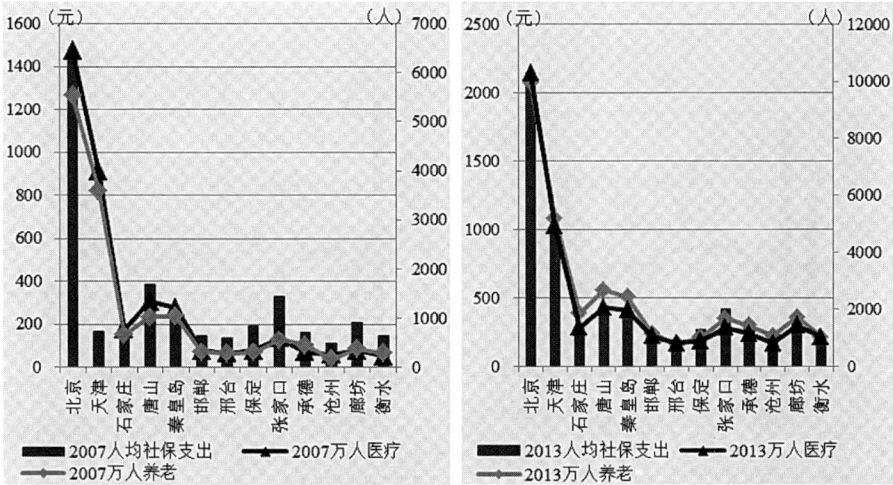

图 2-5 京津冀区域内各辖区社会保障服务水平

数据来源:历年《中国区域经济统计年鉴》。

提高,但与北京的差距仍旧非常明显。由此可以判断,京津冀区域内各辖区的社会保障服务水平具有明显的提高,但辖区间的差距依然较大,京津冀区域内各辖区间的社会协同发展进程仍需进一步加速推进。

(四)基础生活环境服务

随着公众生活水平的逐渐提高,其对于生活环境、生活基础设施的要求也越来越高,基础生活环境服务水平高低已经成为影响公众对生活、工作的地域选择方面极为重视的条件之一。图 2-6 通过人均生活环境保护支出、城市污水处理率以及城市绿化覆盖率三个指标反映了京津冀区域内各辖区的基础生活服务水平程度。如图所示,2007 年天津的人均生活环保支出规模最大,北京次之,而从污水处理率以及绿化覆盖率上看,京津冀区域内各辖区的基础生活环境水平大体相当;到了 2013 年,京津冀区域内各辖区在此领域的财政投入除了天津市外均有明显提高,尤其是北京市环境投入增长迅速,京津冀区域内各辖区在生活环境服务方面的社会公共服务提供水平提升较快,其中有五个城市的污水处理率都超过了 90%。由此,可以看出京津冀区域内各辖区在基础生活环境方面的社会公共服务供给条件差距不大,与京津冀社会区域协同发展的目标相一致。

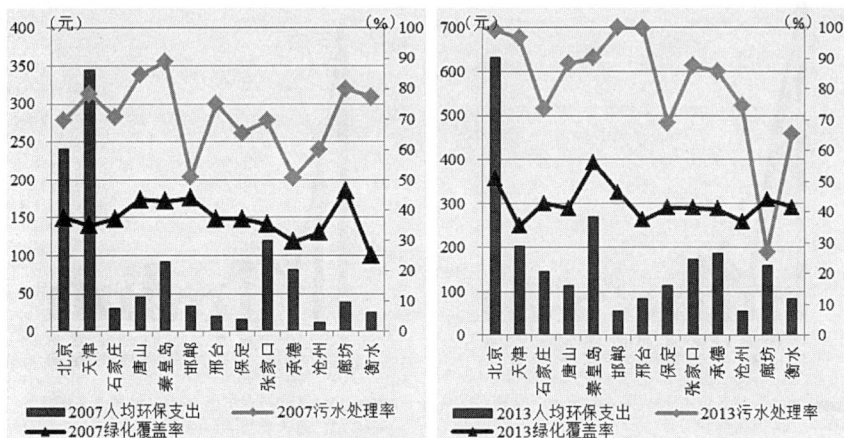

图 2-6　京津冀区域内各辖区基础生活环境服务水平

数据来源:历年《中国区域经济统计年鉴》和《中国城市统计年鉴》。

四、与其他区域的经济和社会发展比较

区域的发展不仅受其区域内各辖区经济发展水平以及社会发展条件现状的影响,也同时会受到周边区域发展现状的影响。通过与其他区域在经济发展水平以及社会发展条件的比较,可以更加客观地判定本区域的协同发展现状以及协同发展动力,从而有助于区域协同发展的有效实现。

(一)经济发展水平比较

区域经济"一体化"的快速发展使得我国长江三角洲(以下简称长三角)、珠江三角洲(以下简称珠三角)以及京津冀三大经济圈成了我国东部沿海地区的三大经济增长极。但由于三大区域的经济基础各不相同,发展至今,三大区域的经济发展水平也略有不同(见表2-3),京津冀区域的经济发展水平略低于珠三角和长三角区域,对通过各辖区间展开协调与合作,以区域协同发展带动区域整体竞争力提升的需求更加明显。

1.总体经济发展水平。如表2-3所示,就2013年的GDP规模而言,长三角、珠三角、京津冀三个地区以人口最多的长三角最高,达到11.8万亿元的水

平,占到全国的 20.8%,京津冀居中达到 6.2 万亿。但由于三大区域的土地面积与常住人口等区域基本条件有所不同,人均 GDP 指标相对而言更能够真切反映出一个地区的总体经济发展水平。2013 年全国人均 GDP 水平为 41908元,三大区域的人均 GDP 水平均超过了全国平均水平,其中珠三角人均 GDP为 93114 元,是全国人均 GDP 的 2.22 倍,位列三大区域之首;长三角人均GDP 为 74823 元,是全国人均 GDP 的 1.79 倍;而京津冀区域人均 GDP 为57329 元,是全国人均 GDP 的 1.37 倍,位居三大区域之尾。

2.产业结构特征。三大区域的产业结构相较于全国 10%、43.89% 和46.01% 的三大产业占比而言,其第一产业所占比重均普遍更低、第三产业所占比重均普遍更高。其中长三角区域的第一、二、三产业所占 GDP 比重分别为 4.70%、46.96% 和 48.34%,珠三角区域的三大产业比重分别为 2%、45.33% 和 52.67%,京津冀区域则为 6.19%、42.45% 和 51.36%。三个区域相互比较可以看出,珠三角第二、第三产业显著"双主导"的产业结构已经表明其已经实现了产业结构从传统农业向工业的转变和优化,尤其是进出口规模,人均进出口总额远远超过全国平均水平 5.5、4.4 倍之多,进一步证明珠三角具有典型的外向型区域经济特点;长三角作为以上海为龙头的江浙皖经济带,其拥有雄厚的工业基础、发达的水陆交通、强大的企业集聚力,已经成为我国体量最大、经济发展速度最快、资本与技术吸力最强的区域,长三角的第二、第三产业规模相较于珠三角和京津冀,其对于全国工业以及服务业产值的贡献最大;而以北京为首的京津冀区域,虽然其第三产业的比重同样很高,但人均进出口总额均明显低于珠三角和长三角,尤其是人均出口额不仅未达到全国平均水平,仅是珠三角、长三角的 1/8 和 1/3,贸易逆差达 3263 亿美元。

3.政府财力水平。比较三大区域的地方财力情况,2013 年长三角的公共财政预算支出为 1.71 万亿,珠三角为 0.52 万亿,京津冀为 1.1 万亿,无论是从总体规模还是从人均规模,均可看出珠三角的财政支出水平最低,但比较三大区域的财政收入情况,珠三角的人均财政收入水平却位居第二,京津冀的人均财政收入水平位居最后。尤其是三大区域的政府财力自给能力,三大区域的财政自给资金缺口均低于全国 73. 51%的水平,其中珠三角的财政自给能力最高,其财政自给资金缺口仅为 12. 23%,长三角区域位列第二,其财政自给资金缺口为 17. 84%,而京津冀的财政自给资金缺口最大,为 38. 54%。由此可以看出,京津冀整体的地方财力水平与珠三角和长三角均存在较为明显的差距。

表 2-3 京津冀与长三角、珠三角的经济发展水平比较

指标	长三角		珠三角		京津冀	
	绝对值	占全国	绝对值	占全国	绝对值	占全国
土地面积(万平方公里)	21. 1	2. 20%	5. 4754	0. 57%	21. 7	2. 26%
年末常住人口(万人)	15852. 6	11. 65%	5715	4. 20%	10919. 6	8. 02%
GDP(亿元)	118332. 4	20. 80%	53060. 48	9. 33%	62172. 1	10. 93%
第一产业(亿元)	5560	9. 76%	1061. 1	1. 86%	3850. 7	6. 76%
第二产业(亿元)	55568. 5	22. 26%	24050. 94	9. 63%	26391. 1	10. 57%
第三产业(亿元)	57203. 9	21. 82%	27948. 44	10. 66%	31930. 4	12. 18%
人均 GDP(元)	74823	178. 54%	93114	222. 19%	57329	136. 80%
人均出口总额(美元)	4931. 24	303. 76%	10622. 80	654. 35%	1310. 12	80. 70%
人均进口总额(美元)	3445. 05	240. 40%	7704. 95	537. 66%	4298. 23	299. 93%
人均社会消费品零售总额(元)	27802. 38	159. 08%	33128. 61	189. 56%	21394. 74	122. 42%
人均公共财政预算收入(元)	9130. 93	180. 04%	8170. 01	161. 09%	7359. 06	145. 10%
人均公共财政预算支出(元)	10760. 13	122. 28%	9169. 89	104. 21%	10194. 88	115. 85%

数据来源:2014 年《中国区域经济统计年鉴》。

(二)社会发展条件比较

京津冀、长三角、珠三角三大区域,不仅在经济发展水平上存在较大的差

异性,在社会发展条件方面也多有不同。表2-4为三个区域2013年在基础教育、医疗卫生、社会保障以及生活环境四个方面的社会公共服务人均水平情况比较。在基础教育服务方面,如表所示,三个区域之中长三角区域的万人在校小学生数最少,其仅为全国平均小学生数的79.25%,而珠三角区域的在校小学生数最多,是全国平均的1.06倍;与此同时,珠三角的万人专任教师数则是三个区域中最少的,仅为全国平均的69.19%;相较于长三角和珠三角,京津冀区域的生师比为16.51,居三个区域之末,从而一定程度上表明京津冀区域小学教育的公共服务供给水平相对较高。在医疗卫生服务方面,三个区域拥有的执业医师人数均超过了全国水平,但医院的病床数却又均未达到全国水平,表明三个区域均较重视医疗卫生方面的人才培养,但在基础设施方面的投入却略显不足;此外,三个区域相比较,京津冀区域无论是执业医师抑或是医院床位数方面均优于长三角和珠三角区域,可以基本判定京津冀区域的医疗卫生服务水平也相对较高。在社会保障服务方面,虽然三个区域的平均参保人数均超过了全国水平,但长三角平均每万人中就有4029人已经参加了城镇职工养老保险,珠三角则有5431人参加养老保险,京津冀仅有2771人参加养老保险,表明京津冀在社会保障服务方面的水平低于长三角和珠三角区域。而在基础生活环境服务方面,三个区域的平均生活垃圾处理量均高于全国水平,尤其是长三角区域其平均处理量是全国水平的1.52倍,位于三区域之首,珠三角区域的平均处理量是全国的1.31倍,即使排名最后的京津冀区域也是全国的1.05倍。该指标在一定程度上既表明了三个区域的生活环境服务供给水平居全国较高平均水平,虽然其中京津冀低于长三角和珠三角地区,但从另一个角度也进一步验证了此三个区域的人均生活物质水平较高。

　　总之,通过京津冀与长三角、珠三角在教育、医疗卫生、社会保障以及生活环境的简单对比,可以看出京津冀的总体社会发展水平较高于全国水平,尤其在教育与医疗卫生方面的公共服务供给水平略高于长三角和珠三角区域,但在社会保障与生活环境方面则与长三角、珠三角仍存在差距。为了将京津冀区域打造成为"世界级城市群",仍需要凭借京津冀协同发展平台,在缩小京津冀区域内各辖区社会服务水平差距的基础上,迅速提高京津冀区域的整体社会服务水平,从而辅助发展京津冀区域经济,提升其区域整体有效竞争力。

表2-4 京津冀与长三角、珠三角的社会发展水平比较

指标	长三角		珠三角		京津冀	
	绝对值	比全国	绝对值	比全国	绝对值	比全国
万人在校小学生数(人)	545.15	79.25%	729.75	106.08%	623.06	90.57%
万人专任教师(人)	31	75.53%	28.40	69.19%	37.74	91.96%
小学生师比	17.59	104.92%	25.70	153.31%	16.51	98.49%
万人执业医师(人)	23.09	112.40%	22.16	107.90%	23.72	115.47%
万人医院床位数(张)	36.46	80.26%	33.90	74.63%	42.58	93.73%
万人职工养老参保人数(人)	4029.24	170.17%	5431.23	229.39%	2771.80	117.07%
万人生活垃圾处理量(吨)	1930.91	152.42%	1663.26	131.29%	1334.30	105.32%

数据来源:2014年《中国区域经济统计年鉴》《广东统计年鉴》。

第三节 京津冀区域地方财政合作现状

随着京津冀区域协作程度的逐步加深,京津冀区域已经进入全面协同阶段,其辖区之间的经济和社会往来也愈加频繁和密切。京津冀区域内各辖区之间已经在交通建设、卫生健康、产业转移等方面展开了多方的协调与合作,并签署了众多的合作协议。而在财政方面,虽然京津冀区域内各辖区之间在税收协调与支出协调方面刚刚步入初级阶段,但各辖区财政也积极响应和高度配合国家提出的区域协同发展战略,在税收收入分享政策、资金共筹共建方案以及横向资金补贴方式等方面,已经采取了一定的地方财政协作和合作措施,以促进京津冀的协同发展。

一、区域内税收收入分享政策

为了优化资源配置、调整产业结构以及维护生态环境,京津冀的产业转移或是企业搬迁一直在持续的进行之中,但因产业转移与企业搬迁涉及税收收入的划分与归属问题,故京津冀产业转移中其迁入地与迁出地之间的税收问题经历了从"一事一议"到"制度化"的发展过程。

（一）"一事一议"的税收收入划分

京津冀的产业转移中,迁入地与迁出地之间的税收收入协调问题,多是采用"一事一议"的协商方式进行,其中影响最大、最具典型性的企业迁移案例当属"首钢搬迁"。迫于生态环境的压力以及产业结构调整的需要,2005年7月拥有64亿元总投资、150万吨产能的首钢,除了总部、研发体系、运能体系等部门外,其主体性生产部门均开始从北京石景山向河北唐山曹妃甸迁移,成为京津冀区域发展过程中较早的产业转移案例。1919年建厂的首钢作为特大型企业集团、北京的骨干国有企业,经历改革三十多年,其销售收入从14.43亿元增至1320亿元,累计上缴税费已经高达576.6亿元,搬迁前的2004年首钢的纳税额已经占到北京全市纳税总额的5%,占到石景山区的55.4%①,由此,首钢主体生产的迁出虽然有助于缓解北京的环境压力,但常规的搬迁行为会较大程度上削弱石景山区政府的税收收入,造成石景山区政府的财政压力,激增石景山政府的财政支出缺口。因而,基于对首钢搬迁所可能带来的石景山政府税收收入冲击的考虑,为了保障首钢搬迁的顺利进行,并舒缓石景山区政府的财政收入锐减压力,国务院对首钢搬迁所涉及的18户企业在2006—2009年的增值税、企业所得税税款给予了"税款全部返还"首钢北京总公司的特殊优惠待遇②。时至今日,不仅首钢已在唐山曹妃甸建起了一座现代化的大型钢铁生产企业、完成了落后产能的淘汰、引入了先进工艺与技术,向"绿色生产"这一具有更加广阔市场的领域挺进;还为唐山曹妃甸的

---

① 资料来源:http://news.hexun.com/2014-05-15/164819120.html。

② 财税〔2007〕174号《财政部关于首钢搬迁有关税收政策问题的通知》。

公众提供了众多的本地有效就业机会,带动了当地相关产业的兴起和发展,并形成新的产业链条,对唐山曹妃甸整体的经济规划和建设起到了重要的推动作用;再者,首钢搬迁后北京石景山区也通过为新入驻企业提供"打包"式的招商引资政策,吸引了更多的企业在该区注册投资,并于2011年有效地弥补了首钢搬迁调整额带来的税收收入缺口问题①。由此可以总结出,"首钢搬迁"是一个实现了"多赢"的成功企业迁移案例。

除了首钢搬迁以外,随着京津冀协同与经济一体化的逐步推进,京津冀区域内各辖区间的产业或企业合作形式愈发多样。如北京与秦皇岛两市经过多次协商,中关村于2014年5月在秦皇岛建立了首个海淀园分园,随后在此基础之上两市还进一步协调了多个高新项目的落地对接意向。为了促进项目的建成与顺利营运,北京与秦皇岛市共同签署了利益分配"442"协议,即入驻到秦皇岛的企业所缴纳的税收,其中抽出20%设立产业发展基金,剩下的部分按照5:5的比例在北京海淀区与秦皇岛两地政府间分成,既保障了北京与秦皇岛双方政府的税收利益,又促成了多方利益共同体的形成,再次实现了企业即双方政府的"多赢",有助于产业结构的调整与优化,助力于京津冀的协同发展。

(二)制度化的税收收入分享

虽然"一事一议"的税收收入划分为产业转移、项目合作带来了"共赢"的良好发展结果,但伴随京津冀区域协同的进一步推进,京津冀间的产业转移、项目合作越来越多,"一事一议"而造成的总谈判和商议成本也越来越高,尤其是随着京津冀区域协同理念的不断深入,以及京津冀区域内各辖区间经济协作的愈发频繁,京津冀实现税收收入归属与分享的"制度化"、"体制化"需要也愈发强烈。

2014年7月京津冀协同发展税收工作领导小组正式成立,并明确了领导小组以协调京津冀协同发展的税收政策、征管措施、纳税服务、信息共享、争议处理等重大事项为主要工作内容。同年10月京津冀还签署《京津冀协同发

---

① 资料来源:http://epaper.jinghua.cn/html/2011-12/21/content_743849.htm。

展税收合作框架协议》,在协议中提出开展以建立税收合作联席会议制度、区域税收协调制度等多项内容为核心的京津冀区域税收合作机制,以推进京津冀协同的快速发展。该协议的签署在一定程度上为京津冀区域全面展开政府间财政合作提供了重要的思路和框架,但因该协议是京津冀三地税务部门牵头签署的协议文件,无论是参与的部门数量以及协议文件的法律效力层次仍均非常有限。《规划纲要》的审议通过,标志着京津冀协同发展工作步入全面贯彻与落实阶段,2015 年 6 月财政部与国家税务总局联合发布了《京津冀协同发展产业转移对接企业税收收入分享办法》(以下简称《办法》),明确提出对京津冀区域协同发展中"符合要求"的产业转移所涉及的企业迁入和迁出地,在所得税、增值税以及营业税方面按照标准进行 50∶50 的比例分享。《办法》的出台通过制度化的分享比例规定,有效地解决了京津冀产业转移而引发的税收利益冲突,从而降低了京津冀区域协同发展中产业转移的税收博弈成本。此外,同年 12 月中国保监会还发布了《关于保险业服务京津冀协同发展的指导意见》,明确鼓励京津冀的保险机构在京津冀打破原有区域界限,并开展"个人纳税递延型养老保险与个人税收优惠型健康保险"新业务,这不仅充分表现出金融与税收相结合而共促京津冀协同发展的新思路,还充分表明为了加速京津冀区域的产业结构调整和资源配置优化,以及尽快实现京津冀区域的协同发展,各级政府都在积极谋划,为京津冀协同发展创造更加适宜、更加"和谐"的税收制度环境。

二、区域内资金共筹共建方案

京津冀产业结构的优化不仅需要解决产业转移中的税收收入分享问题,还需要产业长效发展平台的搭建与平台发展资金的筹集。仍以首钢搬迁地曹妃甸的建设为例,曹妃甸作为京津冀协同发展示范区,北京与河北省欲将其发展成为北京的现代发展试验区,由此,2014 年 8 月河北省与北京市共同签署了《共同打造曹妃甸协同发展示范区框架协议》,达成组建京冀曹妃甸发展基金,并由北京市财政每年出资 20 亿,首钢每年出资 20 亿,唐山市每年出资 2 亿,且连续出资 5 年的基本筹资共建协议,以促曹妃甸平台的搭建与发展。同期,河北省还与天津市就共同打造冀津(涉县—天铁)循环经济产业示范区达成了共建共管的合作协议。

此外,交通作为京津冀区域协同领先发展的三大领域之一,随着 2015 年 12 月《京津冀协同发展交通一体化规划》的发布,交通的"先头部队"角色更加清晰明了。为了促进京津冀协同发展中交通一体化的建设,北京市政府、天津市政府、河北省政府与中国铁路总公司按照 3∶3∶3∶1 的比例共同出资 100 亿元,注册了京津冀城际铁路投资有限公司,以主要承担京津冀的城际铁路规划、建设以及运营工作。因该公司由北京市基础设施投资公司、天津铁路建设投资控股有限公司和河北建投交通投资有限责任公司三家公司分别持股 30%,所以北京、天津以及河北省在未来的交通一体化建设中具有平等的地位,将共同就京津冀区域内交通的投资和建设进行商议和决策。尤其因交通受益具有界限性特点,且其建设和运营成本所耗费的资金规模均较为庞大,资金的筹集模式、资金的配置比例、受益的分享比例等均需京津冀进一步的博弈与协商。而与此同时,京津冀还通过自身断头路、瓶颈路等道路修筑与桥梁休憩等建设项目,如河北省通过多元化融资渠道于 2015 年安排交通运输资金 73.6 亿元,以支持河北省内各辖区与北京、天津接壤地区的道路建设与维修,从而加强京津冀区域的交通"一体化"建设。

除了产业园、交通等方面的共建共享,京津冀的协同与合作范围越发广泛,再如北京携手张家口申请冬奥会的成功也是与京津冀协同发展的良好契合。随着冬奥会的临近,北京与张家口多个项目的联合建设与开发对于提升张家口的基础设施硬件水平以及经济发展软件水平均是不可多得的机遇。总之,京津冀区域内各辖区政府都在凭借京津冀区域协同发展这一良好契机,通过资金的共筹、项目的共建,充分展开着各种经济与社会合作,进一步拉近京津冀区域内各辖区间的往来关系,不仅可以促进各辖区的快速发展,还有助于京津冀协同发展进程的加快。

三、区域内横向资金补贴方式

因京津冀区域内不仅拥有所辖承德与张家口区域的国家级重点生态功能

区,还拥有所辖唐山迁西、秦皇岛抚宁和青龙的冀北燕山生态区,以及所辖石家庄、保定、邢台、邯郸17县的冀西太行山水源保护区,对于区域内的北京和天津而言不仅具有重要的生态经济服务功能,更是两市的绿色生态屏障。因此,为了京津的生态保障,以张家口、承德、秦皇岛为主的河北省内几个辖区与北京和天津之间长期保持着密切的生态联系。

　　比如在水资源的供给与保护方面,自20世纪80年代以来,河北省内部分辖区就承担着通过无偿划拨方式给予北京与天津供水的额外责任。若不包含河北省对北京与天津的应急供水量,每年单向北京划转用水指标就高达9亿立方米,每年向天津划转用水指标更高达10.6亿立方米。如此连续且高标准的水资源输送给涉及输水辖区,不仅带来了地方政府工作量的大大增加,更给本地财政造成了沉重的经济压力。后来经过多次的协商与谈判,2005—2009年北京财政每年安排2000万专用于水资源保护项目,并自2006年每年划拨2000万作为生态补偿基金,但该资金相较于给张家口、承德等辖区造成的经济发展损失仍是杯水车薪、九牛一毛。

　　再如,在大气污染的防范与治理方面,面对京津冀严重且持续性的雾霾天气,河北省2013年就发布了《大气污染防治行动计划实施方案》,2014年又联合四部门印发了《鼓励黄标车提前淘汰补贴奖励资金管理办法》和《河北省化解钢铁过剩产能奖补办法》,在地方财力紧张、资金缺口较大的情况下,2014年运用8亿元给予鼓励和引导河北省省内各辖区过剩产能的退出,运用7.32亿元专项资金给予各辖区新能源汽车的应用和推广,以加速推进京津冀大气质量的改善。与此同时,北京与天津也携手河北省各辖区政府共同展开了对京津冀区域大气污染的防范与治理,其中北京2015年投入4.6亿元通过淘汰小燃煤锅炉、治理大锅炉以及减少燃煤数量等方式帮助廊坊、保定共同进行大气的治理,天津也投入4亿元协助唐山、沧州的大气污染治理。

　　为了能够促进京津冀区域生态的持续健康发展,为京津冀区域提供良好的生活、工作生态环境,京津冀区域内各辖区在京津冀区域协同发展的背景下逐步加强着联系与合作,并就合作意向、合作形式等内容达成了部分协议。如河北省与北京于2014年8月签署《共同加快张承地区生态环境建设协议》,

京津冀于 2015 年 8 月发布《京津冀协同发展生态环境保护规划》,同年 12 月还签署《京津冀区域环境保护率先突破合作框架协议》,以修复和改善京津冀生态环境为目标,通过协议对京津冀区域生态环境进行系统化的保护和改善。虽然京津冀区域内各辖区在长期的发展中,北京、天津给予了河北省各辖区相应的资源环境补偿资金以及治理资金支持,但这些资金的划拨与发放大部分具有专项使用者付费或一次性拨款的性质,而不论是水资源的保护、大气的治理、生态资源的维护、健康生态环境的恢复均不是一蹴而就的事情,辖区之间的横向资金补贴虽然具有补偿作用,但该种资金补贴是一种非制度化的资金转移形式,且并不以均等化为目的,该资金转移并不具有财政横向转移支付的本质属性,故难以保障资金的持续性和公平性,更难以根本性发挥转移支付制度的长效调节作用。

第三章　京津冀区域协同发展与地方
财政合作的测算与评价

　　基于地方财政合作对于区域协同发展促进作用的机理分析,以及京津冀协同发展与地方财政合作的现状考察,且鉴于目前对区域协同发展与地方财政合作均未达成共识的评价指标体系与评价方法,针对京津冀区域的基本情况,比较选择评价方法,对京津冀协同发展与地方财政合作进行测算与评价,为进一步验证地方财政合作与区域协同发展关系做准备。

第一节　测算与评价方法的选择

　　建立评价模型的方法有许多,如复合系统协调度模型(孟庆松、韩文秀,2000)、DEA 模型(穆东、杜志平,2005;李琳、吴珊,2014)、灰色关联模型(王英,2010;彭继增等,2015)、熵值法(伏润民等,2010;王新民等,2011;李彬等,2015)、AHP 法(Ke,2008;王晓洁,2015)、综合评价法(官永彬,2011;魏福成、胡洪曙,2015)、主成分分析法(严剑锋,2003;宋丽婷,2015)等方法,各种方法均具有一定的特点。因无论是区域协同抑或是地方财政合作的影响因素众多,对其评价均需要考量多维度指标,为了有效避免主观权重附值的随意性、臆断性,通过信息获取较为客观的权重指标,并深入剖析各项指标的影响权重内涵,本章选取了熵值评价法、基尼系数、泰尔指数对区域发展水平以及地方财政合作进行测算和评价。

一、熵值评价法

　　熵值评价法(TOPSIS)来自于信息论,是一种客观评价法,其是根据多项指标所提供的信息量,以及指标变量间的信息重叠性,在甄别系统的无序程度和指标变异程度的基础上,而测定各项指标所占权重和评价值的方法,被广泛应用于经济、社会等领域的研究与测评。熵值评价法的具体评价步骤为:

1.指标的确定。设定 m 个辖区 n 项评价指标,构成数据矩阵 $X = (x_{ij})_{m*n}$,其中 $i = \{1,2,\cdots m\}$, $j = \{1,2,\cdots n\}$, $x_{ij} \geq 0$;对于某项指标而言,x_{ij} 差距越大则该指标在评价中所起到的作用也就越大,如果差距越小则在评价中所起到的作用也就越小(马慧强等,2011)。

2.数据的标准化处理。根据公式(3-1)、(3-2),对所选定的 n 项指标进行标准化处理,通过指标的无量纲化处理实现指标数据的可比性,并将各个数据归一化至 0—1 之间。但在对各项指标做标准化处理时,需要根据指标的具体指向而选择标准化处理的方式,即对于具有正向影响作用的指标,应选择公式(3-1)对数据进行标准化处理;而对于具有负向影响作用的指标,则需选择公式(3-2)对数据进行标准化处理。其中, $\min\{x_j\}$ 表示第 j 项指标的最小值,而 $\max\{x_j\}$ 表示第 j 项指标的最大值,X_{ij} 表示标准化后的数据。

$$正向指标:X_{ij} = \frac{x_{ij} - \min\{x_j\}}{\max\{x_j\} - \min\{x_j\}} \tag{3-1}$$

$$负向指标:X_{ij} = \frac{\max\{x_j\} - x_{ij}}{\max\{x_j\} - \min\{x_j\}} \tag{3-2}$$

3.信息熵值的计算。根据公式(3-3)计算第 j 项指标的信息熵值,其中, e_j 表示指标 j 的信息熵, $e_j \geq 0$,若 j 项指标中的 X_{ij} 均相等,则 $e_j = 1$,故 $0 \leq e_j \leq 1$。

$$e_j = -\frac{1}{\ln m} \times \sum_{i=1}^{m}\left(\frac{X_{ij}}{\sum_{i=1}^{m}X_{ij}} \times \ln \frac{X_{ij}}{\sum_{i=1}^{m}X_{ij}}\right) \tag{3-3}$$

4.权重值的计算。根据公式(3-4)计算第 j 项指标的权重值,其中 $1 - e_j$ 表示第 j 项指标的差异性系数,而 w_j 则表示第 j 项指标的权重值。

$$w_j = \frac{1 - e_j}{\sum_{i=1}^{m}(1 - e_j)} \tag{3-4}$$

5.综合评价值的计算。根据公式(3-5),结合 4 中所算出的各项指标权重值以及标准化后各辖区的数据值,算出 i 辖区的综合评价值,其中 U_i 表示第 i 辖区的综合评价值。

$$U_i = \sum_n w_j \times X_{ij} \tag{3-5}$$

二、基尼系数与泰尔指数

一般情况下,用以反映均等化的统计指标包括:基尼系数、泰尔指数、方差、变异系数、级差率等。其中,基尼系数与泰尔指数具有一定的互补性,基尼系数能够敏感地捕获数据分布中段的均衡变化情况,而泰尔指数则对于数据分布的两端变化表现出更加的敏感性(李祥云,2009),由此,本书将基尼系数与泰尔指数相结合进行更加全面而完整的测评。

(一)基尼系数

基尼系数(GINI)是美国经济学家阿尔伯特·赫希曼根据洛伦兹曲线而计算出的指标,其作为一种既直观又简捷的判断方法,被广泛运用于衡量收入、消费以及财产分配差异的情况(Kuan Xu,2004)。基尼系数的值均介于 0 到 1 之间,越接近于 0 则表明财富分布越均匀、平等,而基尼系数越接近于 1 则预示着财富分布越不平均、不平等。根据联合国有关组织的规定,当基尼系数低于 0.2 时,表明收入分配绝对平均;当基尼系数介于 0.2 与 0.3 之间时,表明收入分配较为均匀;而当基尼系数介于 0.3 与 0.4 之间时,则表明收入分配相对合理;当基尼系数介于 0.4 与 0.5 之间时,表明收入分配差距较大;而当基尼系数高于 0.5 之时,则意味着收入分配差距悬殊。由此,一般情况下将 0.4 作为基尼系数判定收入分配差距高低的"警戒线"。基尼系数除了用以判断收入分配的均匀程度外,也通常被运用于比较和分析不同地区的经济发展水平、社会发展水平(任强,2009),并根据不同时期的基尼系数变化程度进而推测出其差距发散抑或是收敛的变化趋势。

基尼系数的计算公式很多,本书在基于对京津冀区域内各辖区经济发展水平与社会发展水平进行测算的基础上,选取较为简便的基尼系数公式(3-6)(武力超等,2014)对京津冀区域内各辖区的经济、社会发展水平的均等程度以及其区域的协同发展趋势进行分析和判断。

$$G = \frac{1}{\mu(m-1)} \sum_{i>j}^{m} \sum_{j=1}^{m} |U_i - U_j| \tag{3-6}$$

公式中，m 表示区域内辖区的个数，U_i 表示第 i 个辖区的经济发展水平得分或者社会发展水平得分，μ 表示该区域内各辖区经济发展水平得分或社会发展水平得分的平均值，在本书中，$m = 13$，$i,j = \{1,2,\cdots13\}$。

（二）泰尔指数

泰尔指数（THEIL）也是衡量收入差异性的一个常用性指标，并较常用于对区域内或区域间经济发展以及各项公共服务均等化水平的测度与评价，其值也一般介于 0—1 之间，值越大表明区域的差异性越大、均衡程度越低，值越小表明区域的差异性越小、均衡程度越高。与基尼系数相比较，虽然泰尔指数并没有如基尼系数"警戒线"般的统一数值判断标准，但其与基尼系数在数据分布方面的判别具有互补性，促使众多学者在进行均等化、协同化分析时往往选择将泰尔指数匹配基尼系数，共同对于区域的差异性进行更加细致的比较和剖析。泰尔指数的估算公式为：

$$T = \frac{1}{m} \sum_{i=1}^{m} \left[\frac{U_i}{U} \times \ln\left(\frac{U_i}{U}\right) \right] \tag{3-7}$$

公式中，m 表示区域内辖区的个数，U_i 表示第 i 个辖区的经济发展水平得分或者社会发展水平得分，U 表示该区域的整体经济发展水平得分或社会发展水平得分，在本书中，$m = 13$，$i = \{1,2,\cdots13\}$。

第二节　京津冀区域协同发展的测算与评价

一、区域经济协同发展的测算与评价

区域内的经济协同是区域内各辖区合作发展、共同实现区域整体经济目标的有效途径。因区域内各辖区间的协作是基于对协同后各辖区经济发展水平提高以及辖区间经济差距动态性缩小的基本判断和认知，由此，区域的经济

协同过程就是各辖区经济发展水平逐渐提升以及差距逐渐缩小的过程,故通过测算各辖区的经济发展水平并以此考察经济的均衡程度,可以有效判断京津冀区域内各辖区的经济协同发展程度和发展趋势。

(一)各辖区经济发展水平的评价指标选择

影响区域经济发展水平的因素很多,如各辖区自身的经济发展水平、产业结构情况等。为了更加全面地反映京津冀经济发展水平,从经济规模、经济结构、经济增长、经济效益四个方面进行了指标的设计。所用指标的具体情况见下表3-1。

表3-1　经济发展水平指标

一级指标	二级指标
经济规模	地区生产总值(亿元)、财政预算收入(亿元)、社会消费品零售总额(亿元)
经济结构	第二产业产值所占比重(%)、第三产业产值所占比重(%)
经济效益	人均GDP(元)、城镇居民人均可支配收入(元)、人均用电量(千万小时)
经济增长	地区生产总值增长率(%)、第二产业产值增长率(%)、第三产业产值增长率(%)

基于2007年我国公共预算科目的改革,为了保证前后数据统计口径的一致性和数据的完整性、连续性,本书选取了京津冀13个辖区2007年到2013年的相关经济数据进行分析。所有数据除特殊说明外,均来源于历年的《中国统计年鉴》《中国区域经济统计年鉴》《北京统计年鉴》《天津统计年鉴》和《河北经济年鉴》。此外为剔除价格变动的影响,以2007年为基期,运用GDP平减指数对地区生产总值、财政预算收入、社会消费品零售总额、人均GDP、城镇居民人均可支配收入等指标进行了平减。

(二)各辖区经济发展水平的测算结果分析

依照熵值评估方法得出京津冀13个辖区的经济发展水平及排名变动情况如下表3-2。

表 3-2　经济发展水平得分及排名

城市	2007		2008		2009		2010	
	得分	排名	得分	排名	得分	排名	得分	排名
北京市	0.9530	1	0.8431	1	0.9481	1	0.9071	1
天津市	0.5547	2	0.5934	2	0.5991	2	0.6036	2
石家庄市	0.2155	4	0.2394	4	0.2084	4	0.1718	4
唐山市	0.3313	3	0.4139	3	0.3235	3	0.3400	3
秦皇岛市	0.1913	5	0.1744	6	0.1386	7	0.1269	7
邯郸市	0.1377	7	0.1885	5	0.0966	12	0.1216	9
邢台市	0.0799	12	0.0511	12	0.1128	11	0.0556	13
保定市	0.1097	9	0.1098	11	0.1211	9	0.1139	10
张家口市	0.0997	11	0.1731	7	0.1438	5	0.1264	8
承德市	0.1052	10	0.1567	9	0.1410	6	0.0887	11
沧州市	0.1250	8	0.1343	10	0.1138	10	0.1712	5
廊坊市	0.1445	6	0.1683	8	0.1285	8	0.1537	6
衡水市	0.0378	13	0.0509	13	0.0556	13	0.0784	12
河北平均	0.1434		0.1691		0.1440		0.1407	
京津冀平均	0.2373		0.2536		0.2408		0.2353	

城市	2011		2012		2013		2007—2013 年平均	
	得分	排名	得分	排名	得分	排名	得分	排名
北京市	0.8657	1	0.9199	1	0.9456	1	0.9118	1
天津市	0.6136	2	0.6156	2	0.5913	2	0.5959	2
石家庄市	0.2372	4	0.2235	4	0.2174	4	0.2162	4
唐山市	0.3787	3	0.3395	3	0.3142	3	0.3487	3
秦皇岛市	0.1361	7	0.1258	8	0.1268	7	0.1457	6
邯郸市	0.1389	6	0.1196	9	0.0974	10	0.1286	8
邢台市	0.0948	11	0.0503	13	0.0607	13	0.0722	12
保定市	0.1022	10	0.1283	7	0.1055	8	0.1129	10
张家口市	0.0778	12	0.1149	10	0.0999	9	0.1194	9
承德市	0.1285	8	0.0620	11	0.0909	11	0.1104	11
沧州市	0.1126	9	0.1358	6	0.1407	6	0.1333	7
廊坊市	0.1800	5	0.1828	5	0.1735	5	0.1616	5
衡水市	0.0698	13	0.0598	12	0.0763	12	0.0612	13
河北平均	0.1506		0.1402		0.1366		0.1464	
京津冀平均	0.2412		0.2368		0.2338		0.2398	

1.整体经济发展水平螺旋上升

根据表 3-2 可以看出,京津冀区域中各辖区在 2007—2013 年间的经济发展水平得分表现出螺旋式上升的发展趋势。在 13 个单体辖区中,以得分最高与得分最低的两个辖区进行比较,2007 年北京和衡水的经济发展水平得分分别为 0.9530 和 0.0378。由于美国金融危机而引发的世界经济危机对全球经济的影响,京津冀区域内各辖区也先后出现了经济发展水平的衰退现象,但随着中国 4 万亿的投资以及其他的经济刺激政策,全国的整体经济逐渐恢复与好转。截至 2013 年,京津冀区域经济发展水平最好的北京和当年最低的邢台市分别得分 0.9456 和 0.0607,虽然许多城市相较于 2007 年的得分仍旧偏低,但整体上已经呈现出逐渐上升的发展趋势。

2.辖区间经济发展水平差距显著

从图 3-1 和表 3-2 均可以看出,京津冀区域内各辖区的经济发展水平差距较大。图 3-1 是京津冀区域内各辖区 2007—2013 年平均的经济发展水平得分分布图,如图所示,13 个辖区的经济发展水平按照高、中、低三档划分,得分水平越高的辖区其地域板块的颜色越深,反之越浅。13 个辖区中北京和天津的地域板块颜色最深,其次是石家庄和唐山,沧州、衡水等 9 个辖区的地域板块颜色最浅,表明北京和天津市的经济发展水平得分处于较高水平,石家庄与唐山的经济发展水平在京津冀中处于中档水平,而其余辖区的经济发展水平则较低。而从表 3-2 可以看出,北京作为京津冀的"龙头",其连续七年的总分排名第一充分证实了其在京津冀不可取代的经济"霸主"地位。此外,北京七年平均 0.91 的经济发展水平得分不仅远远超过了长期稳居第二的天津市,还是天津得分的 1.5 倍之多。而与北京和天津得分差距较远其他辖区均属于河北省,其平均得分仅为 0.15,相距北京和天津遥远,即使是河北省内得分最高的唐山市,也分别仅为北京和天津的 38.55% 和 58.5%,若看省内得分最低的衡水市,其得分更是仅为北京和天津的 6.8% 和 10.3%。再比较河北省省内各辖区的经济发展水平,相较于河北省与天津、北京偌大的经济发展落差,省内各辖区的经济发展差距相对较小,自 2007—2013 年间河北省内经济发展水平最高的唐山市与发展水平得分最低的衡水市相差 0.255 分。由此可以看出,京津冀区域的经济发展水平总体上表现为京、津、冀省域之间的经济发展差距,且此种差距至今仍旧非常显著。

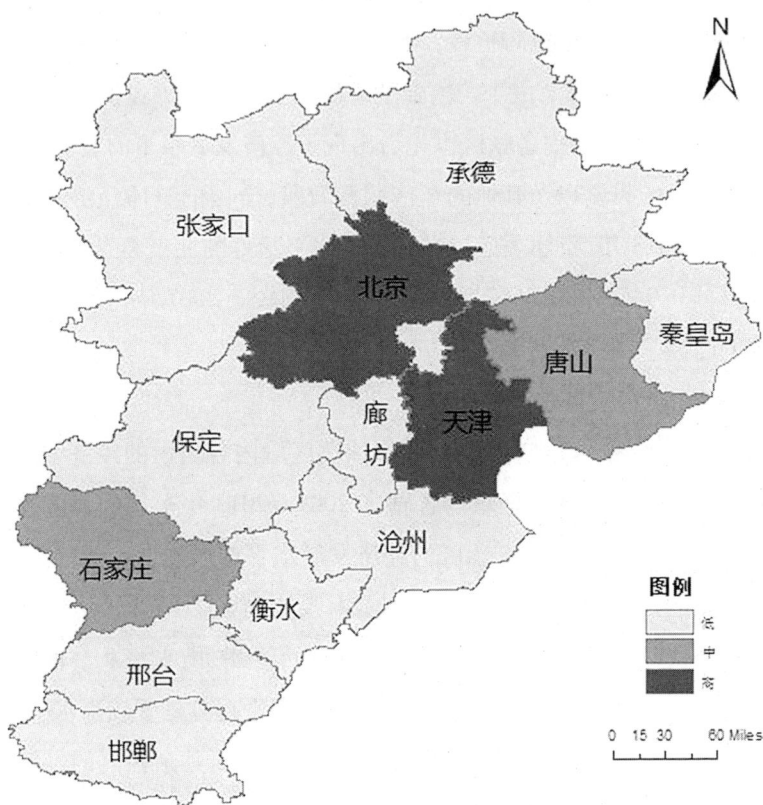

图 3-1 经济发展水平分布

3.经济规模对经济发展水平起决定性作用

表 3-3 是京津冀经济发展水平测度中的各指标权重情况,根据表中的权重分布结果可以看出,影响经济发展水平高低的最重要一级指标为经济规模,48.62%的贡献率对于一个辖区的经济发展水平起着决定性的作用,其中二级指标的财政收入规模情况对于经济规模的贡献率最大为 39.36%,GDP 与社会消费品零售总额两个指标分别为 29.16%和 31.48%,由此可以判断出京津冀区域内各辖区的经济发展水平高低受本辖区财政能力的影响最大。除了辖区的经济规模大小,辖区的经济效益水平对于经济发展水平的贡献率也高达

30.87%,尤其是其中的人均城市用电量指标对经济效益产生了近40%的影响,表明人均城市用电量相较于人均GDP可以更为显著地表达出该辖区的经济效益水平。此外,相较于经济规模、经济效益以及经济结构,无论是GDP的增长率还是某个产业的增长率对于辖区经济发展水平的影响均较小,如第三产业的经济增长率对于经济发展水平的贡献率仅为3.53%,进一步验证了"经济增长"并不等同于"经济发展"的基本认知。

表3-3　综合经济发展水平指标权重

一级指标	权重	二级指标	二级指标权重							
			平均	2007	2008	2009	2010	2011	2012	2013
经济规模	0.4862	GDP	0.1418	0.1500	0.1358	0.1429	0.1426	0.1351	0.1425	0.1432
		财政收入	0.1914	0.2079	0.1907	0.2023	0.1901	0.1752	0.1822	0.1913
		社会消费品零售额	0.1531	0.1677	0.1563	0.1582	0.1558	0.1434	0.1471	0.1429
经济结构	0.1036	第二产业产值占比	0.0171	0.0191	0.0183	0.0174	0.0167	0.0158	0.0163	0.0163
		第三产业产值占比	0.0864	0.0805	0.0563	0.0724	0.0805	0.0945	0.1028	0.1181
经济效益	0.3087	人均GDP	0.0936	0.1068	0.0909	0.0974	0.0886	0.0812	0.0823	0.1085
		城镇居民人均可支配收入	0.0935	0.0868	0.1075	0.0887	0.1024	0.0926	0.0953	0.0813
		人均城市用电量	0.1216	0.1139	0.1087	0.1173	0.1241	0.1324	0.1334	0.1211
经济增长	0.1015	地区生产总值增长率	0.0370	0.0205	0.0457	0.0389	0.0341	0.0468	0.0458	0.0272
		第二产业增长率	0.0292	0.0240	0.0424	0.0250	0.0313	0.0263	0.0324	0.0229
		第三产业增长率	0.0353	0.0229	0.0474	0.0397	0.0339	0.0566	0.0198	0.0271

（三）区域经济协同发展的趋势判断

图3-2是京津冀区域各辖区间经济发展水平得分的基尼系数与泰尔指

数变化图。基尼系数与泰尔指数可以在一定程度上表现出区域内整体的经济发展水平均衡程度,从而体现出区域内的经济协同程度。依据图3-2可以看出,京津冀区域的经济发展基尼系数在2007—2013年间均高于常规的基尼系数"警戒线"0.4,表明京津冀区域内各辖区间的经济发展均衡程度较差,其经济协同程度不佳;再者,该基尼系数不仅并未显著呈现出逐年的下降趋势,反之从2008年到2013年还出现了一定的反弹式上涨趋势,进一步说明京津冀区域经济发展水平差距并未显著性趋向收敛。再则,就泰尔指数而言,区域内经济发展水平的泰尔指数波动性上升,表明区域内各辖区间的经济发展水平差异的两极化现象更加明显。因此,根据基尼系数与泰尔指数的整体发展动态趋势可以判断出,京津冀区域内各辖区间的经济协同程度并未随着我国区域经济一体化浪潮的推进而呈现出显而易见的"协同化"和"一体化"发展效果。

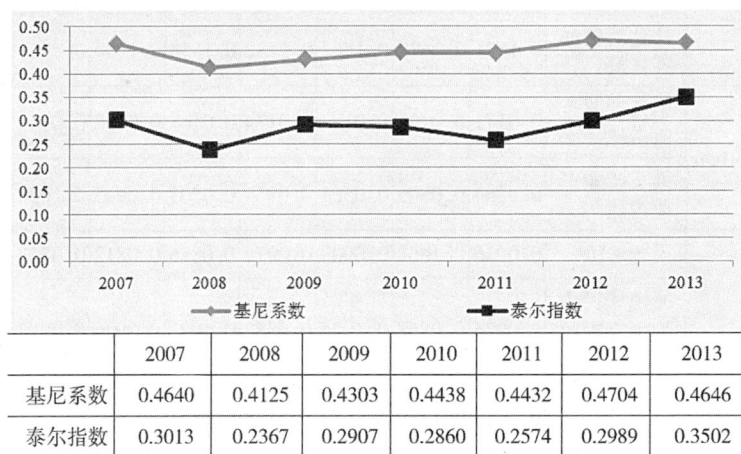

	2007	2008	2009	2010	2011	2012	2013
基尼系数	0.4640	0.4125	0.4303	0.4438	0.4432	0.4704	0.4646
泰尔指数	0.3013	0.2367	0.2907	0.2860	0.2574	0.2989	0.3502

图3-2　经济发展水平基尼系数与泰尔指数

二、区域社会协同发展的测算与评价

京津冀区域内各辖区间长期的历史渊源和文化积淀,促使京津冀区域内的公众不仅具有极为相似的社会意识形态,更具有极为相近的公共服务偏好和诉求。而区域社会协同的近景目标就是各辖区间社会差异逐渐缩小的进程,为了实现京津冀区域的全方位协同目标,京津冀社会差异的缩小最为首要的就是辖区间社会公共服务差距的弱化乃至消除。故通过测算各辖区的社会公共服务水平可以有效对辖区的社会发展条件、社会发展水平进行判断。

（一）各辖区社会发展水平的评价指标选择

根据《规划纲要》中对于京津冀的功能定位，产业转移和非首都功能的疏解都将是近期内京津冀协同的重要内容，而由此引发的流动人员会进一步关注社会公共服务供给水平。因此，根据京津冀社会协同发展的需求，同时考虑对社会发展条件进行测评的指标体系的系统性、科学性、完整性以及统计资料的可获得性，遵循效果均等原则①，构建了以公共文化教育服务、公共医疗卫生服务、社会保障服务、基础生活环境服务四类指标为一级指标，以万人普通中小学数、万人医院数、万人工业废水排放量等 23 个指标为二级分类指标的评价指标体系，对京津冀区域内各辖区间社会公共服务供给水平进行测度，以判断各辖区的社会发展所具备的基础条件和所拥有的社会发展水平。具体指标分配情况，如表 3-4。

表 3-4 社会发展水平指标

一级指标	二级指标
公共文化教育服务	人均公共文化教育财政支出、万人普通中小学数（所）、万人普通中小学专任教师数（人）、万人中小学在校学生数（人）、每百万人图书馆藏书（册）、每百万人电影院数（个）
公共医疗卫生服务	人均公共医疗卫生支出、万人医院数（所）、万人床位数（张）、万人医生数（人）
社会保障服务	人均社会保障支出、万人城镇职工基本养老保险参保人数（人）、万人城镇职工基本医疗保险参保人数（人）、万人失业保险参保人数（人）
基础生活环境服务	人均环境保护支出、万人工业废水排放量（万吨）、万人工业粉尘排放量（吨）、万人工业二氧化硫排放量（吨）、污水处理厂集中处理率（%）、建成区绿化覆盖率（%）

与经济协同视角的数据选择相同，基于 2007 年我国公共预算科目改革的

---

① 判断公共服务均等与否的方法有较为著名的萨瓦斯原则，包括支出均等原则、效果均等原则、投入均等原则以及需求满意度均等原则，鉴于社会协同更加注重公共服务感知上的均等，故选择效果均等原则。

考虑,在测度社会协同中,也选取了京津冀13个辖区2007年到2013年的相关社会公共服务数据进行分析。所有数据除特殊说明外,均来源于历年的《中国区域经济统计年鉴》《北京统计年鉴》《天津统计年鉴》和《河北经济年鉴》。此外,为了消除城市规模大小所带来的社会公共服务数量上的差异性,所有数据均作了一定程度的人均化处理;且为剔除价格变动的影响,以2007年为基期,运用GDP平减指数对人均公共文化教育财政支出、人均公共医疗卫生支出、人均社会保障支出以及人均环境保护支出等指标进行了平减。

(二)各辖区社会发展水平的测算结果分析

根据熵值法的步骤计算京津冀13个辖区2007—2013年社会发展水平得分,其综合得分和排名情况见表3-5。其中,排名越靠前则表明该辖区的社会发展水平越高。

表3-5 社会发展水平及排名

城市	2007		2008		2009		2010	
	得分	排名	得分	排名	得分	排名	得分	排名
北京市	0.7406	1	0.7432	2	0.7838	1	0.7421	1
天津市	0.6789	2	0.7479	1	0.6055	2	0.5711	2
石家庄市	0.2752	9	0.4260	11	0.3225	13	0.3834	8
唐山市	0.2239	13	0.3465	13	0.3863	9	0.2819	13
秦皇岛市	0.5684	3	0.6145	3	0.4998	4	0.4179	7
邯郸市	0.2683	10	0.4671	7	0.4115	8	0.4599	3
邢台市	0.2824	8	0.4508	9	0.3656	10	0.3042	12
保定市	0.3151	7	0.5005	5	0.4319	6	0.4520	4
张家口市	0.4337	4	0.4767	6	0.4576	5	0.4302	6
承德市	0.2672	11	0.4329	10	0.5461	3	0.4476	5
沧州市	0.2579	12	0.4668	8	0.3226	12	0.3739	9
廊坊市	0.4104	5	0.5657	4	0.4254	7	0.3639	10
衡水市	0.3494	6	0.3956	12	0.3401	11	0.3315	11
河北平均	0.3320		0.4676		0.4100		0.3860	
京津冀平均	0.3901		0.5103		0.4538		0.4277	

续表

城市	2011		2012		2013		2007—2013 年平均	
	得分	排名	得分	排名	得分	排名	得分	排名
北京市	0.8768	1	0.8408	1	0.9323	1	0.8085	1
天津市	0.2979	11	0.3250	10	0.3394	9	0.5094	3
石家庄市	0.3093	10	0.3623	8	0.3100	10	0.3412	11
唐山市	0.2203	13	0.3030	11	0.2186	13	0.2829	13
秦皇岛市	0.3407	7	0.5835	2	0.5576	2	0.5118	2
邯郸市	0.4346	2	0.5349	3	0.3902	5	0.4238	5
邢台市	0.2242	12	0.2719	13	0.2879	12	0.3124	12
保定市	0.3788	5	0.3537	9	0.3734	7	0.4008	8
张家口市	0.4160	3	0.4583	4	0.4048	4	0.4396	4
承德市	0.3818	4	0.3856	6	0.4412	3	0.4146	6
沧州市	0.3329	8	0.3760	7	0.2899	11	0.3457	9
廊坊市	0.3286	9	0.4249	5	0.3779	6	0.4138	7
衡水市	0.3446	6	0.2994	12	0.3463	8	0.3438	10
河北平均	0.3374		0.3958		0.3634		0.3846	
京津冀平均	0.3759		0.4246		0.4054		0.4268	

数据来源:2008—2014 年《中国区域经济统计年鉴》《北京统计年鉴》《天津统计年鉴》《河北经济年鉴》。

1.整体社会发展水平徘徊提升

从表 3-5 和图 3-3 可以看出,自 2007—2013 年北京的社会发展水平得分较高,长期分别位于京津冀区域的第一名,远远高于京津冀区域内其他 12 个辖区的社会发展水平得分。2007 年北京的综合得分为 0.7406,虽在 2010 年有一定程度的下挫,但 2013 年的综合评价得分上升为 0.9323,七年间提高了将近 26 个百分点,增长迅速;而社会发展水平得分一直最低的唐山市,2007 年的综合评价得分为 0.2239,其 2013 年的综合评价得分也仅为 0.2186,这七年间的社会发展水平得分不仅未有明显的提升,反而有所下降。由此可以看出,京津冀区域各辖区的社会发展水平虽整体上呈现上涨的态势,但却是先下降后上升的徘徊提升趋势,且北京的社会发展水平无论是基础性的得分还是增长速度都明显高于京津冀区域内其他辖区社会发展水平。

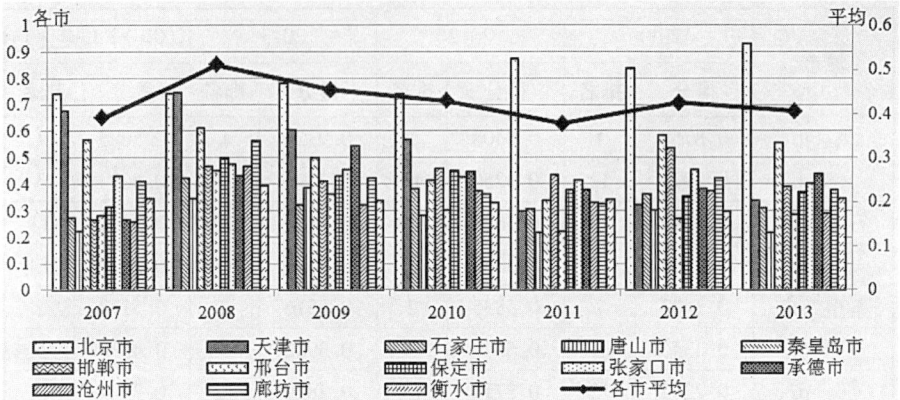

图 3-3　社会发展水平及发展趋势

2.辖区间社会发展水平差距明显

图 3-4 是京津冀区域内各辖区 2007—2013 年平均的社会发展水平得分分布图。如图所示,北京市的地域板块颜色最深,表明北京市的综合社会发展水平得分最高,意味着北京市相较于京津冀其他 12 个辖区而言,其综合社会发展水平居于榜首;环绕于北京市附近的天津、廊坊、保定、张家口、承德以及秦皇岛和邯郸共计七个辖区的社会发展水平则居于中等地位;唐山、沧州、衡水、石家庄以及邢台的社会发展水平最低。而从表 3-5 还可以看出,京津冀区域内河北省的秦皇岛市、张家口的得分在河北省内相对较高,而唐山、邢台的得分在河北省内相对较低,若与北京相比较则差距更是非常显著。其中,秦皇岛市的平均社会发展水平位列京津冀区域第二,居河北省各辖区之首,2007 年其得分为 0.5684,与位于第一的北京相差 0.1722,与位于第二的天津相差 0.1105;2012 年和 2013 年秦皇岛市赶超过天津等市跃居京津冀 13 个辖区的第二,2013 年秦皇岛市得分 0.5576,与北京相差了 0.3747,相较于 2007 年其差距进一步增大;而河北省区域内得分最低的唐山市,2007 年综合评价得分与位列京津冀第一的北京相差 0.5167,与位列河北省第一的秦皇岛市相差 0.3445,2013 年的综合评价得分与北京相差 0.7137,与秦皇岛相差 0.339。由此可见,京津冀区域内各个辖区间的社会发展水平差距并没有呈现出明显的缩小趋势,反而表现出了差距逐渐拉大的现象,与社会协同发展目标并未保持高度的一致。

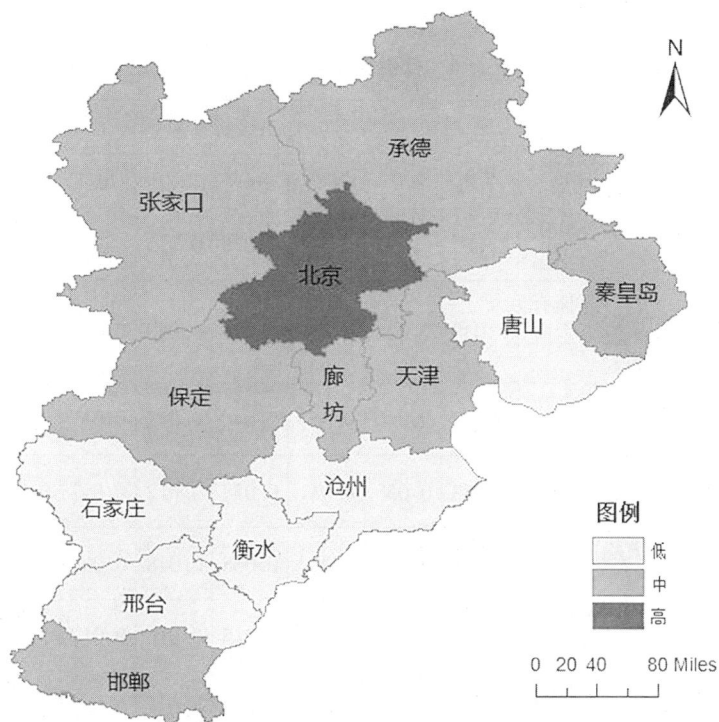

图 3-4　社会发展水平分布

3. 人均财政投入对社会发展水平影响较大

表 3-6 是京津冀区域内各辖区社会发展水平指标所占权重情况,根据表中的具体数值可以看出,四类社会公共服务对于社会发展水平的影响依次为文化教育服务 36.22%、社会保障服务 30.89%、医疗卫生服务 21.10% 以及基础生活环境服务 11.79%。且四类社会公共服务一级指标中,人均财政投入作为二级指标对各类社会公共服务影响程度均较大,如人均公共文化教育财政投入在其 11 个指标中对于公共文化教育服务的影响程度为 19.27%,人均社会保障财政投入对社会保障服务的影响程度为 25.65%,人均公共医疗卫生支出对于公共医疗卫生服务的影响程度为 40.23%,而人均公共环保支出对于基础生活环境服务的影响程度更是高达 43.36%,四类公共服务的人均财政投入指标在 23 个社会发展水平指标中共计影响程度达 28.5%。由此说

明,人均财政投入对区域内各辖区的社会发展水平起着极其重要的影响作用。

表 3-6 社会发展水平指标权重

一级指标	权重	二级指标	二级指标权重							
			平均	2007	2008	2009	2010	2011	2012	2013
医疗卫生服务	0.2110	人均公共医疗卫生支出	0.085	0.092	0.093	0.078	0.095	0.073	0.084	0.079
		每万人拥有医院卫生院数	0.030	0.028	0.035	0.031	0.040	0.045	0.022	0.012
		每万人床位数	0.042	0.040	0.063	0.046	0.042	0.037	0.034	0.035
		每万人医生数	0.053	0.050	0.051	0.058	0.052	0.057	0.052	0.054
文化教育服务	0.3622	人均公共教育文化支出	0.070	0.070	0.069	0.068	0.078	0.067	0.063	0.073
		每万人拥有小学数量	0.017	0.017	0.015	0.015	0.016	0.017	0.019	0.020
		每万人拥有中学数量	0.029	0.023	0.030	0.027	0.031	0.043	0.019	0.026
		每万人小学专任教师数量	0.024	0.029	0.020	0.026	0.025	0.021	0.022	0.025
		每万人中学专任教师数量	0.023	0.020	0.020	0.018	0.018	0.024	0.032	0.030
		每万人小学在校生数	0.021	0.017	0.016	0.024	0.024	0.022	0.023	0.020
		每万人中学在校生数	0.025	0.021	0.014	0.018	0.023	0.026	0.033	0.042
		每百万人电影院数	0.062	0.062	0.077	0.061	0.070	0.047	0.053	0.062
		每百万人图书馆藏书	0.092	0.085	0.090	0.091	0.101	0.102	0.099	0.075

续表

一级指标	权重	二级指标	二级指标权重							
			平均	2007	2008	2009	2010	2011	2012	2013
社会保障服务	0.3089	人均社会保障支出	0.079	0.079	0.070	0.070	0.090	0.073	0.088	0.086
		每万人职工养保参保人数	0.070	0.074	0.084	0.080	0.061	0.065	0.065	0.064
		每万人职工医保参保人数	0.073	0.085	0.084	0.079	0.058	0.053	0.067	0.088
		每万人失业保险参保人数	0.086	0.080	0.086	0.087	0.064	0.089	0.098	0.097
基础生活环境服务	0.1179	人均公共环保支出	0.051	0.058	0.034	0.054	0.049	0.064	0.049	0.049
		每万人工业废水排放量	0.013	0.010	0.008	0.012	0.014	0.021	0.014	0.012
		每万人工业粉尘排放量	0.008	0.009	0.009	0.009	0.008	0.008	0.008	0.008
		每万人工业二氧化硫排放量	0.011	0.010	0.012	0.011	0.011	0.010	0.010	0.010
		污水处理厂集中处理率	0.016	0.019	0.009	0.019	0.018	0.017	0.022	0.009
		建成区绿化覆盖率	0.019	0.024	0.010	0.016	0.012	0.019	0.024	0.025

(三)区域社会协同发展的趋势判断

根据区域内各辖区间四类社会公共服务水平以及分类社会服务水平的基尼系数和泰尔指数的数值高低以及动态变化趋势,可以有效判断出京津冀区域的社会协同进程与协同速度。

1. 社会协同进程的整体性迟缓

图 3-5 是京津冀区域的整体社会发展水平基尼系数与泰尔指数在 2007—2013 年的波动情况。如图所示,基尼系数呈现大体的下降趋势,而泰

尔指数则表现出了先下降后上升的变化趋势。就基尼系数而言,京津冀区域社会发展水平在2007—2013年间的基尼系数维持在0.3—0.35之间,尚未触及0.4的"警戒线",表明京津冀区域的整体社会发展水平的差异程度仍处于可接受的合理范围之内;与此同时,自2010年后迅速上升的泰尔指数也在一定程度上表示出,京津冀辖区差异性的两极化程度近期正在逐步扩大。由此可以总结出,虽然京津冀区域综合服务水平正向均等化、协同化发展,但其差异的收敛速度较为迟缓,且辖区间的两极化现象仍旧突出。

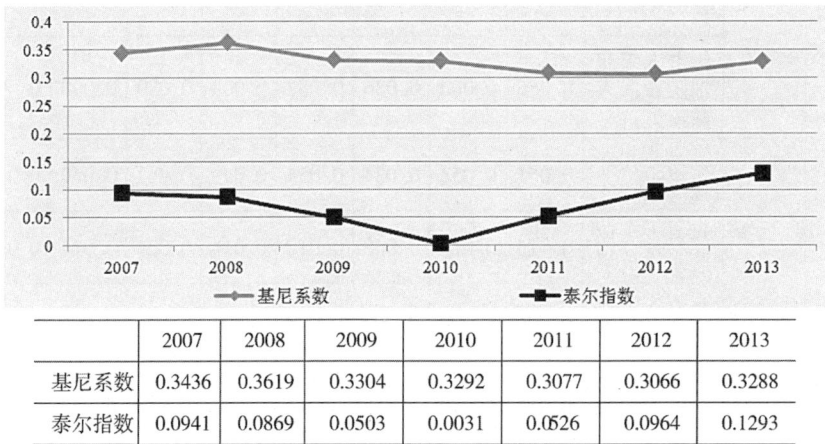

	2007	2008	2009	2010	2011	2012	2013
基尼系数	0.3436	0.3619	0.3304	0.3292	0.3077	0.3066	0.3288
泰尔指数	0.0941	0.0869	0.0503	0.0031	0.0526	0.0964	0.1293

图3-5 社会发展水平的基尼系数和泰尔指数

2.社会协同发展的分项性差异

图3-6中分别展示出了京津冀区域公共文化教育、公共医疗卫生、社会保障与基础生活环境四类社会公共服务水平的基尼系数和泰尔指数的波动变化趋势情况。

(1)公共文化教育服务。京津冀公共文化教育服务水平的基尼系数和泰尔指数表现出了截然相反的变化趋势。即基尼系数在2007—2013年间均处于0.25以下,且呈现出较为稳健的逐年下降趋势,表明京津冀区域内各辖区的公共文化教育服务水平整体性趋于均衡,尤其是集中于中段、平均水平辖区间的差距越来越小,并表现出收敛的文化教育服务协同发展趋势;但泰尔指数自2008年以来的陡峭上升,从京津冀区域内各辖区的两极化分布上表明,京津冀公共文化教育服务水平最高辖区与水平最低辖区间的差距却是在迅速拉大。由此可以判断出,公共文化教育服务的协同虽有所进展,但严重的两极化现象会阻滞协同的速度。

（2）公共医疗卫生服务。就基尼系数而言,2007—2013 年间的基尼系数均超过了 0.4 的"警戒线",表明京津冀区域公共医疗卫生服务水平从供给的角度看,差异性较大已经超出了相对合理的范畴;就泰尔指数而言,与基尼系数几乎完全一致的变化趋势,也较为鲜明表示出京津冀区域内各辖区的公共医疗卫生服务水平差距正在显著地缩小,虽然整体的均衡程度以及协同发展程度均较弱,但均衡以及协同的发展进程较快。

（3）社会保障服务。京津冀区域的社会保障服务水平的基尼系数高达

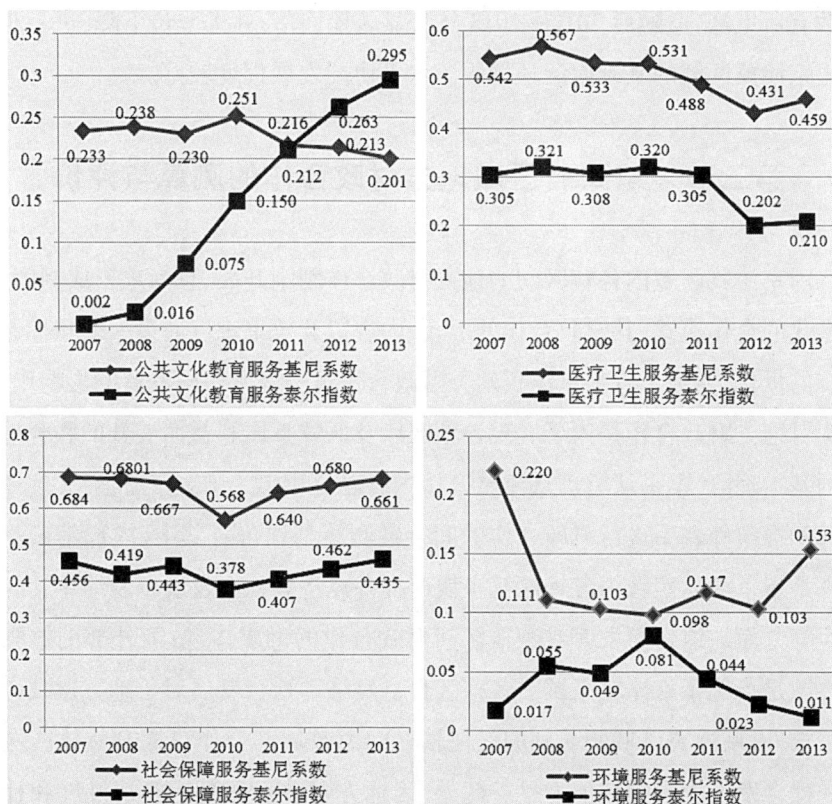

图 3-6　社会发展水平的分项基尼系数与泰尔指数

0.6以上,表明区域的社会保障服务水平具有严重的不均衡性,阻滞了京津冀社会协同的发展,虽然从2007年至2013年整体上具有下降的趋势,但下降幅度微乎其微,说明京津冀区域的社会保障服务协同进程缓慢。而从泰尔指数看,泰尔指数与基尼系数的变化趋势也趋于一致,进一步表现出京津冀区域各辖区间社会保障服务水平差异性较大,且协同收敛速度缓慢。

(4)基础生活环境服务。2007—2013年京津冀13个辖区之间基础生活环境服务水平的基尼系数和泰尔指数均较低。以基尼系数为例,2007年仅为0.22,而到了2013年这一数值则进一步降至0.153,远远小于0.3的均等化基本标准,表明京津冀区域的基础生活环境服务水平大体相当,基本处于均等化、协同化以及"一体化"程度。而从泰尔指数来看,虽然2007—2010年泰尔指数有所上涨,但随后2010—2013年又显著地回落,并进一步下降,进一步表现出京津冀区域的基础生活环境服务水平协同发展程度较好。

第三节 京津冀区域地方财政合作的测算与评价

因京津冀区域内各辖区间的地方财政合作刚刚开展,且尚未形成制度化、体系化的合作模式,其财政合作的形式、内容以及效果难以通过一般指标进行直接的量化,但为了考察京津冀地方财政合作对于区域协同发展的影响作用,基于对地方财政合作是为了实现各辖区以及区域整体利益而展开的联合性行动的基本理解,本书从驱动京津冀区域内各辖区财政合作的内部集聚条件和外部助推条件着手进行财政合作的间接性测算与评价。其中,内部集聚驱动条件是指京津冀区域内各辖区基于快速提升经济和社会发展以及缩小辖区间差距等方面的迫切需求而对于辖区间财政合作的诉求体现;而外部助推驱动条件则是指除了京津冀区域内各辖区自身经济和社会发展对于地方财政合作的需求外,京津冀区域所受到的促使辖区间财政展开合作以提升整体区域经济和社会发展能力的其他力量。此外,因地方财政合作是为经济发展和社会发展服务的,而为促进经济发展或社会发展而展开的辖区间财政合作会存在细节上的不同,故驱动条件的反映指标也会不同,因此,本节运用熵值评价法从经济发展视角和社会发展视角,分别遴选内部集聚驱动条件与外部助推驱动条件指标,对京津冀地方财政合作进行测度和评价。

一、经济发展视角的地方财政合作测算与评价

(一)测度指标的选择

对于从经济发展视角测度地方财政合作应以区域经济的整体发展与各辖区的经济发展为核心展开指标的比对与选择,在充分考虑到数据的可获得性、连续性以及可用性等因由的基础之上,选择社会劳动生产率、比较资本运用效率、区位商、区域经济联系度、财政分权程度、市场化进展程度等六个指标作为内部集聚驱动条件的二级指标;选择区域经济"一体化"和人口变动作为外部助推驱动条件的二级指标,详见表3-7。

表3-7　经济发展视角下地方财政合作的测算指标说明

一级指标	二级指标	指标含义
内部集聚驱动条件	社会劳动生产率(SLP)	衡量各辖区经济效率整体性比较优势
	比较资本运用效率(ECO)	衡量各辖区资本产出效率比较优势
	区位商(LQ)	衡量各辖区产业比较优势
	区域经济联系度(ERI)	衡量各辖区经济联系程度
	财政分权程度(PRD)	衡量区域内各辖区财政收入分权程度
	市场化进展程度(MT)	衡量各辖区的政府与市场关系
外部助推驱动条件	区域经济一体化比较(REI)	衡量辖区与全国经济水平的差距
	人口变动比较(PCR)	衡量辖区与全国人口变动程度的差距

1.内部集聚驱动指标选择

(1)社会劳动生产率(SLP)。区域经济协同发展的目标之一就是缩小区域内各辖区间的经济发展差距,但因各辖区的自身经济发展效率不同,出于地方经济利益的考虑其对于发展区域经济以及开展地方财政合作的积极程度也会有所不同。运用辖区的地区生产总值与辖区的就业人数计算出社会劳动

生产率,可以有效判断出各辖区自身的经济效率水平。若一个辖区的社会劳动生产率较高,则表明该辖区的自身经济发展效率水平已经较高,进而可以推断出"自利"特点较明显的地方政府、地方财政对于通过地方财政合作进而提升区域整体经济较难表现出很高的积极性。如公式(3-8),其中 SLP_{it} 表示第 i 辖区在第 t 年的社会劳动生产率, $Labor_{it}$ 表示第 i 辖区第 t 年的就业人数, $Capital_{it}$ 为第 i 辖区第 t 年的固定资产投资量, GDP_{it} 表示第 i 辖区在第 t 年的地区生产总值, $i = \{1,2,\cdots 13\}$, $t = \{1,2,\cdots 7\}$ 。

$$SLP_{it} = \frac{GDP_{it}}{Labor_{it}} \qquad (3-8)$$

(2)比较资本运用效率(ECO)。随着我国从劳动密集型的粗放经济发展模式向资本密集集约经济模式的转型,资本运用效率的高低在一定程度上不仅可以表现出该辖区的经济发展水平,也可以彰显出该辖区对资本的吸引能力,以此体现出各辖区在区域发展中的资本要素竞争优势和竞争能力。而比较资本运用效率是通过比较辖区的地区生产总值占比与固定资产投资量占比,来表示该辖区的资本投入所带来的经济效率高低,当比较资本运用效率值越高时,表明区域内该辖区的资本运用效率水平相较于其他辖区的效率水平愈高,其在吸引资本投入方面也愈发具有更大的比较优势,并会在以发挥地区比较优势为背景的区域经济协同中表现出一定地方财政合作的积极性。如公式(3-9),其中 ECO_{it} 表示第 i 辖区在第 t 年的比较资本运用效率, ΔGDP_{it} 表示第 i 辖区在第 t 年的地区生产总值增量, $\Delta Capital_{it}$ 表示第 i 辖区在第 t 年固定资产投资的增量, $i = \{1,2,\cdots 13\}$, $t = \{1,2,\cdots 7\}$ 。

$$ECO_{it} = \frac{\Delta GDP_{it}/ \sum_i \Delta GDP_{it}}{\Delta Capital_{it}/ \sum_i \Delta Capital_{it}} \qquad (3-9)$$

(3)区位商(LQ)。基于各辖区自然禀赋、历史发展、政策导向等方面的差异性,各辖区的产业结构布局以及产业优势均会有所不同。但为了实现区域经济的整体性协调发展,在区域的经济协同发展历程之中,运用各辖区的第一、二、三产业生产总值所占区域内总生产总值的比重可以显示出各辖区在区域经济发展中的产业比较优势。即该辖区的某一产业区位商值越高,则表明该辖区在区域经济发展中越具有较为显著的产业比较优势,越有助于其在以发展区域整体经济为目标、以产业分工为发展途径的经济协同中进一步发挥自身的产业比较优势,进而推动地方财政通过合作实现区域整体经济的筹划和发展。如公式(3-10),其中 LQ_{ik} 表示第 i 辖区第 k 产业的区位商值, S_{ik} 表示第 i 辖区第 k 产业的生产总值, $i = \{1,2,\cdots13\}$, $k = \{1,2,3\}$ 。

$$LQ_{ik} = \frac{S_{ik}/\sum_k S_{ik}}{\sum_i S_{ik}/\sum_i\sum_k S_{ik}} \tag{3-10}$$

(4)区域经济联系度(ERI)。伴随区域经济一体化程度的逐步加深,区域内各辖区之间的经济联系更加紧密。运用各辖区的人口规模、经济总量以及辖区间的地理距离三个指标度量出辖区之间的区域经济联系程度,以此作为各辖区间展开经济合作、政府合作以及地方财政合作的评判标准之一。当区域经济联系度较高时,表明该辖区与区域内其他辖区的经济联系较为密切,具有较强的经济合作意愿,有助于各辖区之间地方财政合作的实现与开展。如公式(3-11),其中 ERI_{ij} 表示第 i 辖区与第 j 辖区之间的区域经济联系程度, GDP_{it} 表示第 i 辖区在第 t 年的地区生产总值, P_{it} 表示第 i 辖区在第 t 年的总人口数, D_{ij} 表示第 i 辖区与第 j 辖区间主要公路的距离, $i = \{1,2,\cdots13\}$, $j = \{1,2,\cdots13\}$, $t = \{1,2,\cdots7\}$ 。

$$ERI_{ij} = \sqrt{P_{it}\times GDP_{it}}\times\sqrt{P_{jt}\times GDP_{jt}}/D_{ij}^2 \tag{3-11}$$

(5)财政分权程度(PRD)。"中国式分权"的现行财政体制不仅加重了地方政府的财政压力,更进一步强调了地方政府的趋利性特点,为辖区间竞争关系的展现提供了制度基础和竞争环境。对于财政分权程度的衡量一般可以划分为收入法和支出法[1],即支出法用本级地方财政支出占财政总支出比重表示,收入法用本级地方财政收入占财政总收入表示。考虑到在区域经济协同发展中,各个地方政府更加关注经济协同发展为其辖区带来的经济收益提升与税收收入的增长,由此,对为实现经济协同发展而开展的地方财政合作进

---

[1]　现有文献关于财政分权程度的度量还未形成完全一致的指标,对于财政分权程度的度量还可以分为总量指标和人均指标,本书则选择总量指标对区域内的财政分权程度进行测度。

行测度,选择收入法作为财政分权程度的测量指标更为合适。如公式(3-12),其中 PRD_{it} 表示第 i 辖区在第 t 年的财政分权程度, PFR_{it} 表示第 i 辖区在第 t 年的财政收入规模, $i = \{1,2,\cdots13\}$, $t = \{1,2,\cdots7\}$ 。

$$PRD_{it} = \frac{PFR_{it}}{\sum_i PFR_{it}} \tag{3-12}$$

(6)市场化进展程度(MT)。政府与市场是社会资源配置的两大系统,通过判断政府与市场对于资源的配置份额可以在一定程度上判别出市场化的进展程度。运用辖区的地方财政支出占辖区地区生产总值的比重(樊纲等,2003)可衡量该辖区的市场化进展程度,比值越高表明政府参与经济资源分配的程度越高,即市场化进展程度越低,政府对经济的干预性越强,越有利于地方财政合作的实现;反之,比值越低则表明政府参与经济资源配置的程度越低,即市场化进展程度也就越高,政府对经济的干预性越弱,地方政府间财政合作的开展难度也越大。如公式(3-13),其中 MT_{it} 表示第 i 辖区在第 t 年的市场化进展程度, PFE_{it} 表示第 i 辖区在第 t 年的财政支出规模, GDP_{it} 表示第 i 辖区在第 t 年的地区生产总值, $i = \{1,2,\cdots13\}$, $t = \{1,2,\cdots7\}$ 。

$$MT_{it} = \frac{PFE_{it}}{GDP_{it}} \tag{3-13}$$

2.外部助推驱动条件的指标选择

(1)区域经济一体化比较(REI)。全球经济"一体化"、区域经济"一体化"进程的加速,有助于推动区域内各辖区之间展开财政合作共同促进区域经济的发展。通过辖区人均生产总值与全国人均生产总值的比较,可以考察出该辖区的经济水平与全国平均经济水平的差距,以此判别该辖区参与地方财政合作、实现区域经济协同的积极性。如公式(3-14),其中 REI_{it} 表示第 i 辖区在第 t 年的区域经济"一体化"差距, $AGDP_{it}$ 表示第 i 辖区在第 t 年的人均生产总值, $TAGDP_t$ 表示全国在第 t 年的人均生产总值, $i = \{1,2,\cdots13\}$, $t = \{1,2,\cdots7\}$ 。

$$REI_{it} = \frac{AGDP_{it}}{TAGDP_t} \tag{3-14}$$

（2）人口变动比较（ PCR ）。具有"用脚投票"作用的人口流动，与辖区经济具有相互影响作用。但因受限于人口流动数据统计资料的匮乏，仅通过各辖区人口变动①情况与全国人口变动情况的比较，来粗略考察各辖区相较于全国区域而言的人口流动情况。如公式（3-15），其中 PCR_{it} 表示第 i 辖区在第 t 年的人口变动比较情况， PS_{it} 表示第 i 辖区在第 t 年的人口规模， TPS_t 表示全国在第 t 年的人口规模， $i=\{1,2,\cdots13\}$ ， $t=\{1,2,\cdots7\}$ 。

$$PCR_{it}=\frac{(PS_{it}-PS_{it-1})/PS_{it-1}}{(TPS_t-TPS_{t-1})/TPS_{t-1}} \tag{3-15}$$

（二）测度指标的数据来源及处理说明

经济发展视角下的地方财政合作测度指标体系之中，各辖区的数据均来自于《中国区域经济统计年鉴》《北京统计年鉴》《天津统计年鉴》以及《河北经济统计年鉴》，并根据指标选择中所介绍的相应公式计算得出了指标的数值，其指标的具体数值详见表3-8。此外，在地方财政合作测度的过程之中，为了实现测度数据的无量纲化，以及消除各个测度指标的变异程度，在选择熵权评价方法进行地方财政合作测度之前，对所有测度指标均已根据公式（3-1）、（3-2）做了相应的标准化处理。

表 3-8　经济发展视角下地方财政合作的测算指标值

地区	SLP	ECO	LQ2	LQ3	ERI	PRD	MT	REI	PCR
2007									
北京市	9.922	1.098	0.601	1.493	125.656	0.449	0.176	2.886	2.524
天津市	8.226	0.985	1.282	0.840	94.550	0.229	0.166	2.287	20.810
石家庄市	4.798	0.791	1.104	0.808	36.579	0.044	0.069	1.202	2.877
唐山市	6.869	1.249	1.286	0.668	40.769	0.053	0.069	1.872	2.196
秦皇岛市	4.242	1.262	0.870	1.029	6.577	0.020	0.106	1.157	4.777
邯郸市	3.515	0.930	1.177	0.713	36.413	0.036	0.081	0.913	5.506

---

① 人口变动包含自然变动与机械变动，人口流动一般为机械变动，而因"出生""死亡"而构成的人口规模变动则一般视为自然变动，此处因人口流动数据的缺乏，并未对人口变动做数据上的分解。

125

地区	SLP	ECO	LQ2	LQ3	ERI	PRD	MT	REI	PCR
邢台市	2.604	0.797	1.265	0.561	38.142	0.023	0.094	0.643	2.928
保定市	2.285	0.985	1.112	0.718	46.198	0.036	0.095	0.630	7.836
张家口市	2.570	0.910	1.006	0.825	5.432	0.025	0.163	0.670	18.042
承德市	2.729	0.859	1.261	0.561	5.562	0.021	0.137	0.812	16.933
沧州市	3.866	1.103	1.161	0.762	33.896	0.027	0.069	1.051	3.052
廊坊市	4.085	0.600	1.269	0.625	67.462	0.023	0.095	1.087	0.704
衡水市	2.640	1.319	1.109	0.682	13.839	0.015	0.100	0.651	1.264
河北平均	3.655	0.982	1.147	0.723	30.079	0.029	0.098	0.972	6.011
京津冀平均	4.488	0.991	1.116	0.791	42.390	0.077	0.109	1.220	6.881
2008									
北京市	10.692	1.292	0.561	1.546	152.703	0.434	0.187	2.659	14.012
天津市	9.817	0.885	1.313	0.801	117.479	0.236	0.167	2.340	2.000
石家庄市	5.718	0.780	1.096	0.821	44.052	0.043	0.068	1.220	2.350
唐山市	8.644	1.239	1.295	0.656	51.359	0.057	0.072	2.027	1.287
秦皇岛市	5.037	1.263	0.885	1.017	8.034	0.021	0.116	1.159	1.760
邯郸市	4.323	0.900	1.203	0.703	44.309	0.034	0.078	0.955	6.948
邢台市	2.802	0.777	1.246	0.584	45.395	0.024	0.111	0.604	3.301
保定市	2.631	0.937	1.054	0.761	55.077	0.037	0.105	0.612	3.198
张家口市	2.859	0.828	0.960	0.834	6.777	0.025	0.154	0.723	1.069
承德市	3.459	0.868	1.313	0.524	7.014	0.024	0.149	0.888	1.332
沧州市	4.472	1.027	1.103	0.797	40.951	0.028	0.073	1.041	2.776
廊坊市	4.741	0.538	1.236	0.655	81.875	0.024	0.101	1.086	3.136
衡水市	2.938	1.252	1.068	0.711	16.310	0.015	0.105	0.626	2.450
河北平均	4.329	0.946	1.133	0.733	36.468	0.030	0.103	0.995	2.692
京津冀平均	5.241	0.968	1.102	0.801	51.641	0.077	0.114	1.226	3.509
2009									
北京市	12.174	1.498	0.549	1.488	170.291	0.440	0.191	2.751	8.517
天津市	11.109	0.900	1.239	0.892	134.296	0.213	0.149	2.444	2.320
石家庄市	5.938	0.738	1.159	0.791	47.494	0.046	0.080	1.188	2.318
唐山市	8.822	1.046	1.350	0.646	56.720	0.054	0.075	1.999	1.262
秦皇岛市	4.909	1.144	0.906	0.956	8.445	0.020	0.129	1.059	0.997

续表

地区	SLP	ECO	LQ2	LQ3	ERI	PRD	MT	REI	PCR
邯郸市	3.110	0.823	1.260	0.667	46.846	0.038	0.098	0.890	3.244
邢台市	2.923	0.753	1.321	0.561	48.432	0.025	0.126	0.593	3.560
保定市	2.810	0.916	1.177	0.675	60.893	0.038	0.116	0.616	2.432
张家口市	3.158	0.729	0.978	0.847	7.549	0.029	0.194	0.740	1.177
承德市	3.564	0.803	1.206	0.659	7.633	0.025	0.171	0.867	1.404
沧州市	4.609	0.978	1.128	0.783	44.803	0.030	0.087	1.004	2.136
廊坊市	4.900	0.537	1.249	0.680	91.345	0.025	0.115	1.090	2.535
衡水市	2.993	1.081	1.187	0.598	17.344	0.017	0.139	0.593	1.782
河北平均	4.340	0.868	1.174	0.715	39.773	0.032	0.121	0.967	2.077
京津冀平均	5.463	0.919	1.131	0.788	57.084	0.077	0.128	1.218	2.591
2010									
北京市	13.681	1.575	0.556	1.491	202.178	0.424	0.193	2.530	2.000
天津市	12.659	0.869	1.216	0.912	162.495	0.215	0.149	2.432	1.064
石家庄市	6.610	0.705	1.127	0.804	55.540	0.048	0.090	1.130	2.503
唐山市	10.283	1.028	1.348	0.644	67.431	0.052	0.074	1.979	0.312
秦皇岛市	5.787	1.128	0.916	0.930	9.921	0.021	0.146	1.039	0.768
邯郸市	3.513	0.789	1.257	0.650	55.504	0.041	0.112	0.871	4.578
邢台市	3.292	0.728	1.289	0.570	57.077	0.027	0.142	0.573	3.882
保定市	3.191	0.854	1.196	0.667	72.448	0.042	0.131	0.615	1.033
张家口市	3.690	0.656	0.996	0.818	9.066	0.028	0.188	0.750	1.648
承德市	4.144	0.726	1.183	0.661	9.000	0.024	0.175	0.856	0.588
沧州市	5.562	0.933	1.173	0.753	54.803	0.033	0.097	1.036	3.885
廊坊市	5.658	0.911	1.242	0.690	108.872	0.028	0.133	1.061	2.866
衡水市	3.509	1.006	1.174	0.588	20.805	0.017	0.143	0.602	1.875
河北平均	5.022	0.860	1.173	0.707	47.315	0.033	0.130	0.956	2.176
京津冀平均	6.275	0.916	1.129	0.783	68.088	0.077	0.136	1.190	2.077
2011									
北京市	15.193	1.552	0.526	1.524	241.009	0.406	0.200	2.320	3.327
天津市	14.816	0.850	1.195	0.925	197.495	0.225	0.159	2.421	2.442
石家庄市	7.856	0.742	1.135	0.803	66.745	0.051	0.099	1.134	1.713
唐山市	12.364	1.207	1.370	0.621	81.837	0.055	0.081	2.033	0.595

续表

地区	SLP	ECO	LQ2	LQ3	ERI	PRD	MT	REI	PCR
秦皇岛市	6.623	0.983	0.894	0.956	11.728	0.021	0.158	1.014	1.083
邯郸市	5.109	0.793	1.249	0.654	66.414	0.041	0.118	0.860	3.566
邢台市	3.787	0.769	1.266	0.584	68.168	0.027	0.150	0.569	1.385
保定市	3.791	0.835	1.246	0.628	86.626	0.042	0.136	0.619	0.056
张家口市	4.156	0.639	1.008	0.795	10.668	0.029	0.207	0.729	0.639
承德市	5.074	0.751	1.250	0.604	10.971	0.024	0.174	0.901	0.748
沧州市	6.312	0.913	1.198	0.721	65.545	0.033	0.102	1.024	1.114
廊坊市	6.464	0.835	1.239	0.698	130.681	0.029	0.141	1.045	2.922
衡水市	4.088	0.933	1.198	0.574	24.871	0.017	0.148	0.606	0.662
河北平均	5.966	0.855	1.186	0.694	56.750	0.034	0.138	0.958	1.317
京津冀平均	7.356	0.908	1.136	0.776	81.751	0.077	0.144	1.175	1.558
2012									
北京市	24.923	1.666	0.524	1.514	269.896	0.399	0.206	2.274	3.089
天津市	44.600	0.926	1.193	0.931	221.876	0.232	0.166	2.423	0.647
石家庄市	8.530	0.698	1.149	0.796	74.018	0.050	0.103	1.132	1.616
唐山市	13.055	1.107	1.367	0.628	90.222	0.053	0.084	1.993	1.284
秦皇岛市	6.823	0.897	0.907	0.938	12.756	0.022	0.176	0.983	0.973
邯郸市	5.195	0.752	1.237	0.668	72.888	0.041	0.126	0.849	2.692
邢台市	3.936	0.736	1.250	0.597	74.685	0.027	0.163	0.555	2.952
保定市	4.231	0.821	1.269	0.617	96.874	0.042	0.141	0.625	1.978
张家口市	4.409	0.604	0.990	0.801	11.845	0.029	0.216	0.732	0.431
承德市	5.573	0.675	1.221	0.622	12.012	0.026	0.200	0.879	1.399
沧州市	6.740	0.847	1.214	0.714	72.834	0.034	0.111	1.013	2.631
廊坊市	6.995	0.797	1.246	0.693	147.368	0.029	0.149	1.056	3.934
衡水市	4.369	0.900	1.193	0.586	27.370	0.017	0.159	0.601	0.365
河北平均	6.350	0.803	1.186	0.696	62.988	0.034	0.148	0.947	1.841
京津冀平均	10.721	0.879	1.135	0.777	91.126	0.077	0.154	1.163	1.845
2013									
北京市	26.271	1.746	0.527	1.489	294.669	0.401	0.214	2.224	2.937
天津市	47.520	0.961	1.195	0.931	244.196	0.245	0.177	2.377	2.204
石家庄市	8.871	0.678	1.141	0.812	79.451	0.050	0.108	1.111	0.423

续表

地区	SLP	ECO	LQ2	LQ3	ERI	PRD	MT	REI	PCR
唐山市	13.546	1.042	1.385	0.625	96.611	0.048	0.081	1.900	0.847
秦皇岛市	6.871	0.924	0.898	0.918	13.436	0.019	0.171	0.919	1.044
邯郸市	4.969	0.700	1.211	0.693	76.009	0.035	0.120	0.785	0.184
邢台市	3.999	0.689	1.236	0.615	78.640	0.025	0.162	0.532	4.121
保定市	4.141	0.849	1.283	0.611	104.196	0.044	0.159	0.609	1.418
张家口市	4.373	0.630	0.994	0.775	12.772	0.028	0.224	0.714	0.649
承德市	5.793	0.644	1.205	0.627	13.012	0.025	0.206	0.865	0.645
沧州市	7.123	0.800	1.233	0.724	79.354	0.034	0.117	0.988	2.696
廊坊市	7.537	0.767	1.241	0.720	159.223	0.028	0.150	1.041	5.053
衡水市	4.495	0.828	1.231	0.622	29.389	0.018	0.173	0.581	2.337
河北平均	6.520	0.777	1.187	0.704	67.463	0.032	0.152	0.913	1.765
京津冀平均	11.193	0.866	1.137	0.782	98.535	0.077	0.159	1.127	1.889

(三)测度指标的分析与评价

1.内部集聚驱动指标分析

表3-8陈列的是各项测度指标值,从社会劳动生产率指标来看,2007年北京、天津分别9.922和8.226的社会劳动生产率显著高于河北3.655的平均值,并分别是河北的2.71倍和2.25倍,其中河北省社会劳动生产率最高的是6.869的唐山市,仅为北京与天津的69.23%、83.50%,最低的是2.285的保定市,仅为北京与天津的23.03%、27.78%,京津冀区域内各辖区之间的社会劳动生产效率差距较大;而到了2013年,虽然京津冀区域内各辖区以及河北省的平均社会劳动生产率分别已经从2007年的3.655、4.488提升至2013年的6.520、11.193,但北京、天津的社会劳动生产率不仅仍旧遥遥领先于河北省各辖区,更是进一步拉大了差距,以河北省社会劳动生产率最高的唐山市和最低的邢台市为例,其13.546和3.999的社会劳动生产率分别仅为北京与天津的51.56%、28.51%以及15.22%、8.42%。如此不断扩大的差距在京津冀区域经济协同进程日渐加深的当下,更加呼唤政府之间的财政合作。

从资本运用效率指标来看,2007年京津冀13个辖区中有五个辖区的资本运用效率超过1,分别为衡水市1.319、秦皇岛市1.262、唐山市1.249、沧州市1.103以及北京市1.098,表明这五个城市在2007年具有较大的资本吸引力;到了2013年,资本运用效率超过1的辖区下降为两个,分别为北京市和唐山市,且京津冀平均的资本运用效率也从2007年的0.991,下降至2013年的0.866,资本效率除个别辖区外整体出现下滑趋势。

从区位商指标来看,根据经验值判断,区位商值大于1.5,则表明该辖区此行业在本地区具有较为明显的比较优势。如表3-8,京津冀13个辖区的第二产业区位商值在2007—2013年间,均未超过1.5的标准线;而对于第三产业,北京市第三产业区位熵值在2007—2013年间一直围绕1.5上下波动,且均位居京津冀13个辖区之首,而除北京市外的京津冀其他12个辖区的第三产业区位熵值均小于1(除了秦皇岛市个别年份外)。由此可以看出,北京市具有显著的第三产业发展优势,且其当前的经济发展也已经实现了以第三产业为主导的形式、天津市三个产业相比较,其第二产业的发展优势较明显些,且其当前的经济发展主要依赖于第二、第三产业的支持;而河北省整体上具有第一、二产业的发展比较优势。

从区域经济联系度指标来看,2007年京津冀区域内各辖区的平均经济联系度为42.39,2013年已经增至98.535,各辖区之间的经济联系更加紧密。从区域内的财政分权程度指标来看,从财政收入的角度,北京所占区域内总财政收入的比重正在呈现出逐步下降的趋势,而天津与河北各市所占区域内总财政收入的比重却在呈现出逐步上升的趋势,说明京津冀的财政收入正在呈现出小幅平均化趋势。

而从市场化进展程度指标来看,2007年北京、天津、张家口、承德四个辖区的政府参与资源配置程度较高,一定程度反衬出其市场对资源配置的程度较低,而到了2013年京津冀区域内各辖区的政府参与度更高,其平均参与水平已经从2007年的0.109上升为2013年的0.159,尤其是河北省各辖区其市场对于资源的平均配置程度相应呈现了较为显著的下滑趋势。

2.外部助推驱动指标分析

从区域经济"一体化"比较指标来看,北京与天津的经济水平早在2007

年就已经赶超全国的平均经济水平,分别是全国平均水平的 2.886 倍和
2.287 倍,但河北省各辖区的平均经济水平却落后于全国平均水平,仅为全国
水平的97.2%,而其中经济水平最为落后的保定市,更是仅为全国的63%。
到了 2013 年,北京与天津的经济水平仍旧远远超过全国平均水平,分别是其
2.224 倍和 2.377 倍,河北省的平均经济水平距离全国平均水平的差距进一
步拉大,仅为全国平均水平的 91.3%,进一步激励了京津冀区域内各辖区展
开地方财政合作以共同发展京津冀区域经济、提升各辖区以及京津冀区域的
竞争力。

而从人口变动比较指标来看,京津冀整个区域的人口变动水平明显高于
全国的人口变动水平,2007 年京津冀区域内各辖区的平均人口增长率是全国
人口增长率的 6.881 倍,究其原因可能源于天津、张家口以及承德市人口出现
的极速上涨相关。而自 2008 年至今,京津冀人口的变动情况较为稳定,相较
于全国的人口变动情况而言,虽然其变动幅度仍旧明显高于全国水平,但差距
正在逐渐缩小,以 2013 年为例,京津冀 13 个辖区中,廊坊市的人口变动幅度
最大,其次就是邢台、北京、沧州等辖区,京津冀区域内各辖区的平均人口增长
率为全国的 1.889 倍,意味着京津冀区域处于人口流动较为频繁的地区。

(四)测度结果的分析与评价

运用表 3-8 的各项测度指标,选择熵值法从京津冀经济发展的视角测度
地方财政合作各项指标的权重,其权重测算值详见表 3-9。根据表中权重值,
内部驱动条件对于地方财政合作的贡献值为 0.6409,其中第三产业区位商
(LQ3)与区域联系程度(ERI)对于内部驱动的贡献率分别为 30.49%、
27.82%,而对于地方财政合作的贡献率分别为 19.54% 和 17.83%,表明各辖
区在以服务业为主的第三产业比较优势以及辖区之间的区域联系程度对于为
了经济发展而展开的地方财政合作影响较大,其他社会劳动生产率(SLP)、比
较资本运用效率(ECO)、第二产业的区位商(LQ2)、财政分权程度(PRD)以
及市场化进展程度(MT)等指标对于地方财政合作虽然也有一定的影响,但
影响程度相对较小;而外部驱动的权重值为 0.3591,其中区域经济一体化比
较指标(REI)和人口变动指标(PCR)分别对其的贡献率为 55.56% 和

44.44%,而对于地方财政合作的影响程度分别为19.95%和15.96%,说明为了促进经济发展而展开的地方财政合作受到与周边经济差距以及人口流动的影响较大,为了有效缩小区域内各辖区与其他地区的经济差距以及解决更多人口流动而带来的就业问题,地方财政合作的意向将会更加明显。

表3-9 经济发展视角下的地方财政合作权重测算值

一级指标	权重	二级指标	二级指标权重							
			平均	2007	2008	2009	2010	2011	2012	2013
内部集聚驱动	0.6409	SLP	0.0547	0.0477	0.0605	0.0595	0.0668	0.0759	0.0373	0.0350
		ECO	0.0551	0.0835	0.1082	0.0435	0.0403	0.0401	0.0365	0.0334
		LQ2	0.0383	0.0378	0.0381	0.0378	0.0397	0.0387	0.0388	0.0370
		LQ3	0.1954	0.1592	0.1171	0.1578	0.1916	0.2319	0.2448	0.2656
		ERI	0.1783	0.1590	0.1601	0.1773	0.1916	0.1862	0.1908	0.1832
		PRD	0.0353	0.0324	0.0329	0.0337	0.0367	0.0369	0.0380	0.0366
		MT	0.0838	0.0751	0.0626	0.0849	0.0976	0.0819	0.0944	0.0900
外部助推驱动	0.3591	REI	0.1995	0.2158	0.1889	0.2138	0.2095	0.1969	0.1921	0.1798
		PCR	0.1596	0.1895	0.2315	0.1918	0.1260	0.1115	0.1273	0.1393

依据以上所测算的指标权重值对地方财政合作进行测算,其测算结果详见表3-10,并相应绘制出2007—2013年各辖区平均地方财政合作的分布图3-7。从图3-7所展示的测算结果可以看出,在经济发展视角下,京津冀区域中北京、天津的地域板块颜色最深,表明北京与天津在2007—2013年间的地方财政合作驱动程度最高,而廊坊、唐山、石家庄、邯郸以及沧州的地域板块颜色次之,表明该五个辖区在2007—2013年间的平均地方财政合作驱动程度处于中等水平,但其余六个城市的平均地方财政合作驱动程度处于较低的水平。而根据表3-10的测算结果,北京与天津的地方财政合作驱动程度得分较高,从2007年到2013年一直位居13个辖区的前两名,而河北省地方财政合作驱

动的平均值从 2007 年的 0.3376 到 2013 年的 0.3210,七年的时间里得分虽然有所下降,但变动幅度不仅较小,且得分仍旧显著低于北京与天津。尤其是在河北省的内部,2007 年地方财政合作驱动程度最低的是衡水、邢台两市,其中衡水市的得分仅为 0.1987,仅相当于排名第一的天津市驱动程度得分的31.84%、为排名第二的北京市得分的 34.46%,即使是河北省内排名最高的石家庄、廊坊两市,其中石家庄市地方财政合作的驱动程度得分也仅为 0.3848,分别是天津与北京的 61.64%、66.72%。而到了 2013 年,河北省内地方财政合作驱动程度得分最低的为承德市,其指数得分仅为 0.1979,仅为北京当年得分的 27.65%,而省内排名最高的廊坊市其驱动程度得分为 0.4955,也仅是北京的 69.22%。由此可以看出,从经济发展的视角,地方财政合作虽然已经具备了一定的驱动条件,有助于辖区间地方财政合作的推进,但地方财政合作的驱动力存在着一定的差异性。

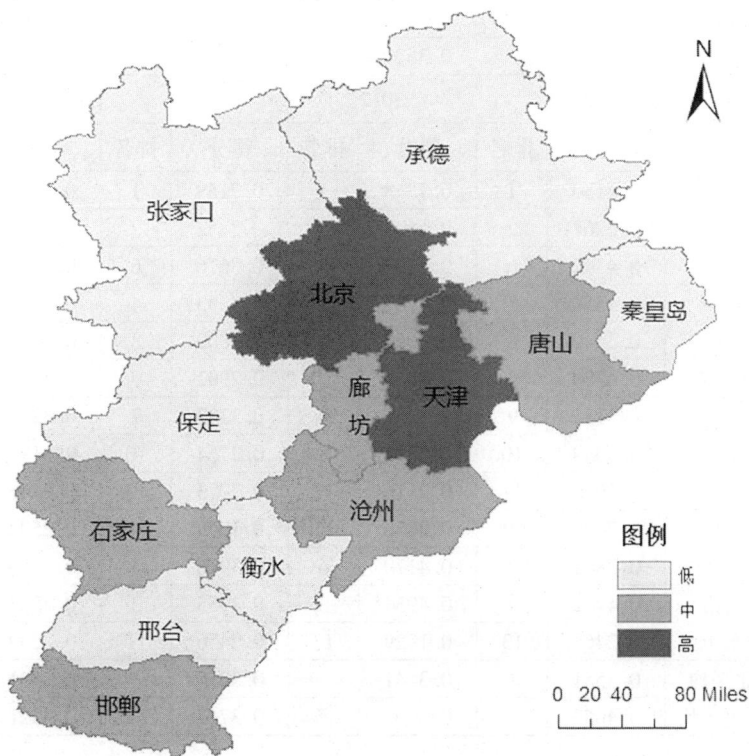

图 3-7 经济发展视角下地方财政合作分布

表 3-10　经济发展视角下地方财政合作的测算值及排名

城市	2007		2008		2009		2010	
	得分	排名	得分	排名	得分	排名	得分	排名
北京市	0.5768	2	0.6977	1	0.7428	1	0.6427	1
天津市	0.6242	1	0.4584	2	0.5277	2	0.5699	2
石家庄市	0.3848	3	0.3857	5	0.3907	5	0.4500	6
唐山市	0.3673	6	0.3492	6	0.4093	4	0.4403	7
秦皇岛市	0.3086	11	0.2539	10	0.2733	10	0.3020	10
邯郸市	0.3539	8	0.4248	4	0.3698	6	0.4564	4
邢台市	0.2982	12	0.3293	9	0.3207	8	0.3707	8
保定市	0.3503	9	0.3299	8	0.3198	9	0.3245	9
张家口市	0.3695	5	0.2415	11	0.2130	13	0.2755	11
承德市	0.3648	7	0.2363	12	0.2214	11	0.2370	13
沧州市	0.3350	10	0.3438	7	0.3558	7	0.4638	3
廊坊市	0.3821	4	0.4433	3	0.4121	3	0.4513	5
衡水市	0.1987	13	0.2242	13	0.2176	12	0.2628	12
河北平均	0.3376		0.3238		0.3185		0.3667	
京津冀平均	0.3780		0.3629		0.3672		0.4036	

城市	2011		2012		2013		2007—2013 年平均	
	得分	排名	得分	排名	得分	排名	得分	排名
北京市	0.7130	1	0.7348	1	0.7158	1	0.6891	1
天津市	0.6262	2	0.5608	2	0.5852	2	0.5647	2
石家庄市	0.4342	6	0.4194	5	0.3676	6	0.4046	5
唐山市	0.4350	5	0.4707	4	0.4253	4	0.4139	4
秦皇岛市	0.3440	8	0.3066	10	0.3009	8	0.2985	10
邯郸市	0.4380	4	0.3848	7	0.2902	9	0.3883	6
邢台市	0.3131	9	0.3235	9	0.3333	7	0.3270	8
保定市	0.3059	10	0.3297	8	0.2764	10	0.3195	9
张家口市	0.2640	11	0.2116	12	0.2073	12	0.2546	11
承德市	0.2629	12	0.2350	11	0.1979	13	0.2508	12
沧州市	0.3882	7	0.4170	6	0.3916	5	0.3850	7
廊坊市	0.4742	3	0.4934	3	0.4955	3	0.4503	3
衡水市	0.2463	13	0.1929	13	0.2456	11	0.2269	13
河北平均	0.3551		0.3441		0.3210		0.3381	
京津冀平均	0.4035		0.3908		0.3717		0.3321	

二、社会发展视角的地方财政合作测算与评价

（一）测度指标的选择

从社会发展的视角测度地方财政合作相较于从经济发展的视角而言，更加侧重于以人为核心的社会发展指标的考量与选择，在充分考虑到数据的可获得性、持续性以及可用性的基础之上，选择比较劳动生产率、外联程度、区域经济联系度、财政分权度、财政自给率、政府服务度比较等六个指标作为内部集聚驱动条件的二级指标；选择公共服务"一体化"比较和人口变动比较作为外部助推驱动条件的二级指标，详见表3-11。

表3-11　社会发展视角下地方财政合作的测算指标说明

一级指标	二级指标	指标含义
内部集聚驱动条件	比较劳动生产率（CLP）	衡量各辖区劳动力经济效益比较优势
	区域经济联系度（ERI）	衡量各辖区经济联系程度
	外联程度（DTD）	衡量各辖区与外界联系程度
	财政分权度（PED）	衡量各辖区财政支出分权程度
	财政自给率（FSR）	衡量各辖区财政自给自足能力
	政府服务度比较（SGD）	衡量各辖区服务型政府程度
外部助推驱动条件	公共服务一体化比较（PSI）	衡量各辖区与全国公共服务水平的差距
	人口变动比较（PCR）	衡量各辖区与全国人口变动程度的差距

1.内部集聚驱动条件的指标选择

（1）比较劳动生产率（CLP）。通过辖区地区生产总值、就业人数与区域内地区生产总值、就业人数的比较，度量和考察该辖区与区域内其他辖区的劳动力效益水平，进而对区域内该辖区的经济发展水平作出基本的判断。如果比较劳动生产率较高，则表明该辖区的劳动力生产效率较高，对于劳动力具有较大吸引力，其在吸纳就业人口方面具有一定的区域比较优势。如公式（3-16），CLP_{it}表示第i辖区第t年的比较劳动生产率，$Labor_{it}$表示第i辖区第

t 年的就业人数，GDP_{it} 表示第 i 地区第 t 年的地区生产总值，$i = \{1,2,\cdots13\}$，$t = \{1,2,\cdots7\}$。

$$CLP_{it} = \frac{GDP_{it}/\sum_i GDP_{it}}{Labor_{it}/\sum_i Labor_{it}} \quad\quad\quad (3-16)$$

（2）区域经济联系度（ERI）。区域内各辖区之间的经济联系程度对于辖区间地方财政合作的实现也具有较大的影响。当区域经济联系度较高时，表明该辖区与区域内其他辖区的经济往来较为密切，为了有效缩小辖区之间的社会差距，以便更好地发展各辖区以及整个区域的经济，具有较强经济联系度的辖区往往更易主动展开或是被动接受辖区之间的各种合作。如公式（3-17），其中 ERI_{it} 表示第 i 辖区与第 j 辖区之间的区域经济联系程度，GDP_{it} 表示第 i 辖区在第 t 年的地区生产总值，P_{it} 表示第 i 辖区在第 t 年的总人口数，D_{ij} 表示第 i 辖区与第 j 辖区间主要公路的距离，$i = \{1,2,\cdots13\}$，$j = \{1,2,\cdots13\}$，$t = \{1,2,\cdots7\}$。

$$ERI_{ij} = \sqrt{P_i \times GDP_i} \times \sqrt{P_j \times GDP_j}/D_{ij}^2 \quad\quad (3-17)$$

（3）外联程度（DTD）。与外界联系较为紧密和频繁的辖区，其通过合作获取更大收益的意愿更显著，有效实现地方财政合作的可能性与效率越高。运用货物进出口额与地区生产总值的关系，不仅可以有效判断辖区经济对于国际贸易的依赖程度，更可以有效考察出该辖区与外界的联系程度和联系能力。如果依存度较高，则表明该辖区的外联性较强，并从而可以推测出该辖区具有与区域内其他辖区展开地方财政合作的较大可行性，以促进区域的整体发展。如公式（3-18），其中 DTD_{it} 表示第 i 辖区第 t 年的外联程度，B_{it} 表示第 i 辖区第 t 年的货物进出口总额，GDP_{it} 表示第 i 辖区第 t 年的地区生产总值，$i = \{1,2,\cdots13\}$，$t = \{1,2,\cdots7\}$。

$$DTD_{it} = \frac{B_{it}}{GDP_{it}} \quad\quad\quad (3-18)$$

（4）财政分权度（PED）。考虑到在区域社会协同发展中，提供公共服务是政府的一项"刚性"任务，其提供服务所需资金则通过财政的实际支出水平更能够展示出辖区的地方真实财力,由此,从社会发展视角对地方财政合作进行测度时,选择支出法作为财政分权程度的测量指标则更为合适。如公式(3-19),其中PED_{it}表示第i辖区在第t年的财政分权程度,PFE_{it}表示第i辖区在第t年的财政支出规模,$i = \{1,2,\cdots13\}$,$t = \{1,2,\cdots7\}$。

$$PED_{it} = \frac{PFE_{it}}{\sum_i PFE_{it}} \tag{3-19}$$

(5)财政自给率(FSR)。我国现有的"中国式财政分权"体制不仅影响了地方财政的自给率,还形成了较为明显的"两极化"地方财力水平差异。因区域社会协同发展以缩小各辖区的公共服务差距为最基础性目标,但由于公共服务的外溢性以及低经济效益性特点,财政自给率越高的辖区其对于地方财政合作的积极性越高,反之则越差。通过辖区财政收入与财政支出之比度量该辖区的财政自给率,可以有效判断该辖区的财政资金富裕程度,并以此推断出辖区对于地方财政合作的积极程度。如公式(3-20),其中FSR_{it}表示第i辖区在第t年的财政自给率,PFE_{it}表示第i辖区在第t年的财政支出规模,PFR_{it}表示第i辖区在第t年的财政收入规模,$i = \{1,2,\cdots13\}$,$t = \{1,2,\cdots7\}$。

$$FSR_{it} = \frac{PFE_{it}}{PFR_{it}} \tag{3-20}$$

(6)政府服务度(SGD)。随着我国服务型政府理念的倡导,政府与市场之间的关系更加明确,运用公共服务财政支出占地区生产总值的比重衡量政府服务型理念的推行,可以有效判定辖区政府在发展经济的过程中对于公共服务以及公共产品提供的变化,从而体现该辖区政府的服务程度。政府服务程度较高的辖区,面对区域社会协同发展的背景,为了缩小各辖区之间的公共服务差距,对于地方财政之间的合作将会表现出较为积极的态度,反之则亦然。如公式(3-21),其中SGD_{it}表示第i辖区在第t年的财政政府服务度,PSE_{it}表示第i辖区在第t年在公共服务提供方面的财政支出规模,GDP_{it}表示第i辖区在第t年的地区生产总值,$i = \{1,2,\cdots13\}$,$t = \{1,2,\cdots7\}$。

$$SGD_{it} = \frac{PSE_{it}}{GDP_{it}} \tag{3-21}$$

2.外部助推驱动条件的指标选择

（1）公共服务一体化比较（PSI）。人均财政支出的均等化是社会公共服务均等化、社会发展基础条件均等化的表现之一，通过辖区人均公共服务财政支出规模与全国人均公共服务财政支出规模的比较，可以考察出该辖区的社会发展水平与全国平均社会发展水平的差距，以此判别该辖区参与地方财政合作、实现区域社会协同的积极性。如公式（3-22），其中 PSI_{it} 表示第 i 辖区在第 t 年的公共服务一体化比较，$APSE_{it}$ 表示第 i 辖区在第 t 年的人均公共服务财政支出规模，$TAPSE_{it}$ 表示全国第 t 年的人均公共服务财政支出规模，$i = \{1,2,\cdots13\}$，$t = \{1,2,\cdots7\}$。

$$PSI_{it} = \frac{APSE_{it}}{TAPSE_{it}} \tag{3-22}$$

（2）人口变动比较（PCR）。因区域社会发展水平的提高受人口变动的影响较大，辖区人口变动的波动幅度越大、越频繁，其越会影响辖区对社会公共服务提供的数量和质量，以致造成辖区社会发展水平的波动。由此，设定各辖区人口变动情况与全国人口变动情况比较这一指标，粗略考察各辖区相较于全国区域而言的人口变动情况，考察辖区因人口流动而对地方财政合作、区域社会协同的积极程度。如公式（3-23），其中 PCR_{it} 表示第 i 辖区在第 t 年的人口变动比较情况，PS_{it} 表示第 i 辖区在第 t 年的人口规模，TPS_t 表示全国在第 t 年的人口规模，$i = \{1,2,\cdots13\}$，$t = \{1,2,\cdots7\}$。

$$PCR_{it} = \frac{(PS_{it} - PS_{it-1})/PS_{it-1}}{(TPS_t - TPS_{t-1})/TPS_{t-1}} \tag{3-23}$$

（二）测度指标的数据来源说明

在社会发展视角下地方财政合作测度指标体系之中，各辖区的数据均来自于《中国区域经济统计年鉴》《北京统计年鉴》《天津统计年鉴》以及《河北经济统计年鉴》，并根据指标选择中介绍的相应公式计算得出了指标的数值，其具体数值详见表3-12。此外，在地方财政合作测度的过程之中，为了实现测度数据的无量纲化以及有效消除各个测度指标的变异程度,在选择熵值评价方法进行地方财政合作测度之前,对所有测度指标均已根据公式(3-1)、(3-2)做了相应的标准化处理。

表 3-12　社会发展视角下地方财政合作的测算指标值

地区	CLP	ERI	DTD	PED	FSR	SGD	PSI	PCR
2007								
北京市	1.850	125.656	156.861	0.571	1.105	0.069	4.520	2.524
天津市	1.534	94.550	107.727	0.207	1.553	0.041	1.818	20.810
石家庄市	0.895	36.579	16.524	0.037	1.702	0.029	0.618	2.877
唐山市	1.281	40.769	14.209	0.046	1.619	0.029	0.952	2.196
秦皇岛市	0.791	6.577	39.376	0.016	1.737	0.039	0.796	4.777
邯郸市	0.656	36.413	8.685	0.027	1.876	0.035	0.540	5.506
邢台市	0.486	38.142	9.292	0.012	2.658	0.041	0.445	2.928
保定市	0.426	46.198	17.372	0.020	2.543	0.046	0.477	7.836
张家口市	0.479	5.432	9.199	0.013	2.676	0.077	0.813	18.042
承德市	0.509	5.562	3.429	0.012	2.328	0.059	0.762	16.933
沧州市	0.721	33.896	7.146	0.018	2.131	0.030	0.526	3.052
廊坊市	0.762	67.462	20.307	0.017	1.852	0.037	0.700	0.704
衡水市	0.492	13.839	12.743	0.005	3.941	0.045	0.496	1.264
河北平均	0.682	30.079	14.389	0.020	2.278	0.042	0.648	6.011
京津冀平均	0.837	42.390	32.528	0.077	2.132	0.044	1.036	6.881
2008								
北京市	1.724	152.703	179.926	0.572	1.066	0.073	3.914	14.012
天津市	1.582	117.479	88.026	0.210	1.574	0.041	1.780	2.000
石家庄市	0.922	44.052	17.103	0.034	1.761	0.032	0.632	2.350
唐山市	1.393	51.359	17.941	0.046	1.722	0.032	1.029	1.287
秦皇岛市	0.812	8.034	42.946	0.015	1.935	0.048	0.901	1.760
邯郸市	0.697	44.309	10.427	0.024	2.001	0.038	0.544	6.948
邢台市	0.452	45.395	12.032	0.011	2.973	0.056	0.517	3.301
保定市	0.424	55.077	20.140	0.021	2.497	0.054	0.498	3.198
张家口市	0.461	6.777	7.882	0.013	2.670	0.077	0.800	1.069

续表

地区	CLP	ERI	DTD	PED	FSR	SGD	PSI	PCR
承德市	0.558	7.014	4.182	0.012	2.826	0.073	0.936	1.332
沧州市	0.721	40.951	7.718	0.018	2.203	0.037	0.596	2.776
廊坊市	0.764	81.875	23.516	0.018	1.839	0.045	0.773	3.136
衡水市	0.474	16.310	13.428	0.005	4.324	0.053	0.510	2.450
河北平均	0.698	36.468	16.120	0.020	2.432	0.050	0.703	2.692
京津冀平均	0.845	51.641	34.251	0.077	2.261	0.051	1.033	3.509
2009								
北京市	1.866	170.291	120.730	0.555	1.144	0.074	3.869	8.517
天津市	1.703	134.296	58.071	0.225	1.368	0.040	1.634	2.320
石家庄市	0.910	47.494	12.537	0.034	1.913	0.038	0.627	2.318
唐山市	1.352	56.720	10.922	0.046	1.684	0.035	0.973	1.262
秦皇岛市	0.753	8.445	28.152	0.015	1.841	0.056	0.837	0.997
邯郸市	0.477	46.846	9.077	0.024	2.268	0.051	0.583	3.244
邢台市	0.448	48.432	8.832	0.012	3.082	0.066	0.525	3.560
保定市	0.431	60.893	15.804	0.020	2.735	0.062	0.496	2.432
张家口市	0.484	7.549	4.407	0.013	3.303	0.103	0.963	1.177
承德市	0.546	7.633	2.080	0.012	2.871	0.087	0.961	1.404
沧州市	0.707	44.803	5.133	0.018	2.434	0.043	0.575	2.136
廊坊市	0.751	91.345	20.049	0.019	1.908	0.049	0.738	2.535
衡水市	0.459	17.344	12.318	0.006	4.169	0.069	0.557	1.782
河北平均	0.665	39.773	11.756	0.020	2.564	0.060	0.712	2.077
京津冀平均	0.837	57.084	23.701	0.077	2.363	0.059	1.026	2.591
2010								
北京市	1.833	202.178	144.690	0.528	1.154	0.075	3.871	2.000
天津市	1.696	162.495	60.324	0.240	1.288	0.039	1.691	1.064
石家庄市	0.885	55.540	21.843	0.037	1.865	0.039	0.622	2.503
唐山市	1.377	67.431	11.419	0.044	1.697	0.033	0.932	0.312
秦皇岛市	0.775	9.921	25.531	0.016	1.885	0.056	0.841	0.768
邯郸市	0.471	55.504	8.828	0.026	2.277	0.052	0.588	4.578
邢台市	0.441	57.077	10.160	0.013	3.018	0.067	0.516	3.882
保定市	0.427	72.448	19.343	0.020	2.954	0.068	0.553	1.033

续表

地区	CLP	ERI	DTD	PED	FSR	SGD	PSI	PCR
张家口市	0.494	9.066	1.996	0.014	2.910	0.090	0.863	1.648
承德市	0.555	9.000	2.429	0.012	2.843	0.078	0.858	0.588
沧州市	0.745	54.803	5.157	0.020	2.334	0.044	0.616	3.885
廊坊市	0.758	108.872	24.043	0.024	1.697	0.051	0.767	2.866
衡水市	0.470	20.805	17.928	0.006	4.008	0.065	0.538	1.875
河北平均	0.673	47.315	13.516	0.021	2.499	0.059	0.700	2.176
京津冀平均	0.841	68.088	27.207	0.077	2.302	0.058	1.020	2.077
2011								
北京市	1.717	241.009	154.827	0.516	1.079	0.079	3.679	3.327
天津市	1.675	197.495	59.058	0.250	1.234	0.055	2.294	2.442
石家庄市	0.888	66.745	22.415	0.038	1.824	0.042	0.637	1.713
唐山市	1.398	81.837	12.892	0.044	1.728	0.035	0.936	0.595
秦皇岛市	0.749	11.728	26.249	0.015	1.946	0.059	0.802	1.083
邯郸市	0.577	66.414	8.909	0.027	2.068	0.052	0.548	3.566
邢台市	0.428	68.168	9.862	0.012	3.041	0.070	0.501	1.385
保定市	0.429	86.626	19.375	0.022	2.587	0.065	0.501	0.056
张家口市	0.470	10.668	1.804	0.014	2.790	0.097	0.852	0.639
承德市	0.574	10.971	1.101	0.012	2.705	0.080	0.865	0.748
沧州市	0.713	65.545	5.366	0.020	2.269	0.045	0.577	1.114
廊坊市	0.731	130.681	21.219	0.024	1.625	0.054	0.756	2.922
衡水市	0.462	24.871	20.145	0.006	3.689	0.070	0.537	0.662
河北平均	0.674	56.750	13.576	0.021	2.388	0.061	0.683	1.317
京津冀平均	0.831	81.751	27.940	0.077	2.199	0.062	1.037	1.558
2012								
北京市	2.234	269.896	144.086	0.492	1.112	0.087	3.685	3.089
天津市	3.998	221.876	56.611	0.261	1.218	0.059	2.340	0.647
石家庄市	0.765	74.018	18.164	0.040	1.704	0.047	0.638	1.616
唐山市	1.170	90.222	11.289	0.045	1.628	0.036	0.870	1.284
秦皇岛市	0.612	12.756	24.444	0.016	1.840	0.079	0.939	0.973
邯郸市	0.466	72.888	7.770	0.027	2.056	0.059	0.549	2.692
邢台市	0.353	74.685	7.218	0.013	2.923	0.079	0.494	2.952

地区	CLP	ERI	DTD	PED	FSR	SGD	PSI	PCR
保定市	0.379	96.874	14.132	0.024	2.398	0.069	0.487	1.978
张家口市	0.395	11.845	1.963	0.016	2.502	0.099	0.798	0.431
承德市	0.500	12.012	0.814	0.012	2.858	0.091	0.873	1.399
沧州市	0.604	72.834	5.238	0.021	2.185	0.049	0.564	2.631
廊坊市	0.627	147.368	17.687	0.026	1.557	0.062	0.785	3.934
衡水市	0.392	27.370	20.238	0.008	3.170	0.075	0.521	0.365
河北平均	0.569	62.988	11.723	0.022	2.257	0.068	0.684	1.841
京津冀平均	0.961	91.126	25.358	0.077	2.089	0.068	1.042	1.845
2013								
北京市	2.269	294.669	136.245	0.482	1.140	0.088	3.655	2.937
天津市	4.105	244.196	55.381	0.274	1.226	0.064	2.544	2.204
石家庄市	0.766	79.451	17.825	0.041	1.660	0.050	0.682	0.423
唐山市	1.170	96.611	12.818	0.042	1.561	0.035	0.806	0.847
秦皇岛市	0.594	13.436	23.180	0.023	1.160	0.075	0.842	1.044
邯郸市	0.429	76.009	7.296	0.016	3.099	0.060	0.516	0.184
邢台市	0.345	78.640	7.073	0.024	1.438	0.077	0.452	4.121
保定市	0.358	104.196	11.720	0.023	2.673	0.074	0.519	1.418
张家口市	0.378	12.772	1.824	0.014	2.692	0.101	0.795	0.649
承德市	0.500	13.012	1.245	0.012	2.911	0.089	0.839	0.645
沧州市	0.615	79.354	5.282	0.027	1.715	0.050	0.564	2.696
廊坊市	0.651	159.223	18.821	0.013	2.853	0.064	0.824	5.053
衡水市	0.388	29.389	21.914	0.009	2.708	0.077	0.513	2.337
河北平均	0.563	67.463	11.727	0.022	2.225	0.068	0.668	1.765
京津冀平均	0.967	98.535	24.663	0.077	2.064	0.070	1.042	1.889

(三)测度指标的分析与评价

1.内部集聚驱动条件指标分析

表3-12为社会发展视角下京津冀区域内各辖区的地方财政合作驱动条件指标,从比较劳动生产率指标来看,北京、天津的劳动力效益水平较高,

具有较为明显的劳动力区域比较优势,能够吸纳更多的就业人口。2007年的比较劳动生产率依次为1.85和1.534,分别是河北省11辖区平均值的2.71倍和2.25倍,而河北省内各辖区的劳动生产效率呈现两极分化现象,最高的唐山市其比较劳动生产率为1.281,最低的保定市仅为0.426,两个辖区相差0.855;2013年北京市、天津市的比较劳动生产率分别为2.269和4.105,是河北省各辖区平均水平的4.03倍和7.29倍,尤其是省内比较劳动生产率最低的邢台市,仅为北京与天津的15.20%和8.40%,差距进一步拉大。

从外联度指标来看,北京的指标值远远高于京津冀其他12个辖区的外联度指标,并从2007年到2013年一直名列京津冀区域的榜首,分别是2007年和2013年其余辖区中最高指标值的7.57倍和6.32倍。天津的外联程度居于京津冀区域内各辖区的中上游水平,而河北省内各辖区的外联程度确是明显的参差不齐。以2007年为例,河北省内各辖区中外联指标值最高的是秦皇岛市,其指标值是最低承德市指标的11.48倍。

从财政分权度与财政自给率两个财政指标来看,2007年北京的财政支出规模占据了京津冀区域的一半以上,是同年区域内最低财政支出规模衡水市的114.2倍,与此同时,北京的财政自给率达到1.105,表明财政支出仅超出财政收入10.5%,而衡水市的财政自给率竟高达3.941,意味着财政支出超出了其财政收入的294.1%,财政缺口庞大。

从政府服务度指标来看,京津冀区域内各辖区的政府服务度整体上都呈现出大体上涨的态势,其中,张家口、北京、承德的政府服务度指标值较高,一直位列京津冀的前三甲,2007年的指标值分别为0.077、0.069和0.059,2013年的指标值分别为0.101、0.088和0.089;而与此同时,唐山、石家庄、沧州却长期是政府服务度指标值最低的三辖区,2007年的指标值分别为0.029、0.029和0.030,2013年的指标值分别为0.035、0.050和0.050。

2.外部助推驱动条件指标分析

从公共服务"一体化"比较指标来看,相较于全国平均的人均公共服务财政支出水平,2007年京津冀除北京与天津两市达到并超出全国平均水平以外,其他 11 辖区的人均公共服务财政支出水平均未达到全国平均水平,京津冀指标值最高的北京市为指标值最低邢台市的 10.16 倍,而到了 2013 年,情况并未有明显的改善,仍旧仅有北京与天津的人均公共服务财政支出水平达到并超过全国平均水平,河北省全部辖区均未达到全国平均水平,其中邢台市仅为全国平均水平的 45.2%,不足一半。

(四)测度结果的分析与评价

运用表 3-13 中各项驱动条件指标,选取熵值法对京津冀社会发展视角下的地方财政合作驱动各项指标权重进行测度,其具体权重值详见表 3-13。根据表 3-13,一级指标中内部集聚驱动条件所占权重为 0.7967,而外部助推驱动条件所占权重为 0.2033,内部驱动是外部驱动权重值的 4 倍,表明内部驱动条件比外部驱动条件对于地方财政合作具有更加显著的影响。而在二级指标的权重值中,影响最大的是外联程度指标(DTD),其对于地方财政合作驱动的贡献值为 29.95%,对于内部驱动条件的贡献值为 37.59%,表明与外界联系程度越高的城市,其越具有开展地方财政合作的动力和意向;影响程度居于第二、第三位的依次是区域经济联系程度(ERI)和人口变动比较(PCR)两项指标,分别对于地方财政合作驱动的贡献率为 18.86% 和 16.67%,而各自对于内部与外部条件的贡献率分别为 23.67% 和 82%,表明各辖区与京津冀其他辖区的经济往来以及辖区的人口流动规模都对地方财政合作有着非常重要的影响,经济往来越频繁以及人口变动规模越大,地方财政合作的意向性和可能性越高;而代表着地方财力的财政分权程度(PED)和财政自给率(FSR)两个指标合计贡献率为 14.13%,表明辖区地方财力水平的高低也是地方财政合作的又一重要影响因素;代表地方财政参与服务提供的政府服务度比较(SGD)指标的贡献率也为 10.97%,表明辖区地方政府的财政对于公共服务的支持程度也是影响地方财政合作的重要因素;此外,比较劳动生产率(CLP)以及公共服务"一体化"比较(PSI)虽对于地方财政合作也具有一定的影响,但影响程度稍低。

表 3-13　社会发展视角下地方财政合作权重测算值

一级指标	权重	二级指标	二级指标权重							
			平均	2007	2008	2009	2010	2011	2012	2013
内部集聚驱动	0.7967	CLP	0.0575	0.0480	0.0605	0.0605	0.0698	0.0839	0.0415	0.0385
		ERI	0.1886	0.1601	0.1599	0.1805	0.2004	0.2058	0.2124	0.2011
		DTD	0.2995	0.2920	0.2875	0.2726	0.3060	0.3086	0.3263	0.3037
		PED	0.0359	0.0305	0.0301	0.0332	0.0376	0.0394	0.0412	0.0393
		FSR	0.1054	0.0820	0.0786	0.0957	0.1116	0.1034	0.1099	0.1562
		SGD	0.1097	0.1662	0.1216	0.1297	0.1067	0.0939	0.0839	0.0662
外部助推驱动	0.2033	PSI	0.0366	0.0303	0.0305	0.0326	0.0361	0.0418	0.0430	0.0422
		PCR	0.1667	0.1909	0.2312	0.1952	0.1318	0.1232	0.1418	0.1529

根据以上指标的权重值,对京津冀社会发展视角下的地方财政合作驱动程度进行测度,其测算分布情况与具体数值分别详见图 3-8 和表 3-14。根据图 3-8 可以看出,北京地域板块的颜色最深,表明从社会发展的视角北京的地方财政合作驱动程度最高;而秦皇岛、唐山、石家庄和沧州四个辖区的地域板块颜色最浅,表明相较于京津冀区域内的其他辖区,该四个辖区的地方财政合作驱动程度最低;其他八个辖区的地方财政合作驱动程度均处于中等水平。而从表 3-14 中的数据可以看出,北京的地方财政合作驱动程度得分一直最高,自 2008 年到 2013 年均位列京津冀区域内各辖区驱动程度得分的榜首。天津的地方财政合作驱动程度得分大体维持在 0.3—0.6 之间,处于京津冀区域内各辖区地方财政合作驱动程度得分的中游水平。而河北省内各辖区的地方财政合作驱动指标得分差异性较为显著,2007 年省内驱动指标得分最高的辖区为张家口市,其指标得分为 0.4911,得分最低的辖区为唐山市,其指标得分仅为 0.1707,两个辖区相差 0.3204;而到了 2013 年,河北省内驱动指标得分最高的辖区为廊坊市,其指标得分为 0.5743,得分最低的辖区仍为唐山市,其指标得分仅为 0.2444,两个辖区相差 0.3299,若与北京 0.6636 的得分相比,差距更大。由此可以判断出,从京津冀社会发展的视角,各辖区在通过地

方财政合作改善社会发展水平这一有效途径的选择方面,虽已经具备了一定的基本性条件,但仍需通过制度设计、政府引导等方式加以推动。

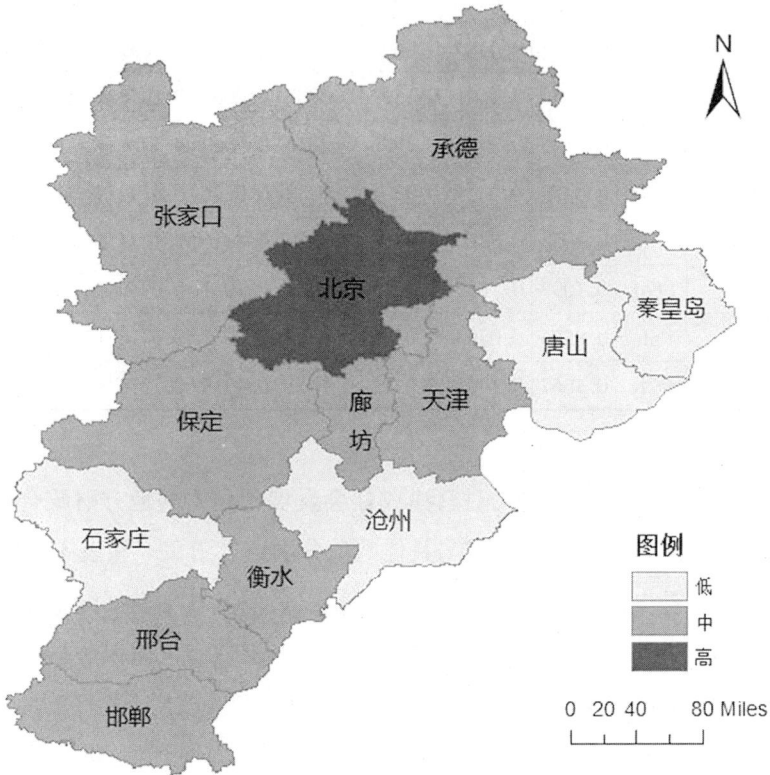

图3-8　社会发展视角下地方财政合作分布

表3-14　社会发展视角下地方财政合作的测算值及排名

城市	2007		2008		2009		2010	
	得分	排名	得分	排名	得分	排名	得分	排名
北京市	0.6071	2	0.7899	1	0.7218	1	0.6364	1
天津市	0.6110	1	0.3568	2	0.3681	3	0.3749	7
石家庄市	0.1952	12	0.1986	12	0.2360	11	0.3150	10
唐山市	0.1707	13	0.1601	13	0.1792	13	0.1912	13
秦皇岛市	0.2535	9	0.2407	10	0.2311	12	0.2596	12

城市	2007		2008		2009		2010	
	得分	排名	得分	排名	得分	排名	得分	排名
邯郸市	0.2399	10	0.3033	6	0.3060	8	0.4130	3
邢台市	0.2674	7	0.3245	4	0.3734	2	0.4572	2
保定市	0.3555	5	0.3322	3	0.3544	4	0.4026	6
张家口市	0.4911	3	0.2827	8	0.3272	7	0.3526	9
承德市	0.3975	4	0.2688	9	0.2813	9	0.2924	11
沧州市	0.1958	11	0.2214	11	0.2466	10	0.3573	8
廊坊市	0.2599	8	0.3079	5	0.3357	6	0.4084	4
衡水市	0.2759	6	0.3033	7	0.3403	5	0.4080	5
河北平均	0.2820		0.2676		0.2919		0.3507	
京津冀平均	0.3323		0.3146		0.3309		0.3745	

城市	2011		2012		2013		2007—2013 年平均	
	得分	排名	得分	排名	得分	排名	得分	排名
北京市	0.6958	1	0.7354	1	0.6636	1	0.6929	1
天津市	0.4456	2	0.3851	5	0.4180	3	0.4228	2
石家庄市	0.3233	9	0.3023	10	0.2593	11	0.2614	11
唐山市	0.2253	13	0.2606	13	0.2444	12	0.2045	13
秦皇岛市	0.2985	12	0.2901	11	0.2303	13	0.2577	12
邯郸市	0.4079	5	0.3614	6	0.3578	7	0.3413	8
邢台市	0.4120	4	0.4480	3	0.3683	6	0.3787	4
保定市	0.3735	7	0.4005	4	0.4073	5	0.3751	5
张家口市	0.3407	8	0.2838	12	0.3205	9	0.3427	7
承德市	0.3075	10	0.3263	9	0.3235	8	0.3139	9
沧州市	0.3016	11	0.3453	7	0.3113	10	0.2828	10
廊坊市	0.4402	3	0.4671	2	0.5743	2	0.3991	3
衡水市	0.3906	6	0.3431	8	0.4117	4	0.3533	6
河北平均	0.3474		0.3480		0.3462		0.3191	
京津冀平均	0.3817		0.3807		0.3762		0.3244	

第四章　京津冀区域地方财政合作促进
区域协同发展的实证检验

本章在第三章京津冀区域内各辖区经济、社会发展水平与地方财政合作测度指标的基础上，通过数据回归方法验证地方财政合作对于区域经济、社会发展的促进作用，以致对于区域经济协同和社会协同的促进作用。但随着区域"一体化"的提升和深入，基于对区域内各辖区经济发展以及社会发展都并非是单体、独立性发展过程的认知，其不仅受到该辖区自身经济和社会发展条件的影响和限制，还会受到周边其他辖区影响和干扰的基本判断，本章在地方财政合作对于区域经济协同和社会协同一般性促进作用的实证检验基础上，还将引入空间计量经济的研究理论与研究方法，进一步检验空间上地方财政合作对于区域协同的促进作用。

第一节　实证检验方法选择与理论假说

一、实证检验方法选择

（一）空间计量模型的分类

空间计量模型是在回归模型的基础之上处理截面数据与面板数据中空间相互作用与空间结构问题的模型，其根据空间因素在模型中引入方式的不同，空间计量模型可主要分为空间滞后模型（Spatial Lagged Model，SLM）、空间误差模型（Spatial Erro Model，SEM）和空间杜宾模型（Spatial Durbin Model，SDM）。

1.空间滞后模型

因空间滞后模型与时间序列中的自回归模型极为相似,故又被称为空间自回归模型(Spatial Autoregression Model,SAM)。最初的空间滞后模型是基于一个辖区的经济行为或经济现象会受到周边辖区影响的基本判断,而将辖区之间的空间因素纳入模型之中,其模型的基本设定为:

$$Y = \rho WY + \varepsilon \qquad\qquad (4\text{-}1)$$

其中:

$$Y = \begin{bmatrix} Y_1 \\ Y_2 \\ \vdots \\ Y_n \end{bmatrix}_{n \times 1}, \ W = \begin{bmatrix} w_{11} & w_{12} & \cdots & w_{1n} \\ w_{21} & w_{22} & \cdots & w_{2n} \\ \vdots & \vdots & \vdots & \vdots \\ w_{n1} & w_{n2} & \cdots & w_{nn} \end{bmatrix}_{n \times n}, \ \varepsilon = \begin{bmatrix} \varepsilon_1 \\ \varepsilon_2 \\ \vdots \\ \varepsilon_n \end{bmatrix}_{n \times 1} \qquad (4\text{-}2)$$

公式(4-1)为一阶空间滞后基本模型,Y 表示被解释变量;矩阵 W 为 $n \times n$ 的空间权重矩阵,用以表示辖区之间具有影响性的空间距离,一般可以选取邻接矩阵①(Contiguity Matrix)或距离矩阵②予以表示;ρ 作为空间自回归系数,用以度量 WY 对于 Y 的影响方向和影响程度,当 $\rho > 0$ 时表示周边辖区的 WY 对于该辖区的 Y 具有正向促进作用,当 $\rho < 0$ 时表示周边辖区的 WY 对于该辖区的 Y 具有负向抑制性作用;ε 为误差扰动项,符合经典假设 $\varepsilon \sim N(0, \sigma^2 I_n)$。因一阶空间滞后模型只单纯考虑了辖区受周边辖区等带来的外部影响,而忽略了其他的影响因素,但在现实生活中,一个辖区的经济行为或经济决策不仅受其周边辖区的影响,还会受到该辖区自身条件等内部因素的影响,故将内部因素也纳入模型的考量之中,空间滞后模型的设定后来升级为公式(4-3),其中,β 表示为外生解释变量 X 对于被解释变量 Y 的影响方向和影响程度。

---

① 邻接矩阵中,当辖区 i 和辖区 j 土壤相接时用 1 表示,当辖区 i 和辖区 j 土壤不相接时用 0 表示。

② 距离矩阵既可以用二进制表示,如辖区 i 和辖区 j 之间的距离小于一个特定距离 d 则用 1 表示,但大于或等于一个特定距离 d 时则用 0 表示;还可以直接使用辖区 i 和辖区 j 之间的地理距离、经济距离、贸易距离以及时间距离等方式表达。

$$Y = \rho WY + \beta X + \varepsilon \qquad (4-3)$$

2.空间误差模型

空间误差模型与空间滞后模型相同,都考虑了辖区之间的互动性,从而将空间因素引入模型之中。但与空间滞后模型不同,空间误差模型是在传统回归模型的基础上,在误差扰动项中引入空间影响因素,其模型的基本设定为:

$$Y = \beta X + \mu \qquad (4-4)$$

$$\mu = \lambda W\mu + \varepsilon \qquad (4-5)$$

其中,Y 表示被解释变量,X 表示外生解释变量,β 表示外生解释变量 X 对于被解释变量 Y 的影响方向和影响程度,μ 表示随机误差项,W 为空间权重矩阵,λ 则是对存在于扰动误差项之中周边辖区对 Y 空间作用方向和程度的刻画,ε 表示符合正态分布的误差扰动项。

3.空间杜宾模型

随着空间计量的逐步发展,辖区之间的空间相互作用不仅在被解释变量之中予以考量和体现,还在外生解释变量之中予以了考量和体现,空间杜宾模型成为在空间计量模型中经常被采用的模型之一,其模型的基本设定为:

$$Y = \rho WY + \beta X + \sigma WX + \varepsilon \qquad (4-6)$$

其中,Y 表示被解释变量,X 表示外生解释变量,ρ、β 和 σ 均为待估参数,ε 为残差项,W 为空间权重矩阵,WY 表示其他辖区对于该辖区的空间自回归作用,WX 表示外生解释变量的空间相互作用。通过公式(4-6)可以看出,杜宾模型的设定其本质上可以将其视为空间滞后模型与空间误差模型的综合,对于空间相互作用的刻画与度量,既将外生解释变量的空间相互作用纳入了模型之中,并通过空间滞后自变量的形式表达出来,也将内生解释变量的空间相互作用纳入了模型之中,并通过空间滞后因变量的形式予以了表达。在公式(4-6)中,如果 $\sigma = 0$,空间杜宾模型可以简化为空间滞后模型;如果 $\sigma + \beta\rho = 0$,空间杜宾模型则可以简化为空间误差模型(Burridge,1981)。

(二)空间计量模型的估计技术

Anselin(1988)指出因空间计量模型中引入了空间因素,如若对于空间滞后模型采用传统的最小二乘(OLS)估计方法易造成估计的有偏、非一致或无效;若对于空间误差模型采用 OLS 的估计方法也易造成估计的无效。而对于既包含空间滞后又包含空间误差的空间杜宾模型,选择 OLS 估计方法也是不适宜的。故许多学者选择工具变量、极大似然估计、广义最小二乘等其他方法对空间计量模型展开有效的估计。本书根据 Anselin(2010)、吴俊陪和王宝顺(2012)等学者采用的极大似然估计方法对空间滞后模型、空间误差模型以及空间杜宾模型进行估计,其具体的模型估计步骤如下:

第一步,考察对数似然值(Log-likelihood,LogL)、拟合优度(R-squared,R^2)以及似然比(Likelihood Ratio,LR)等检验指标。因相较于空间截面数据,空间面板数据还需对个体固定效应与时间固定效应进行甄别,故运用 LogL、R^2以及 LR 对混合 OLS、个体固定效应、时间固定效应以及双向固定效应四类非空间面板模型做基本性的判断。

第二步,运用拉格朗日乘数(Lagrange Multiplier,LM)及其稳健(Robust)的拉格朗日乘数检验指标对空间滞后模型与空间误差模型进行判断与选择。如果空间滞后的拉格朗日乘数(LM spatial lag,Robust LM spatial lag)显著于空间误差的拉格朗日乘数(LM spatial error,Robust LM spatial error),则应选择空间滞后模型;反之,则选择空间误差模型;但如果空间滞后与空间误差的拉格朗日乘数均显著,则应选择空间杜宾模型。

第三步,根据以上检验选择相应的模型进行估计,并运用拟合优度值 R^2、对数似然值 LogL 以及 Wald 检验结果,验证其模型选择是否合适,进而对模型估计结果展开进一步的剖析。

(三)空间计量模型的直接效应与间接效应

Lesage 和 Pace(2009)认为对于空间回归模型,应运用偏微分方法解释检验假设,其将空间杜宾模型的偏微分矩阵公式(4-7)中右边所有对角线的 θ_k 定义为直接效应,并将右边非对角线的行或者列之和的平均值定义为间接效应,直接效应 β_k 与解释变量的参数估计值并不相等。因为直接效应一部分来自于 WY 给该辖区所带来的影响,而另一部分则是来自于 WX 给该辖区所带来的影响;而间接效应则是对解释变量空间溢出效应的一种度量和表现,即解释变量不仅会给该辖区的被解释变量带来影响,还会给周边其他辖区的被解释变量带来影响。由此,空间计量模型估计出的变量系数值并不具有传统意义上的边际效应,需要运用直接效应与间接效应再加以判断和分析。

$$
\left[\frac{\partial Y}{\partial x_{1k}} \cdot \frac{\partial Y}{\partial x_{nk}}\right] = \begin{bmatrix} \frac{\partial y_1}{\partial x_{1k}} \cdot \frac{\partial y_1}{\partial x_{nk}} \\ \cdots\cdots \\ \frac{\partial y_n}{\partial x_{1k}} \cdot \frac{\partial y_n}{\partial x_{nk}} \end{bmatrix} = (1 - \beta W)^{-1} \begin{bmatrix} \beta_k & w_{12}\sigma_k & \cdots & w_{1n}\sigma_k \\ w_{21}\sigma_k & \beta_k & \cdots & w_{2n}\sigma_k \\ \cdots & \cdots & \cdots & \cdots \\ w_{n1}\sigma_k & w_{n2}\sigma_k & \cdots & \beta_k \end{bmatrix}
$$

$$(4-7)$$

二、京津冀地方财政合作对区域协同促进作用的理论假说

(一)地方财政合作对于区域经济协同的促进作用

鉴于京津冀区域全面协同发展的背景,按照《规划纲要》中既定的各辖区主体城市功能定位,通过区域内各辖区间在税收收入分享政策、资金共筹共建以及横向资金补贴方式等方面的协调与合作,有助于协同初期产业优化格局在京津冀区域内的实现,从而促进京津冀区域内各辖区间产业的"错位发展",激励人才、技术以及资本在京津冀区域内各辖区间的合理流动,以实现京津冀有限资源的科学配置、提升资源的使用效率,有助于缓解京津冀中各个辖区对于区域内资源的竞争与掠夺,从而降低辖区间的资源以及成本内耗,在满足河北省各辖区对于经济快速增长迫切需求基础之上,将有助于逐渐淡化和消除北京、天津以及河北省诸辖区的经济利益冲突,从而促进京津冀区域整体经济发展的提升,实现京津冀的区域经济协同发展。因此,基于对京津冀区域内各辖区间地方财政合作对于区域经济协同的影响,提出以下理论假说:

Hp1:京津冀区域内各辖区间的地方财政合作对于区域经济协同发展具有正向影响关系。即随着各辖区间地方财政合作程度、合作进程的逐步提高和推进,区域内各辖区的经济发展水平也将会有所提高,从而有助于加速实现京津冀区域经济协同。

(二)地方财政合作对于区域社会协同的促进作用

京津冀区域经济协同的有效实现需要社会协同的良好配合,即产业的转

移、调整以及非首都功能的疏解均需要作为主承接地的河北各辖区与北京、天津间社会发展水平差距的逐步缩小。故京津冀以财政补贴、财政投入、财政转移支付等主要财政资金支持方式,通过各辖区间的充分沟通、调配和整合等方面的财政协调与合作,以解决京津冀区域内各辖区间的跨区公共基础设施、公共服务的有效提供问题,以及缩小京津冀区域内各辖区的社会公共服务水平差距,实现京津冀的社会公共服务均等化,强化河北省各辖区的自身吸附、聚集人口和产业的能力,加快提升河北省各辖区的城市综合承载能力和服务能力,缩小京津冀区域内各辖区间在城市硬件以及软件设施方面的差距,从而有助于京津冀区域内各辖区城市功能的完善以及城市品味的提升,以致社会发展水平的提高,从而实现京津冀的社会协同。京津冀区域内各辖区间的地方财政合作还可以本质性地解决产业转移或非首都功能疏解而引发的地方人口流入后顾之忧,实现稳定、有效的人口对接,分散北京和天津特大城市不断扩张的压力,为京津冀区域整体性产业结构格局优化的有效实现和稳定创造良好环境条件,以促进京津冀的经济协同发展,实现京津冀全面协同。因此,基于对京津冀区域内各辖区间地方财政合作对于区域社会协同的影响,提出以下理论假说:

Hp2:京津冀区域内各辖区间的地方财政合作对于区域社会协同发展具有正向影响关系。即随着各辖区地方财政合作程度、合作进程的逐步提高和推进,区域内各辖区的社会发展水平也将会有所提高,从而有助于京津冀区域社会协同的实现。

(三)地方财政合作的溢出作用

首先,各辖区间的政府决策具有溢出作用。区域内各辖区间的发展具有相互依赖和相互影响的外溢性作用,故区域内各辖区之间的政府决策具有一定的溢出作用。假设区域内辖区 i 政府在资源配置方面的目标函数为:$V(z_i, s_i; X_i)$,其中,z_i 是辖区 i 的政府决策变量,s_i 是辖区 i 所拥有的资源禀赋水平,X_i 是辖区 i 的特征变量,而辖区 i 可使用的资源可以表示为:$s_i = H(z_i, z_{-i}; X_i)$,$z_{-i}$ 是周边辖区的政府决策变量,将其带入资源配置函数并得到:$\overline{V}[z_i,$

$H(z_i, z_{-i}; X_i)] = V(z_i, z_{-i}; X_i)$。因辖区政府在制定政策时均以收益最大化为目标,所以 $\partial V/\partial z_i = V z_i = 0$,故得出 $z_i = R(z_{-i}; X_i)$,R 为辖区 i 政府的资源配置反应函数,表示辖区 i 政府对于区域内其他辖区政府行为的最优反应。从而表明区域内辖区 i 的资源配置决策不仅会受到自身辖区条件的影响,也会受到区域内其他辖区资源配置决策的影响,政府决策具有一定的溢出作用。

其次,各辖区间的财政决策具有溢出作用。区域内各辖区间的财政决策作为政府决策的重要表现形式之一,其也具有一定的溢出作用。就各辖区的税收决策而言,因各辖区之间对于税源的"争夺"以及税收增长的偏好具体呈现在对于各种优质资本的吸引与占有过程中,由此,辖区 i 政府在税收决策方面的目标函数可以表达为: $V(T_i, K_i; X_i)$,其中 T_i 表示辖区 i 的税收,K_i 表示辖区 i 的资本,X_i 表示辖区 i 的特征变量,因资本是经济与社会发展中典型的一种有限资源,其税收决策符合资源配置函数的特性,因此辖区 i 政府的税收决策也是既受到自身税收征管条件等辖区特征变量的影响,又受到周边其他辖区税收决策的影响,具有相互影响的互动关系。而各辖区之间的财政支出决策,基于财政支出的刚性增长特点以及公共服务财政理念的逐渐深化,各辖区对于基础设施、公共服务投入的热情日渐升温,但由于基础设施以及公共服务的效益外溢等"公共"特性,财政支出也存在支出效益外溢的可能。因此,辖区政府一方面为了追求自身财政支出效益最大化,另一方面又具有"免费搭车"的投机偏好,促使辖区政府在财政支出方面的目标函数表达为: $V(E_i, E_{-i}; X_i)$,其中 E_i 表示辖区 i 的财政支出,E_{-i} 表示其他辖区的财政支出,X_i 表示辖区 i 的特征变量。由此可以判断出,辖区 i 的财政支出决策也既受其财政收入水平、经济发展水平、人口规模等辖区自身特征变量 X_i 的影响,也受周边其他辖区财政支出决策变量 E_{-i} 的影响,具有互动关系。

而就京津冀区域而言,无论是京津冀的地方财政合作还是京津冀的区域协同发展,都是区域内各辖区为了实现辖区间经济与社会差距的缩小,抑或是京津冀区域整体经济与社会发展水平的提升,以致实现"一体化"而展开的各种协调与合作关系,其合作与协同内涵中已经包含了辖区之间的相互影响。而尤其是在京津冀区域之中,一方面,基于自然、人力、资本、技术、市场等资源禀赋的稀缺性和有限性,无论是地方财政合作还是区域协同发展均需要通过资源的调配和优化而实现经济和社会发展水平的提高,而在资源总量一定的基本前提下,各辖区的资源配置方案和配置效果不仅受到自身资源拥有量的影响,还会受到周边辖区资源水平以及资源配置方案的影响;另一方面,京津冀区域内各辖区间区位条件、人文环境的相近相似性,进一步鼓励了各辖区间在经济与社会方面的比较、模仿、竞争和联动,扩大了各辖区在空间上的互动性。因此,基于京津冀区域内各辖区间地方财政合作与区域协同发展的空间依赖性,以及京津冀地方财政合作对于区域经济协同与社会协同的促进性假说,就地方财政合作与区域协同间的空间溢出作用提出以下理论假说:

Hp3:京津冀区域内各辖区的地方财政合作具有溢出作用。即随着各辖区地方财政合作程度、合作进程的逐步提高和推进,不仅给本辖区的经济与社会发展带来影响,还会给区域内其他辖区的经济与发展带来影响,从而影响区域协同发展。

第二节　京津冀区域地方财政合作
促进经济协同的实证检验

一、模型设定及变量选取

在对京津冀地方财政合作与区域经济协同关系的实证考察分析中,因为空间杜宾模型既包含了空间滞后因变量,也包含了空间滞后自变量,且根据Vincenzo & Federico(2013)、胡洪曙和亓寿伟(2015)等学者所提出的杜宾模型在获取无偏估计量方面所具有的优势,选择空间杜宾模型作为实证的基本模型设定(4-8),并根据相应的估计技术检验再进行具体模型的筛选:

$$EU_{it} = \alpha + \beta \sum_{j=1}^{N} W_{ij} EU_{j\ t} + \theta EFI_{it} + \rho X_{it} + \varphi \sum_{j=1}^{N} W_{ij} EFI_{ijt} +$$

$$\sum_{j=1}^{N} \gamma W_{ij} X_{ijt} + \mu_i + \lambda_t + \varepsilon_{it} \tag{4-8}$$

其中,EU_{it} 为京津冀区域中第 i 个辖区第 t 年的经济发展水平;W_{ij} 为京津冀区域 13 个辖区间空间权重矩阵,用第 i 个辖区与第 j 个辖区之间的时间距离①表示;EFI_{it} 为京津冀区域中第 i 个辖区第 t 年的地方财政合作;X_{it} 为一组影响京津冀辖区经济发展水平的控制变量,以降低和消除遗漏变量对模型的影响;α、β、θ、ρ、φ 以及 γ 为待估参数向量;μ_i、λ_t 用以捕获个体效应、时期效应以及随机效应;ε_{it} 为残差项。

对于模型中控制变量的选择,因在进行经济发展水平测算以及地方财政合作测算中,已经涵盖了经济规模、经济结构、经济效益、经济增长四类经济发展水平指标以及内部集聚和外部助推两类经济协同中地方财政合作驱动条件指标,为了维持模型设定的有效性,在空间计量模型的控制变量中仅选择了对辖区经济发展具有影响的城镇化、人口密度以及固定资产投资总额三个指标:

1.城镇化指标(UB_{it})。表示城镇化水平的指标众多,一般常用城镇人口所占总人口的比重即人口城镇化率来衡量,UB_{it} 即表示京津冀第 i 个辖区第 t 年的城镇化水平。随着我国市场经济的快速发展、工业化进程的逐步加速、农业科技水平的迅速提高,众多的农业劳动力从土地上得以释放,大规模人口向城镇迁移,提升城镇化水平已成为各辖区经济和社会发展的近期发展目标。而城镇化的发展会长期引致包括资本、劳动力等各种生产要素向各个城镇的汇聚,其城镇化水平的高低在一定程度上也表示了该辖区的经济总体发展水平以及经济增长的潜力。

2.固定资产投资总额(FC_{it})。固定资产投资总额是指一个辖区内包括国家资金、国内贷款、利用外资等方式在固定资产方面的全社会投资总额,FC_{it} 即表示京津冀第 i 个辖区第 t 年的固定资产投资总额数。一个辖区的固定资产投资总额一定程度上可以反映出该辖区的经济发展潜力与经济增长的速度,经济发展潜力大以及经济增长较快,则固定资产投资总额则较高;反之,则经济投资总额较低。

3.人口密度指标(DS_{it})。人口密度是指单位面积土地上居住的人口数,

---

① 该时间距离是指公路、铁路来往于两个城市之间所耗费最短时间的倒数,其中铁路数据来源于中国铁路客服服务中心网站,公路数据来源于百度地图网站。

这里采用各辖区每平方公里人数表示,DS_{it} 即表示京津冀第 i 个辖区第 t 年的人口密度高低。一个地区人口密度的高低往往与该地区的经济发展水平、经济发展活力有关,经济较为发达和经济较为灵活的地区,因其具有更良好的发展机会和发展平台,对于包括人力等方面资源的吸引力较大,人口密度则较高;反之,经济欠发达的地区人口密度则较低。

二、数据来源及数据描述

待估模型(4-8)之中京津冀区域内各辖区的经济发展水平 EU_{it} 数据,来自于本书第三章测算出的京津冀 13 个辖区的经济发展水平综合评价值;京津冀区域内各辖区的地方财政合作水平 EFI_{it} 数据,来自于论文第三章测算出的经济发展视角下京津冀 13 个辖区地方财政合作测度值;各外生控制变量数据除特殊说明外,均来自于《中国区域经济统计年鉴》《北京统计年鉴》《天津统计年鉴》以及《河北经济统计年鉴》,并经过整理和计算得出。且为了保证前后数据年限跨度的一致性,该模型选取了京津冀 13 个辖区自 2007 年至 2013 年的面板数据;本书借助 Matlab 计量软件进行数据的统计和回归分析,得到各个变量的统计性描述如表 4-1。

表 4-1　变量统计性描述

变量	变量含义	观察值	均值	标准误	最小值	最大值
EU	经济发展水平	91	0.239844	0.240701	0.037837	0.952958
EFI	地方财政合作	91	0.38254	0.132917	0.192893	0.742814
UB	城镇化率(%)	91	50.25219	14.70652	31.76	86.3
FC	固定资产投资额(亿元)	91	1328.592	1186.549	197.2831	4249.793
DS	人口密度(人/平方公里)	91	535.6272	221.1314	92.77081	847.2789

注:固定资产投资额数据以 2007 年为基期用 GDP 平减指数进行了数据平减。

此外,为了消除数据的异方差和平抑数据的波动性,本书将被解释变量和各项解释变量均在回归时进行了对数化处理;为了剔除价格对于数据的影响,并对固定资产投资额数据以 2007 年为基期利用 GDP 平减指数进行了数据的调整,从而将数据的名义值转化为实际可比值。

三、实证估计及结果分析

（一）实证结果的技术检验

表4-2报告了京津冀区域经济协同中地方财政合作的非空间面板模型估计结果。首先,从拟合优度 R^2 以及对数似然比 LogL 来看,（1）—（4）四个模型中空间固定效应模型（2）的 R^2 最大,达到 0.8912,空间和时期双向固定效应模型（4）的 Log 值虽然最大,达到 31.9412,但其拟合优度指标仅为0.0279,故难以有效判断空间固定、还是时期固定的混合面板模型更能够拟合数据集。其次,从似然比 LR 检验指标看,空间效应 LR 检验值为 75.4695,并通过了 1% 显著性检验,说明数据集中存在空间固定效应;而时期效应 LR 检验值仅为 5.9897,也没有通过 10% 的显著性检验,说明数据集中并不存在时期固定效应,因此可以判断出选择具有空间固定效应的混合面板模型将能够更好地拟合数据集。最后,从拉格朗日乘数 LM 来看,在模型（1）、（2）中检测空间误差的 LM 检验和检测空间滞后的 LM 检验分别通过了 1% 的显著性检验和 10% 的显著性检验,表明拒绝了不存在空间互动效应的原基本假设,可以采用结合了空间滞后模型与空间误差模型的空间杜宾面板模型进行估计。由此,综合以上估计检验指标的判断,对京津冀区域各辖区的经济发展水平估计,应选择空间固定效应的空间杜宾模型进行空间估计（其具体估计结果详见表4-3）。

表4-2　地方财政合作对区域经济协同的非空间面板模型估计结果

解释变量	被解释变量:经济协同（LNEU）			
	（1）	（2）	（3）	（4）
	混合 OLS	空间固定效应	时期固定效应	空间和时期固定效应
LNEFI	0.823153*** (4.099667)	0.612721*** (3.272234)	0.133630 (0.775437)	0.239770 (1.264199)

续表

解释变量	被解释变量:经济协同(LNEU)			
	（1）	（2）	（3）	（4）
	混合 OLS	空间固定效应	时期固定效应	空间和时期固定效应
LNUB	1.689082 *** (6.958515)	1.792625 *** (8.481428)	0.205271 (0.345498)	0.598451 (0.747522)
LNFC	0.183412 ** (2.166392)	0.272213 *** (3.603327)	−0.147513 (−0.939847)	−0.132826 (−0.643012)
LNDS	−0.216452 *** (−3.213844)	−0.220209 *** (−3.799729)	0.056105 (0.052248)	0.038505 (0.031206)
常数项	−9.115588 *** (−6.490692)			
R-squared	0.8522	0.8912	0.0227	0.0279
Rbar-squared	0.8453	0.8874	−0.0110	−0.0056
LogL	−19.8641	−5.7935	28.9464	31.9412
LM spatial lag	1.4722	3.5244 *	0.7275	2.5342
Robust LM spatial lag	2.1179	5.6274 **	0.2218	0.0016
LM spatial error	17.2684 ***	0.0660	0.6550	2.5606
Robust LM spatial error	17.9141 ***	2.1691	0.1493	0.0279
LR test for spatial fixed effect	LR:75.4695,Prob.:0.0000			
LR test for time-period fixed effect	LR:5.9897,Prob.:0.5410			

注:以上数据均作了对数化处理;***、**、*分别表示通过显著水平 1%、5%、10% 检验。

　　表 4-3 是空间固定效应的空间杜宾面板模型的递进式回归汇报结果,从实证结果中可以看出,(5)—(8)四个模型的拟合度均达到 0.94 以上,但模型(7)和模型(8)的对数似然值相对较低,表明模型(5)和模型(6)相较于模型(7)、模型(8)的拟合程度更好些。且检验空间滞后与空间误差两个 Wald 值在模型(5)和模型(6)中均通过了 1% 的显著性检验,也进一步表明选择空间杜宾面板模型对此数据集进行描述是恰当的。

（二）实证回归结果分析

通过表4-3中模型（5）—（8）可以判断出，京津冀区域内各辖区的经济发展水平受到地方财政合作、城镇化水平、固定资产投资总额以及人口密度等多个因素的影响：

1. 地方财政合作与辖区经济发展水平具有正向关系，对于区域经济协同的实现具有促进作用。无论是表4-2的非空间面板模型还是表4-3的空间面板模型实证估计结果，$LNEFI$ 的系数一直保持正值，尤其是在空间杜宾面板模型的估计结果模型（5）—（8）之中，不断调整的控制变量不仅没有改变其系数的符号，还最少通过了5%的显著性检验，其表示影响程度的系数值也大体维持在 0.348172—0.511714 之间，波动程度较小。表明京津冀辖区之间的地方财政合作对于辖区的经济发展具有促进性作用，在以辖区经济与区域经济共同发展为合作前提的背景下，这种财政合作的经济促进作用将有助于区域协同的实现，与前面的理论假说相一致。但就溢出作用而言，$W*LNEFI$ 在四个模型中均未呈现出显著的空间互动作用，这也在一定程度上表达出各辖区经济发展受周边辖区对于地方财政合作的意向程度影响较小，其更关注自身的财政合作意向。

2. 城镇化水平对辖区经济发展水平具有正向空间溢出作用，将有助于实现区域经济的协同发展。根据模型（5）、（6）的估计结果，京津冀辖区的经济发展水平不仅受本辖区城镇化程度的影响，还受周边其他辖区城镇化程度的影响。$LNUB$ 的系数为正，且在 1.78242—2.352058 之间，均最少通过了1%的显著性检验，而 $W*LNUB$ 的系数也为正，且在 2.833931—5.654041 之间，也均最少通过了5%的显著性检验，表明京津冀区域内各辖区的城镇化水平不仅对本辖区的经济发展具有促进作用，对于其他辖区的经济发展也具有促进性作用，辖区城镇化水平的提高对于实现区域经济协同具有正向促进作用。

3. 固定资产投资、人口密度对于辖区经济发展水平具有一定的空间溢出作用。$LNFC$ 和 $LNDS$ 在模型中并未通过显著性检验，但 $W*LNFC$ 和 $W*LNDS$ 却通过了最少10%的显著性检验。在模型（5）、（6）中，$W*LNFC$ 的系数分别为 -1.966054 和 -2.844394，均为负值，模型（5）中 $W*LNDS$ 的系数为-2.066071,也为负值,表明辖区的经济发展水平受到周边辖区固定资产投资总额与人口密度水平的负向性影响,即周边辖区的固定资产投资额越低以及人口密度水平越低,本辖区的经济发展水平越高。这在一定程度上体现出京津冀区域内各辖区之间密切的往来,形成了对以固定资产投资为代表的资本以及以人口密度为代表的人力等资源的竞争关系。

4.辖区经济发展水平空间溢出作用的不显著。$W*dep.var$ 的估计系数虽在模型(8)中通过了显著性检验,但在其他模型中均未通过显著性检验,这表明京津冀区域内各辖区的经济发展水平受周边辖区经济发展的影响较小,不具有较为明显的空间作用。京津冀的这一表征现象可能与京津冀区域内各辖区之间已相对稳定的经济和社会差异有关,各辖区间虽然在资源上存在往来与交流,但北京、天津与河北省各辖区在经济规模、结构、效益以及增长等方面长期而显著的差异性,冲淡了辖区间竞相赶超的积极性,各辖区经济发展水平更多地受自身经济条件和周边辖区资源条件的影响,而受周边辖区经济发展水平的影响较小。

表4-3 地方财政合作对经济协同的空间模型估计结果

解释变量	被解释变量:经济协同(LNEU)			
	(5)	(6)	(7)	(8)
LNEFI	0.483675 *** (3.16186)	0.511714 *** (3.381224)	0.484044 *** (3.107155)	0.348172 ** (2.000578)
LNUB	1.78242 *** (6.474711)	2.107786 *** (10.228338)	2.352058 *** (8.622596)	
LNFC	0.061347 (0.454227)	-0.049468 (-0.512404)		
LNDS	0.001481 (0.020932)			
W*LNEFI	-0.410099 (-0.42777)	-0.168937 (-0.177777)	-0.916245 (-0.941095)	-0.800923 (-0.792114)
W*LNUB	5.654041 *** (3.690887)	7.137400 *** (6.625556)	2.833931 ** (2.110934)	
W*LNFC	-1.966054 ** (-2.267539)	-2.844394 *** (-5.598783)		

解释变量	被解释变量:经济协同(LNEU)			
	(5)	(6)	(7)	(8)
W * LNDS	−2.066071* (−1.874281)			
W * dep.var.	−0.097023 (−0.664677)	−0.135026 (−0.823207)	−0.350036 (−1.461447)	0.100568*** (3.618520)
R2	0.9445	0.9446	0.9430	0.9477
δ2	0.0339	0.0338	0.0348	0.0319
Log-likelihood	22.21871	20.351018	8.8153937	−3.2476106
Wald Test forspatial lag	53.8969***	52.5173***	4.4643	0.6274
Wald Test forspatial error	56.6391***	55.9306***	2.9131	0.9380

注:以上数据均作了对数化处理;dep.var.表示被解释变量;变量名前加"W *"用于检验相邻地区相应变量的系数;***、**、*分别表示通过显著水平1%、5%、10%检验。

(三)直接效应与间接效应分析

因空间模型估计中的解释变量系数并不具有边际效应的解释作用,需要借用直接效应与间接效应对解释变量的系数估计值进行进一步的阐释,表4-4为四个解释变量的直接效应与间接效应估计结果。从表中的估计结果可以看出,解释变量 LNEFI 的直接效应值为0.4877,通过了显著性检验,而间接效应未通过显著性检验,表明 LNEFI 对于辖区的经济存在正向影响,但并不存在溢出作用, LNEFI 的提高可以有效提升本辖区的经济发展水平,而周边辖区 LNEFI 的变动并不会引起本辖区经济发展的变化;解释变量 LNUB ,其直接效应值为1.7264,通过了显著性检验,间接效应值为5.1062,也通过了显著性检验,其总效应值为6.8325,而因表4-3中的 LNUB 系数估计值为1.78242,说明城镇化水平在作用于经济发展水平时存在0.05602的反馈效应,虽然反馈效应较小,仅占了直接效应的3.24%,但间接效应却是直接效应的2.96倍,表明辖区城镇化水平的提高,所引发的周边辖区经济发展变动与本辖区经济发展变动的比例为1:0.338,城镇化水平具有显著的溢出作用;

解释变量 $LNFC$,其直接效应值为 0.0831,未通过显著性检验,间接效应值为 -1.8371 ,通过了显著性检验,预示着固定投资总额对于辖区的经济发展具有明显的空间影响,本辖区固定投资总额的增长对于周边辖区经济的发展具有一定的抑制性作用;解释变量 $LNDS$,其直接效应与间接效应均没有通过显著性检验,说明人口密度对于辖区的经济发展水平影响并不显著。

表 4-4　经济协同中的直接效应与间接效应估计结果

解释变量	直接效应	T 统计量	间接效应	T 统计量
LNEFI	0.4877	3.2086	-0.4039	-0.4389
LNUB	1.7264	6.2925	5.1062	3.5216
LNFC	0.0831	0.6296	-1.8371	-2.2166
LNDS	0.0161	0.2073	-1.9943	-1.8006

注:以上数据均作了对数化处理;T 统计量为通过 1000 组模拟参数值得到。

（四）主要结论

在实证技术检验的基础上,本书通过构建空间效应的空间杜宾面板模型对京津冀区域内各辖区的地方财政合作与辖区经济发展水平的空间关系进行了实证检验,实证结果表明在京津冀区域之内,辖区的地方财政合作确实对于辖区的经济发展水平具有正向推动作用,并由此有助于区域经济协同的发展;区域内各辖区的城镇化水平和固定资产投资总额对于辖区的经济发展水平表现出了较为明显的空间溢出作用,一个辖区城镇化水平的提高不仅会对本辖区的经济发展具有促进作用,对于周边辖区的经济发展也同样具有显著的促进作用,而一个辖区固定资产投资总额的高低却更多地表现出了其对于周边辖区的负向影响。

第三节　京津冀区域地方财政合作促进社会协同的实证检验

一、模型设定及变量选取

在对京津冀区域社会协同与地方财政合作关系的实证考察分析中,选取了与考察经济协同与地方财政合作关系相同的基本设定模型：

$$SU_{it} = \alpha + \beta \sum_{j=1}^{N} W_{ij}SU_{j\,t} + \theta SFI_{it} + \rho X_{it} + \varphi \sum_{j=1}^{N} W_{ij}SFI_{ijt} + \sum_{j=1}^{N} \gamma W_{ij}X_{ijt} +$$

$$\mu_i + \lambda_t + \varepsilon_{it} \tag{4-9}$$

模型(4-9)与模型(4-8)不同的是，SU_{it} 为京津冀区域中第 i 个辖区第 t 年的社会发展水平；SFI_{it} 为京津冀区域中第 i 个辖区第 t 年的地方财政合作水平。对于模型(4-9)中控制变量 X_{it} 的选择，因在进行社会发展水平测算以及地方财政合作驱动测算中，已经涵盖了公共文化教育服务、公共医疗卫生服务、社会保障服务、基础生活环境服务四类社会发展水平指标以及内部集聚和外部助推两类社会协同中地方财政合作驱动条件指标，为了维持模型设定的有效性，在空间计量模型的控制变量中仅选择了对辖区社会发展具有影响的城镇化、人口密度以及人均 GDP 三个指标：

1. 城镇化指标(UB_{it})。城镇化尤其是"为人民服务"的全方位"新型城镇化"发展理念的提出和宣传，促使愈来愈多的居民对社会公共服务均等化的范围和程度有了更加深入的了解和迫切的诉求，由此较高的城镇化水平往往意味着较发达的经济发展水平和社会发展水平。

2. 人口密度指标(DS_{it})。人口密度对于社会发展具有"双刃剑"的作用，人口密度过低表明该辖区的人口相对规模较小，不利于社会公共服务提供中等规模效应的发挥，会造成公共服务供给成本的提高；而反之，若人口密度过高，表明该辖区的人口相对规模较大，虽然有利于发挥规模效应，但过多的人口会造成公共服务需求的拥挤以及供给压力的增大，也不利于辖区的社会发展。

3. 人均 GDP 指标($AGDP_{it}$)。人均 GDP 不仅可以综合反映出该辖区经济发展的基本水平还可以表现出该辖区人民生活的基础水平。一个辖区的人均 GDP 水平越高，其社会发展的水平越高；反之，人均 GDP 水平越低，则该辖区的社会发展水平也越低。

二、数据来源及数据描述

本书选取了京津冀 13 个辖区自 2007 年至 2013 年的面板数据，对待估模型(4-9)进行实证检验,其中,京津冀区域内各辖区的社会发展水平 SU_{it} 数据,来自于本书第三章测算出的京津冀 13 个辖区的社会发展水平综合评价值;京津冀区域内各辖区的地方财政合作水平 SFI_{it} 数据,来自于本书第三章测算出的京津冀 13 个辖区的社会发展视角下地方财政合作驱动测度值;各外生控制变量数据除特殊说明外也均来自于《中国区域经济统计年鉴》《北京统计年鉴》《天津统计年鉴》以及《河北经济统计年鉴》,并经过整理和计算得出,其各个变量的统计性描述如表 4-5。

表 4-5 变量统计性描述

变量	变量含义	观察值	均值	标准误	最小值	最大值
SU	社会发展水平	91	0.42681	0.151444	0.218592	0.932299
SFI	地方财政合作	91	0.355848	0.128895	0.16013	0.789863
AGDP	人均 GDP(元)	91	25899.34	15205.87	11791.9	89197.32
UB	城镇化率(%)	91	50.25219	14.70652	31.76	86.3
DS	人口密度(人/平方公里)	91	535.6272	221.1314	92.77081	847.2789

注:人均 GDP 数据以 2007 年为基期用 GDP 平减指数进行了数据平减。

三、实证估计及结果分析

(一)实证结果的技术检验

表 4-6 为检验京津冀区域各辖区地方财政合作与辖区社会发展水平关系的非空间面板模型估计结果。从拟合优度 R^2 以及对数似然比 LogL 的估计结果来看,(9)—(12)的四个模型中时期固定效应模型(11)的 R^2 最大,达到 0.7666,空间和时期双向固定效应模型(12)的 Log 值最大,达到 95.8072,但其拟合优度 R^2 指标却仅为 0.1231,故很难在四个模型之中选择出能够较好拟合数据集的非空间面板模型。再从似然比 LR 检验的估计结果来看,检测是否存在空间效应的 LR 检验值为 175.652,已通过了 1% 的显著性检验,说明数据集中存在空间固定效应;而检测是否存在时期效应的 LR 检验值为 20.1034,也通过了 1% 的显著性检验,说明数据集中也存在时期固定效应,故

可以判断出选择空间与时期双向固定效应模型将会更能够拟合好数据集。然后看拉格朗日乘数 LM,在模型(11)、(12)中,检测是否具有空间误差项的 LM 检验和检测是否具有空间滞后项的 LM 检验均通过了 5% 的显著性检验,表明共同拒绝了不存在空间互动效应的原基本假设,可以采用结合了空间滞后模型与空间误差模型的空间杜宾面板模型进行参数估计。由此,综合以上对估计结果的技术检验判断,对京津冀区域各辖区的社会发展水平估计应选择空间与时期双向固定效应的空间杜宾模型进行空间估计(其具体估计结果详见表 4-7)。

表 4-6　地方财政合作对区域社会协同的非空间面板模型估计结果

解释变量	被解释变量:社会协同(LNSU)			
	(9)	(10)	(11)	(12)
	混合 OLS	空间固定效应	时期固定效应	空间和时期固定效应
LNSFI	0.181377 ** (2.459630)	0.090453 (1.565408)	0.174393 ** (2.296408)	0.037602 (0.579460)
LNAGDP	0.226991 * (1.896105)	−0.147513 (0.836209)	0.187578 (1.501702)	0.293940 * (1.853749)
LNUB	1.151388 *** (4.600529)	0.205271 *** (3.954948)	1.251725 *** (4.697002)	1.243770 *** (3.255229)
LNDS	−0.067553 (−1.633106)	0.056105 (−0.490443)	−0.070819 * (−1.758297)	0.467247 (0.742835)
常数项	−7.501006 *** (−14.00972)			
R-squared	0.7595	0.2321	0.7666	0.1231
Rbar-squared	0.7483	0.2057	0.7586	0.0929
LogL	5.8616	85.7555	7.9812	95.8072
LM spatial lag	2.0693	1.3454	2.3575	5.2361 **
Robust LM spatial lag	0.9978	0.4718	0.0590	0.0047
LM spatial error	1.0847	2.3857	3.9102 **	5.4331 **
Robust LM spatial error	0.0132	1.5122	1.6117	0.2017

解释变量	被解释变量：社会协同（LNSU）			
	（9）	（10）	（11）	（12）
	混合 OLS	空间固定效应	时期固定效应	空间和时期固定效应
LR test for spatial fixed effect	LR：175. 6520，Prob.：0. 0000			
LR test for time-period fixed effect	LR：20. 1034，Prob.：0. 0054			

注：以上数据均作了对数化处理；***、**、* 分别表示通过显著水平 1%、5%、10% 检验。

从检验京津冀区域各辖区的社会发展水平与地方财政合作关系的空间杜宾面板模型的递进式回归结果表 4-7 中可以看出，除了模型（16），其他三个模型的拟合度 R^2 均达到 0.8 以上，模型（13）的拟合度 R^2 最大为 0.8546，说明数据集的拟合程度较好。而检验空间滞后与空间误差的两个 Wald 值在（13）—（16）的四个模型中均通过了 1% 的显著性检验，进一步表明选择空间杜宾面板模型对此数据集进行描述是恰当的。

（二）实证回归结果分析

表 4-7 是考察京津冀区域各辖区社会发展水平与地方财政合作关系的空间杜宾模型估计结果，从估计结果可以看出，一个辖区的社会发展水平确实受到以下几个因素的影响：

1.辖区地方财政合作与辖区社会发展水平之间具有正向影响关系，地方财政合作对于区域社会协同的实现具有促进作用。无论是非空间面板模型（9）—（12）的估计结果，还是空间面板模型（13）—（16）的估计结果，*LNSFI* 的估计系数值均为正值，尤其是在空间杜宾面板模型（13）—（16）中，其系数维持在 0. 139755—0. 316732 之间，并均通过了 5% 的显著性检验，表明京津冀区域内各辖区的地方财政合作水平越高越有助于辖区社会发展水平的提升。在京津冀倡导实现区域协同的发展背景下，地方财政合作将有利于促进各辖区在共同提升社会发展水平的基础上缩小社会发展差距，实现京津冀的社会协同发展，与之前提出的理论假说基本一致。但与此同时，*W * LNSFI* 的估计系数值却维持在-2.74417—-0.784848之间,且均为负值,也全部最少通过了10%的显著性检验,表明京津冀区域内各辖区的社会发展水平除了受到本辖区地方财政合作驱动力的影响外,还会受到周边辖区地方财政合作的影响,即周边辖区地方财政合作意愿越高,本辖区的社会发展水平会越低。究其原因,社会发展水平的高低以公共服务提供为主要内容,而公共服务所具有的部分"非排他"、"非竞争"以及效益外溢等特点,激发了政府"免费搭车"的行为动力,当周边辖区达成社会协同发展的地方财政合作意向并共同建设时,本辖区政府对于周边辖区公共服务效益外溢的预期,将会降低其对于本辖区的公共服务供给,从而造成更大的不公平,抑制区域内社会协同的实现。

2.人均GDP对于辖区的社会发展水平具有正向空间溢出作用。模型(13)—(15)中$LNAGDP$的系数估计值在0.296909—0.667659之间,不仅均为正值,且都通过了最少5%的显著性检验,表明京津冀区域中一个辖区的人均GDP水平对于本辖区的社会发展水平具有明显的正向促进作用,随着人均GDP水平的提高,其社会发展水平也将会有所提升。再者,$W*LNAGDP$的系数估计值也均为正值,并也都通过了最少10%的显著性检验,说明提高辖区人均GDP不仅有助于提高本辖区的社会发展水平,还有助于提高周边辖区的社会发展水平,即人均GDP具有空间溢出效应。

3.城镇化水平对于辖区的社会发展水平具有正向促进作用。模型(13)和(14)中$LNUB$的系数分别为0.809019和0.705398,不仅均为正值,还都通过了最少5%的显著性检验,但$W*LNUB$的系数均未通过显著性检验,说明一个辖区城镇化水平的提高将有助于本辖区社会发展水平的相应提升,但并不会对周边辖区的社会发展水平造成显著性的影响。

4.辖区的社会发展水平具有空间溢出作用。模型(13)—(16)中,$W*dep.var$的系数维持在-1.632009—-0.123047之间,且均为负值,除了模型(16)外,均通过了1%的显著性检验,表明辖区的社会发展水平具有空间负向影响,即一个辖区社会发展水平的提高会造成周边辖区社会发展水平的下降。究其原因,模型中辖区的社会发展水平是从社会公共服务供给角度进行的考察,周边辖区社会公共服务水平的提高会吸引更多周边辖区人、力、财、物的聚集,可能会对周边辖区社会公共服务供给的数量以及供给质量带来负面影响。

5.人口密度对于辖区社会发展水平具有负向影响关系。模型(13)中 *LNDS* 和 *W* ∗ *LNDS* 的系数估计值均为负值,但却都未通过显著性检验,表明辖区人口密度水平的变动既不会给本辖区社会发展水平带来明显的变动,也不会给周边辖区带来较为显著的影响。根据一般理论分析,人口密度的高低对于辖区的社会发展水平应具有负向抑制性作用,即人口密度越大其社会发展水平越低,但因常住人口数据从 2010 年才开始进行统计,本书中的人口密度主要是针对户籍人口而计算得出,在当前户籍仍作为获取辖区公共服务基准条件的背景下,以户籍人口为基础的人口密度难以较为准确地表现出其与辖区社会发展水平的显著性负向关系。

表 4-7　地方财政合作对区域社会协同的空间模型估计结果

解释变量	被解释变量:社会协同(LNSU)			
	(13)	(14)	(15)	(16)
LNSFI	0. 143632 ** (2. 137056)	0. 139755 ** (2. 070670)	0. 227382 ** (3. 817119)	0. 316732 ** (2. 561339)
LNAGDP	0. 296909 ** (2. 063491)	0. 354787 *** (2. 776193)	0. 667659 *** (15. 750820)	
LNUB	0. 809019 *** (2. 735240)	0. 705398 ** (2. 450122)		
LNDS	−0. 030005 (−0. 797145)			
W ∗ LNSFI	−0. 784848 * (−1. 713877)	−0. 893889 ** (−1. 984527)	−1. 021698 ** (−2. 541067)	−2. 744170 *** (−3. 478972)
W ∗ LNAGDP	1. 151579 * (1. 926578)	1. 374278 ** (2. 389172)	1. 169465 ***) (4. 882727	
W ∗ LNUB	−0. 252748 (−0. 170388)	−0. 863019 (−0. 595159)		
W ∗ LNDS	−0. 529144 (−0. 681811)			

续表

解释变量	被解释变量：社会协同（LNSU）			
	（13）	（14）	（15）	（16）
W * dep.var.	-1.366043 *** （-4.977315）	-1.263010 *** （-4.643866）	-1.632009 *** （-6.164603）	-0.123047 （-0.524129）
R^2	0.8546	0.8489	0.8396	0.2832
δ^2	0.0337	0.0350	0.0372	0.1662
Log-likelihood	14.570311	15.04119	5.2630578	-44.044179
Wald Test forspatial lag	30.6388 ***	35.6076 ***	37.2776 ***	12.1032 ***
Wald Test forspatial error	14.6287 ***	17.4155 ***	14.3113 ***	12.9887 ***

注：以上数据均作了对数化处理；*** 、** 、* 分别表示通过显著水平 1% 、5% 、10% 检验。

（三）直接效应与间接效应分析

从表 4-8 四个解释变量的直接效应与间接效应的估计结果来看，解释变量 LNSFI 的直接效应值为 0.2475，间接效应值为 -0.5256，都通过了显著性检验，表明京津冀区域内各辖区在社会发展方面的地方财政合作对于各辖区的社会发展、乃至区域的社会协同具有显著的直接促进作用，而同时一个辖区自身的财政合作行为也将会对周边辖区的社会发展水平造成较大的影响；解释变量 LNAGDP 的直接效应值为 0.2201，间接效应值为 0.3888，且在表 4-7 中 LNAGDP 的系数估计值为 0.296909，表明人均 GDP 对辖区社会发展水平的正向直接影响过程中，存在 0.07681 的反馈效应，并穿过周边辖区最后再作用于本辖区，约占直接效应的 34.8%；解释变量 LNUB 的直接效应值为 0.9444，而间接效应值为 -0.7063，表明城镇化水平对于辖区的社会发展水平相较于对周边辖区社会发展水平的影响更多是体现在其显著的正向推动作用上；解释变量 LNDS 的直接效应值为 0.0253，间接效应值为 -0.2772，但因两个效应均没有通过显著性检验，表明人口密度无论是对于本辖区还是对于周边辖区社会发展水平的影响均不明显。

表 4-8 社会协同中的直接效应与间接效应估计结果

解释变量	直接效应	T 统计量	间接效应	T 统计量
LNSFI	0.2475	3.232	-0.5256	-2.2747
LNAGDP	0.2201	1.4684	0.3888	1.3529
LNUB	0.9444	3.4677	-0.7063	-1.0729
LNDS	0.0253	0.2444	-0.2772	-0.6501

注:以上数据均作了对数化处理;T 统计量为通过 1000 组模拟参数值得到。

(四)主要结论

通过以上空间计量模型的检验与参数的估计,可以看出京津冀区域内各辖区的地方财政合作虽然有助于推动本辖区社会发展水平的提高,但却容易影响周边辖区的社会公共服务供给水平,从而影响该辖区的社会发展水平,致使地方财政合作对于社会协同发展存在空间负向"扭曲"作用的可能。而与此同时,辖区的社会发展水平在空间面板模型中也呈现出了对于周边辖区的空间负向影响,这也在一定程度上充分表明辖区在社会公共服务供给过程中,公共服务效益外溢化特征表现明显。由此,若想实现地方财政合作对于区域社会协同的正向推动,应减少政府"免费搭车"偏好而造成的社会发展"扭曲"行为。除此之外,在以上的实证检验中,人均 GDP 无论是对于本辖区社会发展水平还是对于周边辖区社会发展水平均具有正向促进性作用,从而将有助于京津冀区域社会协同的实现;而城镇化水平对于辖区社会发展的影响更多体现在对于本辖区的影响之上,随着京津冀区域内各辖区城镇化水平的逐步增高,各辖区的社会发展水平也将会呈现出较为显著的上涨,从而有利于京津冀区域社会协同的实现;人口密度对于辖区社会发展的影响虽不显著,但其呈现出的负向影响关系,也预示着过高的人口密度也必将会削弱辖区的社会发展水平。

第五章　京津冀区域协同发展中地方
财政合作的困境分析

鉴于京津冀区域的经济社会发展经历了从中央计划性的经济协作到地方自发性的经济合作阶段，再到政府主导性的经济协同阶段，直至现在的国家战略性全面协同阶段，京津冀区域内各辖区之间的协作程度和协作范围愈加深入和广泛，辖区之间的关系也愈发紧密，京津冀区域的共同协作不仅已经成为了一种经济与社会的发展共识，更已成为京津冀区域长期的发展任务和发展目标。第四章京津冀地方财政合作与经济协同、社会协同关系的实证分析，已充分证实地方财政合作对于区域协同发展确实具有一定的促进作用。因此，在京津冀区域内，为推进地方财政合作，进而发挥其对区域协同的助推作用，尽快缩小京津冀区域内各辖区间的经济和社会差距，实现京津冀的区域"一体化"，深入剖析当前京津冀区域内各辖区间展开地方财政合作的困境具有重要意义。结合第三章对于京津冀地方财政合作受辖区间利益关系影响的基础性判断，本章从行政区划阻隔、现行财税制度缺陷、区域内财力差距固化三个因素，从京津冀辖区间利益关系调节角度，对地方财政合作困境进行深入解析（如图5-1）。

第一节　行政区划的阻隔

因我国经济体制是由原来的计划经济体制演变而来的，虽早已向市场经济体制转变，但目前仍处于转型期，所以我国长期一直遵循的都是行政区划性的经济模式，即主要以行政区划边界作为市场分割以及开展经济活动边界的

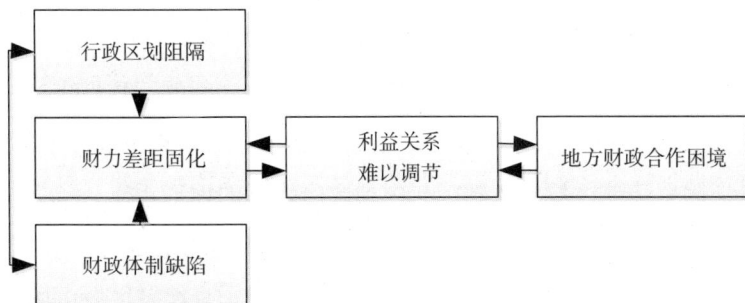

图5-1　京津冀地方财政合作困境传导图

经济发展模式,一般称之为"行政区经济模式"。在计划经济体制下,行政区经济的边界效用极为明显,地方政府对于本辖区经济的干预性极强,经济发展模式的弊端越来越明显,如造成地方保护主义行为的横行、市场的严重分割、基础建设的重复建设以及地区间交易的壁垒,还给资本、技术、人员等生产要素的自由流动制造了众多人为性的阻碍,大大造成了资源的浪费、产业分工的混乱以及生产成本和交易成本的增加,阻滞了我国地区经济与社会的快速发展。在市场经济体制下,现行经济虽未沿袭行政区经济模式中经济活动边界严格与行政区边界挂钩的特殊形态(王志凯,史晋川,2015),但鉴于行政区经济模式中行政区划的典型封闭性特点以及我国经济发展在空间上的路径依赖习惯,我国各个地区的经济与社会发展仍受限于行政区划的设置和干扰。而京津冀区域中首都、直辖市和普通城市的全部涵盖,被称为"中国行政区划中最具有缩影的一个区域框架"[1],京津冀区域的经济和社会发展受行政区划的影响程度更甚,尤其在京津冀协同发展的背景下,行政区划而引发的区域市场的割裂、资源要素配置的扭曲以及正常经济发展节奏的干扰,给京津冀区域内各辖区间的财政合作形成了较为明显的阻隔。

一、区域市场的割裂

在京津冀协同发展的背景下,虽然《规划纲要》中已经明确提出京津冀区

---

[1]　引述于:http://economy.caijing.com.cn/2014-04-20/114114612.html。

域以"城市群"、"新经济增长极"形态而存在,标明了京津冀区域协同发展需要注重京津冀整体效益,且中央政府也提出打破原来一切唯 GDP 的指导思想,但由于京津冀区域协同发展并没有打破京津冀之间的行政界线,各级地方政府之间无论是辖区发展区划还是政府官员所辖区域管理范围并未发生本质变化,且还因京津冀区域内各辖区与中央政府较近的地理距离,一定程度上表现出了更加激烈的辖区间政府竞争和财政竞争,致使无论是要素市场抑或是商品市场都难以实现京津冀区域市场的统一,造成了京津冀区域市场的分割。

如距离北京天安门仅 30 公里,行政隶属于河北省廊坊市三河地区的燕郊被戏称为"北京编外郊县"、"京东燕郊",不仅拥有 20 多家国家部属单位在此建立机构,且绝大部分常住人口也来自于北京,但因行政区划的硬性界限,却造成固定电话一机双号①的市场扭曲行为。再如京津冀区域内的港口建设,在 2014 年以前,天津与河北省 640 公里的海岸线分别投巨资建设了秦皇岛港、京唐港、天津港和黄骅港四大港口,虽然在区位与资源优势稍显不同,但四大港口的主营业务范围与吞吐能力具有明显的"同质化",港口之间和辖区之间不可避免地展开了日趋激烈的无序竞争,不仅对各个港口的健康生存与长效发展带来巨大的压力,还给各辖区的经济发展造成了严重的资金浪费。直至 2014 年渤海津冀港口投资发展有限公司成立,这种激烈的无序竞争关系才告一段落,而渤海津冀港口投资发展有限公司注册资本为 20 亿元②,是天津港口集团与河北港口集团共同出资筹建,以整合、优化和配置京津冀区域港口资源为发展目标之一的公司,该公司的建立有助于京津冀区域消除不必要的内部竞争,在协同发展中形成布局合理、分工高效的区域港口新格局。

而根据江曼琦和谢珊(2015)运用相对价格方差对京津冀间两两进行的市场"一体化"测度,京津冀、京津、京冀以及津冀市场分割指数如图 5-2。从图中可以看出,自 2004 年到 2013 年十年间京津冀、京津、京冀以及津冀的市场分割指数均呈现出大体的波动式收敛趋势,但整体的收敛速度则较为缓慢。

---

① 北京区号 010,河北廊坊三河区号 0316。
② 京津冀协同发展再结硕果 津冀整合港口资源,http://news.enorth.com.cn/system/2014/08/18/012090866.Shtml。

其中,京冀的市场分割程度最高,表明京冀的市场"一体化"程度最低,京冀之间的区域市场割裂程度最强;相对而言,津冀的市场分割程度最低,表明津冀具有一定程度的"一体化"市场,津冀之间的区域市场割裂程度较轻;而京津的市场分割程度居中,并表现出先上升后下降的变化趋势。由此可以判别出,京津冀区域内各辖区因行政区划而造成的市场割裂程度正在随着京津冀区域全方位的协同合作而逐步缩小,但因各辖区经济与社会发展的政府职能实现仍需依托于行政区划界限,不利于京津冀区域统一市场的迅速形成。而当前市场的割裂必然会影响要素以及产品的自由流动,给京津冀区域内各辖区间展开各种合作形成资源优化配置的壁垒,从而造成合作效果的削弱甚至失效。

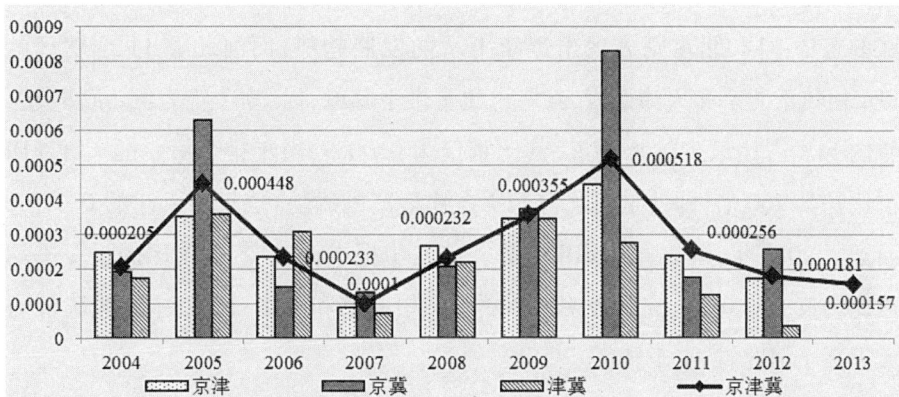

图5-2　京津冀市场分割指数变动趋势

数据来源:江曼琦、谢珊:《京津冀区域市场分割与整合的时空演化》,《南开学报(哲学社会科学版)》2015年第1期。

二、资源要素配置的扭曲

较为严格的行政区划造成了京津冀区域市场的割裂,为区域内各辖区单体经济和社会发展创造了"便利"条件和环境。为了获取更多、更优质的资源和生产要素,以实现本辖区长效的经济和社会发展,行政区划的存在虽然一定程度上束缚了资源、资本、人力、技术等生产要素的自由流动,却进一步强化了各个辖区发展的独立性,且各个辖区间存在较为明显的要素禀赋差异,区域内资源配置出现扭曲。

(一)辖区个体利益与区域整体利益矛盾

京津冀因各辖区之间资源要素禀赋的差异性,资源要素竞争已然存在且仍旧明显。因资本是所有辖区经济和社会发展均迫切需要的重要资源,通过考察京津冀区域内各辖区 FDI(Foreign Directive Investment,外商直接投资)所占京津冀全域 FDI 的比重,不仅可以显示出京津冀区域内各辖区资本要素的占有情况,还可以在一定程度上反映出京津冀区域内各辖区之间政府对资本的竞争情况(邹蓉,2013)。根据表 5-1 可以看出,京津冀区域内天津的 FDI 占比最高,不仅平均达到 0.49 的比重,且从 2007 年到 2013 年,其比重一直呈现逐年上升的趋势;北京的 FDI 占比平均为 0.317,仅次于天津,但与天津上涨的态势不同,北京则表现出逐年下滑的发展趋势;而河北省 11 个辖区的 FDI 相较于北京和天津而言,其所占比重微乎其微,以 2007 年为例,京津冀区域内 FDI 占比最少的承德市,其比重仅为 0.0009,当年排名第一的天津 FDI 占比是其 460 倍,即使是河北省 FDI 占比最高的廊坊,也仅为天津的 6.67%,而到了 2013 年,河北省的 FDI 形势并未发生根本性改变,各辖区的投资平均占比仍仅为 0.0184,充分表明京津冀区域中北京和天津对于资本的吸附能力大大高于河北省 11 个辖区。

表 5-1　京津冀区域内各辖区的 FDI 占比

年 地区	2007	2008	2009	2010	2011	2012	2013
北京市	0.3970	0.3594	0.3266	0.3024	0.2846	0.2786	0.2681
天津市	0.4136	0.4385	0.4813	0.5155	0.5266	0.5203	0.5292
石家庄市	0.0256	0.0260	0.0290	0.0116	0.0148	0.0294	0.0300
唐山市	0.0503	0.0494	0.0423	0.0415	0.0436	0.0421	0.0423
秦皇岛市	0.0267	0.0237	0.0244	0.0236	0.0242	0.0218	0.0232
邯郸市	0.0130	0.0150	0.0177	0.0234	0.0257	0.0271	0.0266
邢台市	0.0118	0.0115	0.0109	0.0121	0.0146	0.0123	0.0130
保定市	0.0137	0.0316	0.0227	0.0225	0.0175	0.0190	0.0199
张家口市	0.0037	0.0038	0.0043	0.0048	0.0055	0.0085	0.0086

续表

年 地区	2007	2008	2009	2010	2011	2012	2013
承德市	0.0009	0.0033	0.0036	0.0033	0.0021	0.0042	0.0011
沧州市	0.0122	0.0095	0.0088	0.0111	0.0117	0.0123	0.0128
廊坊市	0.0272	0.0250	0.0247	0.0233	0.0232	0.0183	0.0188
衡水市	0.0042	0.0033	0.0037	0.0048	0.0059	0.0062	0.0063
河北平均	0.0172	0.0184	0.0175	0.0165	0.0172	0.0183	0.0184

数据来源:2008—2014 年《北京统计年鉴》《天津统计年鉴》《河北经济年鉴》。

但在资源的吸附过程中,各辖区为了实现本辖区的收益最大化目标,不仅将周边辖区的利益"忽略不计",甚至还将区域效益最大化"抛之脑后",造成资源一定程度上的配置扭曲。如北京拥有极度丰富的科技创新资源,京津冀之间在 2014 年 8 月未签署"1+5"合作协议之前,河北与天津并没有借助北京如此鲜明的科技与人才优势,以中关村合作园区为例,中关村与北京建立合作关系的园区曾经有 60 多个,却大部分分布在长三角和珠三角地区,而与北京具有相近文化、相邻地理的天津与河北各辖区却鲜有合作园区,直至近期京津冀协同发展上升至国家战略,中关村秦皇岛分园、滨海—中关村科技园等合作项目才开始在河北部分辖区以及天津落户,这从一个侧面反映出京津冀区域内各辖区之间在资源配置方面存在区域利益的扭曲,而这种扭曲若不采取相应的纠正措施,将会对各辖区之间的深度合作带来较大的负向影响。

(二)特殊户籍限制

与行政区划相匹配的户籍制度,也在一定程度上造成了要素配置的扭曲。基于大部分公共物品和公共服务受益范围的有限性,以及我国财政分权体制下越发沉重的地方财政压力,我国大部分地区的公共物品和公共服务的获得一般会与户籍挂钩。随着我国户籍制度改革的逐步推行,以行政区划为核心而引起的人口流动约束正在逐渐淡化和消除,但京津冀特殊的户籍政策,导致京津冀流动人口在改善生活水平诉求的实现过程中遇到了各种政策阻碍,影响了其享受公共服务的基本"公平"权利,制约了人口要素在京津冀区域内的自由流动和迁移。

1.我国户籍制度改革的演进

中国现行的户籍制度主要源于新中国成立前的户口登记制度,其主旨是为了规范和便捷城市人口的管理。1955 年《关于建立经常户口登记制度》中涉及了变更居住地需要官方批准的内容,但对于人口的迁移并未有所限制,到了 50 年代后期,国家重点发展工业的宏观政策、粮食的严重短缺以及城乡居民的人为划分(段平忠,2013)致使 1957 年 12 月下发了《关于制止农村人口盲目外流的指示》,1958 年 1 月下发《户口登记条例》,标志着中国以限制农村居民人口流动的特有户籍制度(即"二元"户籍管理制度)应运而生。户籍制度的严格限制,不仅约束了人口的自由流动,还致使本应具有平等国民待遇的公众,因"农业户口"与"非农业户口"不可逾越的身份标签,构成了社会公共服务数量或质量都截然不同的"城乡二元"社会结构。

随着我国步入改革开放阶段,经济建设成为中国发展的基本国策和核心思想,以"家庭联产承包责任制"为标志的经济体制改革、城市居民食品配给制度的废除、农业产出增长率的提高以及农村剩余劳动力的"释放",辖区间人口流动的期望和需求愈发迫切,促使严格的户籍制度慢慢出现松动迹象,如给予部分科技骨干、边防海防军官家属、三线地区职工等群体的特殊"农转非"政策。此外,1984 年《关于农民进集镇落户问题的通知》首次对户籍制度进行了改革,并允许部分务工人员迁移并落户,这大大激励了农村居民向城镇的流动和集聚。随后 1992 年《关于实行当地有效城镇居民户口制度的通知》、1997 年《关于小城镇户籍制度改革试点方案》、2000 年《关于促进小城镇健康发展的若干意见》的颁布以及 2003 年《城市流浪乞讨人员收容遣送办法》的废除,也都在逐渐弱化户籍制度对于人员流动的限制,增强城乡之间的人员流动性,从而鼓励人口要素的市场化配置和优化。尤其 2012 年《关于积极稳妥推进户籍管理制度改革的通知》,更是明确提出"引导"落户的户籍管理制度新理念;2013 年 11 月《关于全面深化改革若干重大问题的决定》中提出建制镇和小城市全面放开、中等城市有序放开的户籍制度改革方向;2014 年 7 月则正是颁布了《关于进一步推进户籍制度改革的意见》,提出正式取消"农业户口"、"全面实施居住证制度",我国实行了半个世纪的"农业"和"非农业"的二元户籍管理模式正式退出历史舞台,农民和市民的边界从制度上被彻底打破;2015 年 11 月《十三五规划建议》更进一步提出要促进"农村转移人口举家进城落户",12 月公布了《居住证暂行条例》,对于非户籍常住人口申领居住证,以及居住证持有人的基本权利保障给予了充分的解释和说明。至此,从制度框架上看,我国户籍对于人口要素的流动限制已经基本废除,以行政区划为依托的"户籍墙"不再是流动人口获取社会公共服务、享受社会发展水平不可逾越的制度障碍。

2.北京与天津户籍制度的特殊性

户籍改革正在进行之中,且户籍制度并未废除,户籍在人口的现实生活和流动方向选择中依旧扮演着非常重要的角色。尤其在京津冀区域,因北京与天津均属于特大城市,其户籍的管理依然处于"严格控制"阶段,京津冀区域内各辖区之间的人口流动仍需受到北京、天津落户制度的约束。众所周知,北京拥有全国最丰富的优质资源,虽然优质公共资源的供给、良好福利的获得往往与北京户籍具有着密切的联系,但对于想提升生活品质、获取更佳平台的众多人员而言仍旧具有着极大的诱惑力。如 1979 年北京的常住人口为 897.1 万人,其中常住外来人口 26.5 万人,增加的人口规模中净流入人口为 4.7 万人,占人口增加规模的 18.36%;2006 年北京常住外来人口 403.4 万人,当年自然增加人口 16.9 万人,净流入人口 46.1 万人,占人口增加规模增至73.17%;2013 年北京市常住外来人口已达 802.7 万人,净流入人口为 28.9 万人,占当年人口增加规模的 63.52%。而天津作为京津冀的第二大城市,其外来人口规模也是逐年递增,2006 年常住外来人口为 139 万人,年净流入人口为 24.65 万人,占当年人口增加规模的 98.80%;2013 年天津的常住外来人口增至 440.91 万人,年净流入人口为 48.12 万人,占比达 99.25%。如图 5-3 所示,北京和天津自然增加人口规模均较为稳定,天津与北京的常住外来人口均表现出逐年增加的态势,尤其是天津年增加的常住外来人口所占人口增加的比重上涨趋势非常显著,虽然北京净流入人口占增加人口的比重正在呈现下降的趋势,减缓了外来人口增长的速度,但常住外来人口绝对规模仍在不断上升。因此,北京与天津形成的如此庞大的人口规模主要来自于人口流动的

"贡献"。相较于北京和天津,河北省各辖区的外来流动人口相对较少,以2005 年为例,河北省共计流动人口约 29 万,仅为北京流动人口的 8% 左右,为天津流动人口的 24%,其中河北省流动人口的 70% 主要为省内流动①。

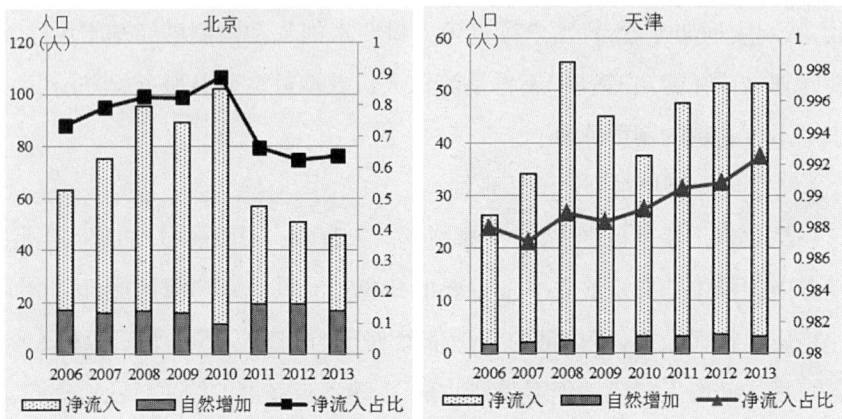

图 5-3　北京和天津人口变动情况

注:净流入=市外迁入-迁往市外人口;数据来源于历年《北京统计年鉴》、《天津统计年鉴》,且经计算得出。

虽然《居住证暂行条例》的公布宣告了全国户籍制度管理最为严格的北京户口政策正在逐步"破冰",并给予了居住证持有人在义务教育、基本公共就业服务等 6 项基本服务和 7 项基础便利,明确突出当地政府具有为常住居民提供基本公共服务的职能和责任,但京津冀区域的北京与天津作为超大型城市,对于持居住证人口最终如何落户,仍需根据"城市综合承载能力和经济社会发展需要"以及"积分落户制度"予以解决。由此可以看出,《居住证暂行条例》的公布促成了居住证的制度化,其有效保证了城市中缺乏本地户籍的常住人口享受当地基本公共服务的基础性权益,但也一定程度上表明户籍与居住证仍存本质差别,政府对于户籍的约束并未真正完全放开,户籍在我国仍旧具有非凡的意义。就北京、天津户籍与居住证的福利所受范围来看,京津冀高等教育入学招考门槛就已经鲜明表示出了北京、天津以及河北户口的截然

①　数据来源:根据国家卫生和计划生育委员会流动人口司,《中国流动人口发展报告2010》,中国人口出版社 2010 年版,第 217 页的相关数据计算得来。

不同与偌大差距。

　　总之,一方面,京津冀北京与天津特殊的户籍价值,吸引了京津冀高精尖人才向京、津的单方向流动;另一方面,北京与天津丰富的就业机会、经济资源、社会资源,也吸附了京津冀普通就业人口向京津的集聚与涌动。但一个城市的承载能力是有限的,随着涌入人口规模的不断积聚,北京与天津愈发无法消化和解决如此众多常住人口而引发的"大城市病"和越来越大的地方财政压力。北京非首都功能的疏解以及居住证制度的实施,虽然可以解决部分城市病以及流动人口的部分公共服务供给问题,但因户籍制度的瓶颈、居住证制度公共福利的受限等一系列公共服务差距根本问题的未解决,人口要素的自由流动仍受人员流动意愿、公共服务提供成本等因素的制约,无法实现京津冀人口要素的自由流动与优化配置,从而给京津冀区域内各辖区间财政合作的展开带来障碍。

三、正常经济发展节奏的干扰

　　2004 年温家宝在"树立和落实科学发展观"的讲话上首次提出了"服务型政府"理念,2005 年 3 月在《政府工作报告》中又再次强调,2012 年 11 月"建设人民满意的服务型政府"被写入了十八大报告之中,2013 年提出"增强政府服务职能",从"全能型"转向"服务型"的政府建设目标成为《关于完善社会主义市场经济体制若干问题的决定》中重要的内容。至此,服务型政府的构建已经成为我国行政体制改革的一个重大目标。而所谓服务型政府是指通过发挥政府的宏观调控与社会管理职能,以有效满足人民、社会、公众的需求。结合"服务型政府"以及"市场决定性作用"的政府与市场关系的新定位,政府与市场之间互补互促的发展路径也逐渐清晰起来。

　　但在京津冀区域之内,因北京既是首都,又是政治中心、文化中心、国际交流中心,汇聚了众多企业与机构的总部,无论从宏观角度还是微观角度,北京都带有浓郁的"决策色彩",扮演着复杂的角色,承载着众多而复杂的功能。因此,自古以来,北京在其长期的经济发展历程中,都获得了中央较多的政策惠顾和政策倾斜以及周边资源的全力支持,具有相对较为浓厚的行政控制色彩,无论是"首都经济圈"、"大北京"概念的提出,抑或是河北"环首都经济圈"的想法,以及当前的京津冀区域建设,都明确以北京作为区域核心,相对而言忽略了京津冀区域中天津、河北地位的平等性。由此可以总结出,京津冀的发展是在政府主导下以行政规划的方式逐步发展而来,在京津冀区域的经济和社会发展中政府对于市场中的各种干预,因无法变更的行政地位而仍旧频繁出现。

以北京和河北为例,因河北省境内大约有1200余条道路与北京相连,且有4市14县与北京接壤,河北每年都需要投入大量人力、物力、财力以维护北京的日常安全和重大活动安全,如全国两会、法定节假日、奥运会、APEC会议、70周年阅兵等,由此所耗费的直接成本和间接损失较大。2011—2013年河北省因北京"两会"投入财政资金60.35亿元,秦皇岛暑期安保经费投入7.59亿元,其中2012年怀来县在北京"两会"等重大活动期间的财政投入就高达0.3亿元,占其当年一般预算收入的4.41%。除了直接资金上的投入外,因许多重大活动都需要关停或限产诸如采矿、水泥、钢铁、建筑等污染较重的企业,由此引发的间接地方税收损失均由地方承担。如2011—2013年承德、张家口、廊坊以及保定四个城市因重大活动带来的间接损失三年分别为81.53亿元、99.29亿元、84.36亿元,叠加直接投入资金,三年中四个城市的经济损失已高达294.39亿元。

京津冀长期的雾霾天气,给环绕北京并以重工业为核心产业结构的河北带来了环境污染压力,为了有效落实国务院《大气污染防治行动计划》,迅速改善京津冀区域生态环境质量,河北省不仅制定了目标责任书,更于2013年着手实施了"6643"工程①,以完成节能减排的"行政任务"。该工程虽然有助于京津冀区域生态环境的改良,但对于河北省财政经济的平稳运行产生较大影响。根据相关部门的测算,压缩6000万吨粗钢产能会减少当年地方税收约27.6亿元,压减6100万吨水泥产量会减少河北省地方可用财力约27.1亿

① "6643"工程是指计划到2017年压减6000万吨钢铁、6100万吨水泥、4000万吨燃煤以及3600万重量箱平板玻璃产能。

元,减少4000万吨原煤消耗会减少地方税收约7.4亿元。按照现行财政体制政策,加上中央给予的增值税与消费税税收返还损失,地方可用财力将会进一步减少。如果考虑产能、产量削减所带来的资产损失、下岗失业等企业经济和社会问题,财政还需给予适当的补贴、奖励和贴息等资金支持。2014年的"APEC蓝"仅河北石家庄就造成2000万的公交车运营亏损①,2015年的"阅兵蓝"石家庄800多家企业、10吨以下的锅炉停产,一边是财政税收的锐减,另一边是财政补贴支出的激增,两项相加则给当地地方财政带来沉重的财政负担,企业生产的基本权利无法得到真正的保障,如若考虑企业因非连续生产所带来损失则更大。

无论是为保障北京重要活动顺利进行的安保支出,还是为了改善京津冀生态环境而发生的节能减排支出,虽然此类活动均具有重要的意义,但都是通过行政手段的方式对河北省各种资源的支配和调用,且在市场经济体制下进行了无偿的使用,不仅给本地辖区带来了众多的人力、物力和财力耗费,打乱了企业正常的生产和经营节奏,扰乱了市场的基本秩序,更增加了本地辖区财政的支出压力,给京津冀协同发展的辖区间合作带来负面的影响。

第二节　现行财政体制的缺陷

在我国现行财税体制的运行机制下,因分税制而形成的"中国式分权"体制的约束、税收利益分配机制的不公以及纵向和横向转移支付制度的缺位,致使京津冀区域内各辖区通过地方政府间的财政合作来加速推进区域协同发展的路径受到阻滞。

一、财政分权体制的束缚

（一）愈发紧张的地方财力

从全国范围来看,1994年分税制改革使得全国各个地方政府的财力愈发

---

① 为了鼓励居民绿色出行,APEC会议期间乘坐公交车免费。

紧张。如图5-4所示,分税制改革以前地方财政收入所占全国财政收入比重高位运行,如1979年其比重高达84.48%,而中央财政收入的比重仅为15.52%,直至分税制改革前的1993年地方财政收入的比重还高达77.98%;而经过分税制改革之后,1994年中央与地方的财政收入占比出现了"跳跃",中央所占的比重一下拉升至55.70%,地方所占的比重却一下重挫至44.30%,一年的时间陡然下降了33.68个百分点。而与此同时,中央与地方的财政支出比重却未呈现出与收入比重相对应的变化,如图5-4自1978年至2014年的中央与地方财政支出所占全国财政支出的比重走势图,中央财政支出所占的比重并未因1994年分税制而带来财政收入的集中,与之相反却呈现出逐年下降的趋势;而部分财权因分税制而上移至中央的地方财政,其财政支出所占的比重不仅没有下降,反而却呈现出了快速的上涨,如1993年中央与地方的财政支出比重分别为28.26%、71.74%,而时至2014年其财政支出的比重分别为14.88%和85.12%,即2014年地方政府运用全国54.05%的财政收入承担了全国85.12%的财政支出,地方财政支出的缺口高达53231.9亿元。

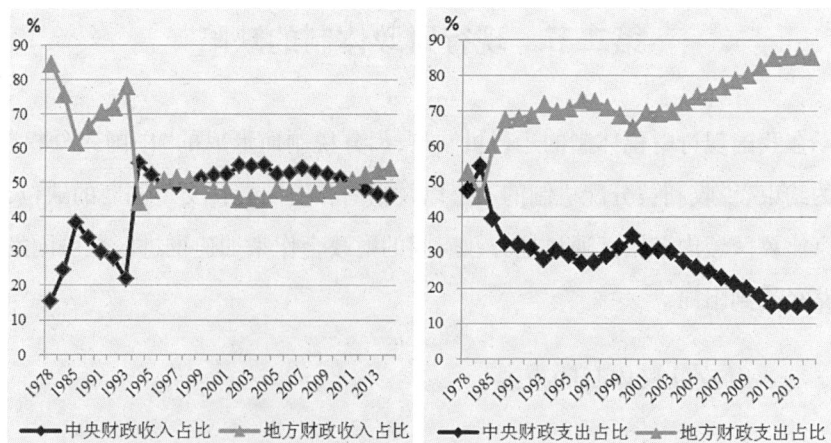

图5-4　中央与地方的财政收入、财政支出占比

数据来源:相关数据均来源于历年的《中国区域经济统计年鉴》。

具体到京津冀区域(图5-5),其在分税制改革前的1993年,京津冀13个辖区内除了邢台、承德、沧州、衡水①,其他辖区的财政支出与财政收入之比均小于1,表明当时大部分辖区在财政收支方面基本上可以实现自收自支大体平衡;但1994年推行分税制改革后,各辖区的财政收支关系发生了很大的变化,当年就仅剩北京、石家庄、唐山、秦皇岛、邯郸以及保定六个辖区的财政支出与财政收入的比重小于1,即表示当地财政收支自身并不存在缺口,但自1995年至今,京津冀13个辖区的财政支出与财政收入之比一直高于1,尤其是河北省各辖区的平均比重明显呈现逐年上涨的态势,预示着辖区的财政收支缺口规模正在逐年扩大。

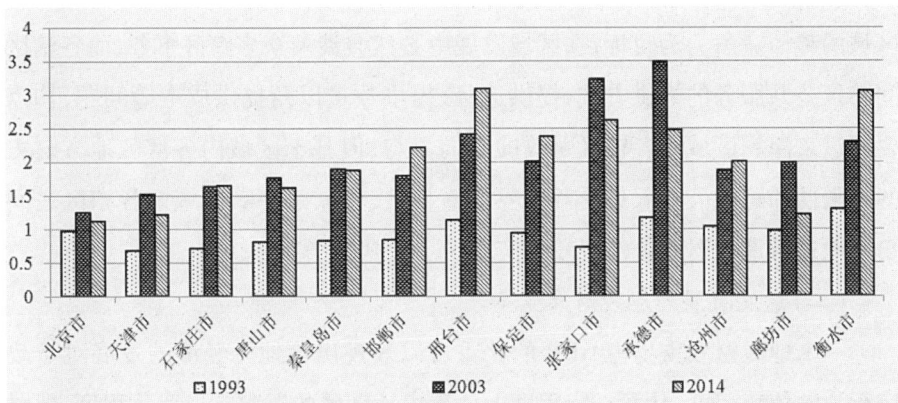

图5-5 京津冀区域内各辖区的财政收入与财政支出之比

京津冀区域内各辖区极为有限的财政收入,面对财政支出的"刚性"扩张,均承受着财政收支缺口规模逐年扩大的现实。但一方面因各辖区之间为了吸引和稳定优质资源与稀缺资源在本辖区的长效发展,从而实现扩大税源、提升本辖区长期可用财力的目标,辖区之间自然而然展开了各种财政、税收竞争。虽然京津冀协同发展已经在中央层面上以国家战略的形式提出,但财政分权背景下京津冀区域内各辖区之间截然不同的可用财力,不仅难以在京津

---

① 1993年邢台、承德、沧州与衡水的财政支出与财政收入之比分别为1.1322、1.1684、1.0287和1.2968。

冀协同发展中自发整合并凝结有效地方政府财政合力,反而更易激发辖区各自为战的发展动力,给京津冀区域协同中实现地方财政合作形成了难以跨越的制度障碍;另一方面,"服务型政府"理念的提出,进一步明晰了地方政府对于公共服务进行有效提供的事权责任,倒逼各辖区的地方政府不仅需要将工作重心转至"以人为本"的政府服务上来,更迫使地方财政支出在公共服务方面加大投入力度,以加速提升各辖区以及整个京津冀区域的基本公共服务水平,并尽快实现京津冀基本公共服务水平的均等化和优质化,但因事权的责任明晰并未给予相应匹配的财力保障,各辖区尤其是河北省内各辖区的地方财政压力将随之更大,在自身财力本就已经比较紧张的情势之下,对于与周边辖区的财政联合也将失去积极性;再者,京津冀区域协同的发展是以提升京津冀区域的整体竞争力为目标,在区域发展中必然会涉及众多跨区事务,而各辖区间跨区公共服务的提供方式、提供途径、提供数量以及提供成本等问题,均需要通过京津冀区域内各辖区财政的共同参与,但基于区域内各辖区地方财力的有限性和跨区公共服务受益边界的模糊性,仅靠京津冀区域内各辖区之间自发地进行地方财政合作将较难实现。

(二)愈发激烈的地方财政竞争

一个地区财政支出占 GDP 的比重可以表现出该地区经济的发展对于政府行为的依赖程度,从而一定程度上体现出该辖区的财政支出竞争程度,即财政支出占 GDP 的比重及增长速度越高,表明该辖区地方财政竞争程度越高,反之则越低。图 5-6 和表 5-2 分别表示为京津冀三地间的财政竞争发展趋势以及京津冀区域内各辖区 2007—2013 年度的地方财政竞争程度。其中图 5-6 显示出,京津冀三地财政支出占 GDP 的比重均呈现较为明显的上涨趋势,既表明三地 GDP 对于政府行为的依赖程度越来越高,也一定程度上反映出三地财政支出竞争程度也越来越高。再者,京津冀三地中河北省财政支出占 GDP 比重的图形较为陡峭,说明河北省的财政支出占 GDP 比重增长最快,进而表明河北省相较于北京和天津而言,其总体上财政支出竞争程度较高。根据表 5-2 还可以进一步判别出京津冀区域内各辖区的地方财政支出竞争程度及走势,各辖区的财政支出占 GDP 比重都呈现出逐年上升的态势。其中 2007 年北京、天津以及张家口的比值最高,而 2013 年北京、张家口以及承德的比值最高,这充分表明相较于其他辖区,这几个辖区的 GDP 对于政府财政支出的依赖程度较高,一定程度上反映出该辖区的地方财政竞争程度也越高,从而表现出辖区政府想通过财政支出而提升经济与社会发展的意愿较为强烈。

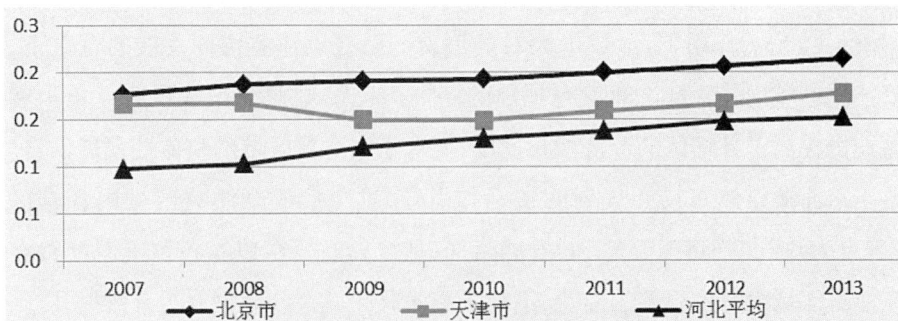

图 5-6　京津冀间财政竞争趋势

数据来源:2008—2014 年《北京统计年鉴》《天津统计年鉴》《河北经济年鉴》相关数据整理计算得出。

表 5-2　京津冀区域内各辖区的地方财政竞争

	2007	2008	2009	2010	2011	2012	2013
北京市	0.1764	0.1868	0.1908	0.1925	0.1997	0.2061	0.2140
天津市	0.1662	0.1673	0.1495	0.1493	0.1589	0.1662	0.1774
石家庄市	0.0691	0.0683	0.0803	0.0897	0.0988	0.1031	0.1075
唐山市	0.0694	0.0722	0.0750	0.0744	0.0812	0.0836	0.0812
秦皇岛市	0.1058	0.1164	0.1289	0.1459	0.1576	0.1755	0.1714
邯郸市	0.0810	0.0779	0.0981	0.1117	0.1178	0.1255	0.1199
邢台市	0.0936	0.1109	0.1256	0.1422	0.1502	0.1633	0.1615
保定市	0.0952	0.1052	0.1158	0.1312	0.1358	0.1410	0.1585
张家口市	0.1629	0.1542	0.1940	0.1880	0.2070	0.2161	0.2239
承德市	0.1374	0.1494	0.1707	0.1754	0.1742	0.1995	0.2058
沧州市	0.0686	0.0728	0.0875	0.0967	0.1023	0.1108	0.1170
廊坊市	0.0952	0.1013	0.1152	0.1330	0.1415	0.1494	0.1505
衡水市	0.0995	0.1054	0.1386	0.1434	0.1479	0.1591	0.1734
河北平均	0.0980	0.1031	0.1209	0.1301	0.1377	0.1479	0.1519

数据来源:2008—2014 年《中国区域经济统计年鉴》相关数据整理计算得出。

在京津冀协同发展的进程之中,京津冀区域内各辖区于地方"自利"与区域"共赢"间的博弈在地方财政竞争与财政合作中显而易见,而适度的政府间竞争虽有助于提升政府的行政效率,有利于提高财政资金的使用效率,但就现实情况而言,竞争的适度原则却难以把控,最终在"经济人"的利益驱使下,造成了众多的地方政府间过度竞争以及恶性财政竞争,致使大量财政资金在"刚性"支出的作用下,形成了大量的浪费。而在京津冀协同发展的背景下,京津冀区域内各辖区之间没有规划的"锦标赛式"财政支出和税收竞争虽然短期内提高了各辖区的经济增长速度,但对于京津冀区域的整体性发展而言,鉴于京津冀整体布局和规划的缺乏和引导,难免形成京津冀区域内各辖区"各自为政"、"一亩三分地"的发展格局,造成财政资金以及各种资源配置在京津冀区域内一定程度的浪费,不利于京津冀区域整体竞争力的有效提升。

由此,鉴于我国当前财政分权、政治集权的特殊财政体制短期内无法改变,各辖区间的政治晋升竞争无法从根本上予以消除,虽然在京津冀区域的共同建设中,各个政府官员会相较于协同发展前对区域整体利益有所"顾及",但在"自我利益最大化"的"经济人"心理推动下,仍具有牺牲区域利益实现辖区利益的"道德风险",为了追逐"政治晋升资本"而展开与周边辖区的恶性竞争、无序竞争,而将协同发展变成单纯的"造城运动"以拉动本辖区的经济增长,反而抑制甚至破坏京津冀的协调与合作。

二、税收利益分配机制的不公

从地方财政合作的内容上看,地方财政合作主要包含财政收入合作与财政支出合作,而税收作为财政收入最为核心的内容之一,各辖区之间税收政策的协调与否会作用于区域内各辖区的资源与要素流动,从而影响资源与要素在区域内的配置,进而对区域协同发展形成影响。由此,京津冀协同发展中各辖区之间的税收政策对于地方财政合作的实现以及效果的达成均具有较大影响。而就京津冀当前各辖区的税收政策而言,因基本税收政策执行的不统一、税收优惠政策设定的差异性以及协同税收新政的较窄适用性等原因,均阻碍了京津冀地方财政合作的推进。

（一）税收与税源背离的典型性

因我国现行税制要求企业在注册地汇总缴纳相关税款,之后由总部地区的当地政府再根据子公司(分公司)缴税比例给予一定返还,这种并非以税源发生地为标准进行税收征缴的税制设计使得分公司与总公司、生产基地与总部之间会产生税收的不公平流动,从而造成税源与税收的背离。虽然《跨省市总分机构企业所得税分配及预算管理办法》于 2012 年发布,并提出 25∶50∶25 的企业所得税分配方案,但邮政、银行、石油等行业并不适用该分配办法,总分机构的税源与税收不一致问题并未得到彻底解决。而当下的京津冀区域,因跨国和大型公司在北京与天津设立总部的机构较多,总公司与分公司(子公司)、总部与生产基地之间的税收流动现象较为普遍。依据《全国 35 个主要城市总部经济发展能力评价报告(2013)》,京津冀中北京和天津因其特殊的政治地位、良好的经济条件位列于全国总部经济发展城市排名的第一位和第六位,而河北省省会石家庄则位居第 27 位,表明北京与天津具有吸引跨国和大型公司在其设立总部的比较优势。《中国总部经济发展报告 2013—2014》中还明确指出 2013 年世界 500 强企业中有 48 家已在北京设立了总部,2 家在天津设立了总部,仅有 3 家在河北省设立了总部;全国 500 强企业已经有 100 家在北京设立了总部,有 20 家也已在天津设立了总部。总部的设立虽然凭借各跨国公司与大型公司雄厚的经济实力和资源优势,不仅对其自身的城市发展具有显著的推动作用,还对其周边辖区的经济快速发展具有“链条”拉动和辐射作用,但因在具体经营过程之中,跨国公司或大型企业的生产基地与其总部管理通常表现为异地经营,税源与税收易出现不一致。如 2012 年北京有 218 家上市公司,均在北京以外设有子公司,并资产规模超过 3 万亿元,其中 11.4% 的子公司分布在天津与河北省各地区,占据全部子公司营业收入的 10.4%,而在这 218 家上市公司之中,中关村的 201 家上市公司当年合并报表营业收入就已经高达 1.3 万亿元,其 75.4% 的收入主要来自于中关村以外。但因其上市公司的总部均设在北京,北京会获得相对更为丰厚的税收收入。

此种税源与税收的背离与不一致,致使在京津冀区域协同发展中疏解北京非首都功能而引发的相关产业与企业搬迁既会影响迁入地的税收收入,也会影响迁出地的税收收入,原本隐性的税收竞争在产业转移与企业搬迁中逐渐显性化,激发起政府的不积极情绪和行为,不利于京津冀区域协同背景下的地方财政合作。

(二)税收政策的碎片化

一方面,在京津冀区域内,由于缺乏辖区之间税收政策长期有效的协调性,在现行税法所给予的省级税收调控幅度内,京津冀之间的部分基本税收政策存在一定的差异性。如"营改增"之前,在娱乐业的营业税率执行档次的选择上,北京按照5%、10%、20%三档税率征收,天津按照5%、7%两档税率征收,而河北则按照5%、10%两档税率征收。相同行业不同税率的设定与执行,会在一定程度上造成同行业在不同辖区的经营成本差异和经营收益差距,不仅会妨碍相关行业要素与资源在京津冀辖区之间的自由流动和优化配置,影响各辖区在产业结构方面的调整,还会给地方财政合作形成政策上的协调阻碍,抑制京津冀产业转移的自由程度与产业升级的积极性,遏制京津冀协同发展的实现速度。

另一方面,京津冀由于所属"税收洼地"的层次不同,其区域内的税收优惠政策呈现出碎片化状态。在中央提出"清理规范税收优惠政策"的背景下,虽然依靠税收优惠政策所获得的资源配置优势空间越来越狭窄,但有限的税收优惠政策仍旧对区域内各辖区的优质、稀缺资源和要素分配以及流向具有较强的导向性作用。如为促进企业的科技创新与技术升级,京津冀三地都在积极打造创新示范区,但由于北京的中关村属于国家自主创新示范区,中央给予了其在研究开发费用加计扣除、职工教育经费税前扣除、股权奖励个人所得税分期缴纳、法人合伙人企业所得税抵扣、技术转让所得企业所得税减免、企业转增股本个人所得税分期等多项税收优惠政策;而天津的滨海新区是国家综合改革创新区,中央给予了其在高新技术企业所得税、固定资产折旧率、无形资产摊销年限、融资租赁船舶出口退税等方面的税收优惠政策;河北的产业园区因未达到其相应的园区层次和规模而无法享受到以上的各种税收优惠政策,科技创新产业落地于河北的积极性受挫。京津冀区域较为零散的税收优惠政策虽然有助于提升本辖区的经济发展,但在推行辖区间地方财政合作、税收协作促进区域协同发展进程之中,却因税收优惠范围、优惠程度的显著差异,易造成辖区间协调成本的提升,不利于地方政府间合作的顺利进行。

(三)协同税收新政的局限性

首钢作为产业转移的典型案例,其从北京石景山向唐山曹妃甸的迁移,虽缓解了北京的环境压力,却增加了石景山区政府的财政缺口。虽然国务院已对首钢搬迁所涉及的企业给予了增值税、企业所得税等优惠政策,但首钢的搬迁对于石景山区的财政收入仍有较大影响。如图5-7所示,自2004年至2013年的十年之间,因首钢搬迁对于当地营业税的冲击较小,石景山区政府的营业税收入保持着持续上升的稳定态势,而反观增值税,因首钢搬迁的税收返还年限截至到2009年,2010年石景山的增值税收入较2009年的增值税收入下降了0.9亿元,而当年的财政收入增长率也由2009年的20.027%下滑至2010年的4.8395%,2011—2013年随着石景山区政府在加快经济结构调整以及加大招商引资的积极措施下,各税收收入和财政收入才逐渐恢复。

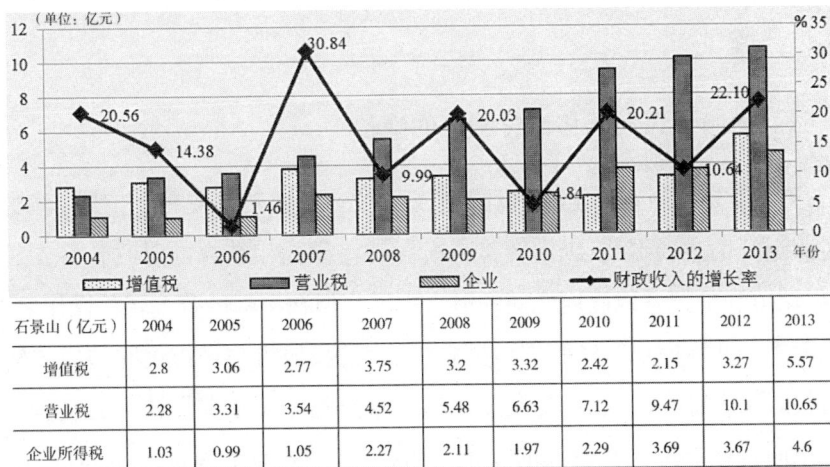

石景山(亿元)	2004	2005	2006	2007	2008	2009	2010	2011	2012	2013
增值税	2.8	3.06	2.77	3.75	3.2	3.32	2.42	2.15	3.27	5.57
营业税	2.28	3.31	3.54	4.52	5.48	6.63	7.12	9.47	10.1	10.65
企业所得税	1.03	0.99	1.05	2.27	2.11	1.97	2.29	3.69	3.67	4.6

图5-7　石景山区政府税收变化图

为了平抑"一事一议"式产业转移税收分配调节而带来的税收利益分配行为和效果的差异性,并降低协调成本,2015年中央已经针对产业转移发布了《京津冀协同发展产业转移对接企业税收收入分享办法》，明确了产业转移的税收分享具体方案，但《办法》对于适用企业范围不仅进行了"三税"大于等于 2000 万元的门槛设定，还特别做了市场性的产业转移行为不可参与分享的规定。而在京津冀协同发展的现实推进过程之中，满足"三税"规模门槛的部分产业和企业因其对于北京、天津等特殊区位条件的显著性偏好，且在京津冀区域协同发展还未形成硬性制度约束的背景下，在区域利益、地方利益以及部门利益的博弈之中，其迁出和迁移的可能性较小；对于满足门槛条件并因业务发展需要而具有迁移意向的产业，若直接选择市场行为的迁移，则不能享受税收分享办法，若由政府进行主导迁移，则政府的主导价值意义已经大打折扣；对于不满足 2000 万元门槛条件的产业转移，迁入地与迁出地之间并不能进行税收分享，这对于京津冀生产要素的自由流动以及区域整体的产业结构调整和优化均无法起到正向激励作用。由此可以看出，《办法》的发布与实施虽然一定程度上平衡了区域内各辖区因产业转移而引发的地方财政利益博弈问题，但因其适用范围的局限性，产业转移引致的地方政府间利益分割的根本性问题还未彻底解决，各辖区间开展长效的、较为顺畅的地方财政合作仍存制度障碍。

三、横向与纵向转移支付制度的缺位

1994 年分税制改革至今，我国形成了以一般性转移支付、专项转移支付和税收返还为主要形式，纵向转移与横向转移模式相结合的财政转移支付制度，以调节和平衡各级政府之间的财力水平。但在实际的资金转移操作之中，自上而下的政府间纵向转移支付模式更为普遍，城市与城市之间的横向转移支付模式虽也存在，但无论是资金转移的频繁程度还是资金转移的规模大小均与纵向转移支付存在较大的差距。而在京津冀，京津冀区域协同的"一体化"发展定位，打破了其原有的"各自为政"、"各自发展"的辖区社会经济发展固有思想，区域产业布局和发展不仅要顾及区域整体发展目标，还要考虑各辖区自身发展前景，实现具有长远意义的互惠互利共赢发展目标。该目标的实现，既需依赖于中央对地方的纵向转移资金支持，也需依托于京津冀区域内各

辖区间的横向转移资金调节,但就当前的制度安排和经济形势而言,为促进京津冀区域协同发展上下级政府间的纵向转移和各辖区之间的横向转移均缺乏制度化。

以京津冀的生态环境保护为例,根据中国林科院《张家口存林与湿地资源价值评估》报告,张家口的森林与湿地资产总价值为 7409.45 亿元,每年为周边辖区提供的生态服务价值约 305.17 亿元,而北京从中的受益价值高达 3561.72 亿元,占总价值的 48.07%①;此外,为了改善京津冀区域的空气质量,2013 年河北省针对钢铁、水泥、平板玻璃等行业提出了"6643"②产业调整方案,给本就薄弱的地方财力带来了更大的冲击。面对如此沉重的生态环境保护任务和压力,虽然中央已于 2009 年对河北实施了纵向的功能转移支付,2014 年还将河北环京津生态屏障纳入国家重点生态功能区转移支付的范围,给予一定的财政转移支持,如人工造林给予财政补助 400 元/亩,但一方面补助资金与实际所耗成本差异巨大,以造林成本较低的承德市为例,其人工造林每亩成本已达 2000 元,400 元的补助仅为 20%;而另一方面,国家提供的补偿标准差距巨大,以公益林的补偿为例,北京的公益林补偿标准为 40 元/亩,而张、承地区的公益林补偿标准仅为 10 元/亩。这些生态补偿资金相较于张承地区大幅度提高的生态养护和建设成本而言杯水车薪。根据承德市财政局的测算数据,仅 2013 年该市因生态环境保护而造成的间接财政收入损失达 40 亿元以上,其中用于水源涵养等项目的支出就高达 30 亿元。因此,面对落后的生态补偿标准、缺位的生态补偿机制、不完善的财政资金转移支付制度,若想实现京津冀区域内各辖区间的财政合作以促进京津冀协同发展的加速推进,需要摒弃以牺牲本辖区经济发展利益维护生态资源的发展理念和发展模式,健全中央对京津冀的纵向转移支付和辖区之间的横向转移支付制度,通过补偿机制的完善实现京津冀区域内各辖区的协同发展。

---

① 数据来源于新华网 http://news.xinhuanet.com/politics/2014-08/26/c_126918461.htm。
② "6643"指 2017 年完成削减 6000 万吨钢铁产能、6100 万吨水泥产量、4000 万吨煤产量、3600 万箱玻璃产能任务。

第三节　区域内财力梯度差距格局的固化

京津冀区域内各辖区之间展开财政合作的目的是为加速推进京津冀协同发展的实现,是基于提升区域总财力支出效率以及促进辖区间经济与社会平衡发展的地方政府间深度合作,各辖区政府在交流与合作中应具有平等的地位。但在京津冀区域当前的形势下,各辖区在区域中的地位经过历史积淀和经济社会发展已经基本呈现固定化的发展模式,区域内各辖区在政治、经济、社会等方面长期的梯度差距,使各辖区在区域内的财政地位、财力差距也表现出明显的固化格局,难以实现辖区间财政利益关系的自发性调节,不仅不利于地方财政合作中各辖区地位的基本平等,更不利于各辖区间财政合作的顺利推行(如图5-8)。

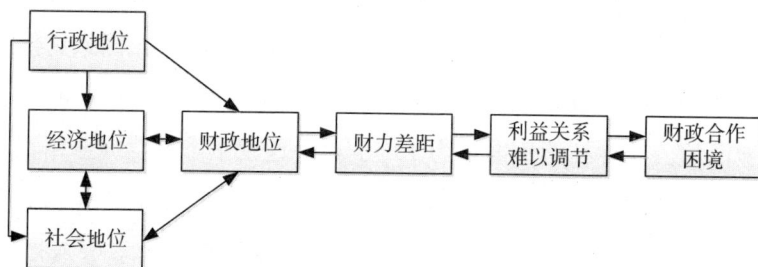

图5-8　京津冀财力梯度差距格局的固化

一、行政地位差距显著

京津冀区域各辖区的组合与国内其他区域的组合有所不同,在由13个辖区组成的京津冀区域中,不仅包括了一个国家首都、一个直辖市,还包括一个由11个地级市组合而成的普通省份。从京津冀三地角度看,京津冀区域由均属于省级行政区划单位的北京、天津和河北省组成,而从整体区域发展的角度看,京津冀又是由13个辖区组成。无论是比较京津冀三地之间还是比较各辖区之间,区域内的行政地位均存在较大落差。

　　《规划纲要》确定了京津冀区域的"一核、双城、三轴、四区、多节点"的空间结构布局,计划将京津冀区域建设成为以北京为核心的"世界级城市群",这充分表现出北京作为首都在京津冀区域协同发展中不可撼动的核心地位。北京作为全国的首都,承担着我国的政治中心职能,不仅是党中央与国务院所在地,更云集了大量的政治和社会精英,具有其他城市无法堪比的天然政治独特性和政治地位,其实质性的行政等级地位早已远远超过京津冀区域内同样具有省级级别的天津和河北。虽然随着我国市场经济体制发展的逐步深入和完善,"官本位"思想正在被更加自由和灵活的市场经济理念逐步替代和淡化,但我国特殊的自上而下的行政等级管理体制仍旧延伸了其他辖区对于北京的行政情绪和政治敏感度,促成北京在京津冀区域内显而易见的行政"领导"地位。相较于北京,天津虽不具有北京如此独特的行政地位,但作为我国四大直辖城市之一,以及六大超大型城市之一,其无论是在京津冀还是在全国均具有较强的影响力。尤其是京津之间密切的政治、经济与社会联系,使天津成为京津冀区域内仅次于北京的第二核心城市,"京津双城联动"的区域空间格局正在逐步成为京津冀协同发展的主要引擎。此外,京津冀区域中除了北京和天津两个省级行政区划市外,还包含河北省的 11 个地级行政区划市,就单纯的行政级别而言差距已经十分明显,而这些地级市在京津冀协同发展中所处的地位也有所不同。如在《规划纲要》中,"三轴"发展思路包括廊坊与北京、天津构成"京津发展轴",辐射促进张家口与承德的发展;保定和石家庄、北京构成的"京保石发展轴",辐射促进邢台、邯郸的发展;唐山和秦皇岛、北京构成"京唐秦发展轴",辐射促进沧州发展;在"三轴"的规划中廊坊、保定、唐山、秦皇岛与北京、天津的建设和参与将会更加直接。而"四区"发展则是指由保定、廊坊与北京、天津共同构成的京津冀中部核心功能区发展;"多节点"发展的思路又将河北省 11 市划分为两个等级,其中石家庄、唐山、保定以及邯郸是四个区域性中心城市起到枢纽的作用,而张家口、承德、廊坊、秦皇岛、沧州、邢台、衡水为节点城市,作为助力区域性中心城市发展的辅助性城市。

　　由此可以看出,京津冀区域内各辖区的政治地位、行政地位的梯度差距较为明显,作为首都的北京在京津冀区域中占据绝对的主导地位,而天津与河北省则是在京津冀处于辅助和服务北京的从属地位。根据《规划纲要》对于京津冀区域内各辖区的明确定位可以判断出,在京津冀区域协同发展的进程之中,这种梯度差距还将随着京津冀"一体化"的推进而长期持续下去,难以实现各辖区之间平等的协调合作关系,单纯依靠京津冀区域内各辖区自发性的推行地方财政收入和财政支出的合作难度很大。

二、经济地位差距悬殊

区域内各辖区之间的地方财政合作目标之一就是缩小辖区之间过大的经济差距,以实现区域的协同发展,但辖区之间过大的经济差距反过来也会影响政府之间的合作意愿,两者之间具有互相影响的关系。根据郭克莎(2000)对于工业化阶段的产业结构划分总结(表5-3),京津冀区域内各辖区基于自然资源、历史条件和发展环境的不同,现已处于不同的工业化发展阶段(表5-4),且存在明显的梯度差距和数量级差距。

表5-3 工业化阶段的产业结构划分

工业化阶段	三大产业结构占比
工业化前期	第一产业占比>第二产业占比
工业化初期	第一产业占比<第二产业占比,第一产业占比>20%
工业化中期	第一产业占比<20%,第二产业占比>第三产业占比
工业化后期	第一产业占比<10%,第二产业占比>第三产业占比
后工业化阶段	第一产业占比<10%,第二产业占比<第三产业占比

资料来源:郭克莎:《中国工业化的进程、问题与出路》,《中国社会科学》2000年第3期。

表5-4 京津冀区域内各辖区工业化阶段的划分

辖区	第一产业占比(%)	第二产业占比(%)	第三产业占比(%)	阶段
北京市	0.83	22.32	76.85	后工业阶段
天津市	1.31	50.64	48.05	工业化后期
石家庄市	10.05	48.51	41.44	工业化中期

续表

辖区	第一产业占比(%)	第二产业占比(%)	第三产业占比(%)	阶段
唐山市	9.03	58.7	32.27	工业化后期
秦皇岛市	14.67	38.3	47.03	工业化中后期
邯郸市	12.9	51.34	35.76	工业化中期
邢台市	15.88	52.38	31.74	工业化中期
保定市	14.09	54.37	31.54	工业化中期
张家口市	18.32	42.12	39.56	工业化中期
承德市	16.54	51.08	32.38	工业化中期
沧州市	10.39	52.27	37.34	工业化中期
廊坊市	10.24	52.6	37.16	工业化中期
衡水市	15.72	52.18	32.1	工业化中期

数据来源:《2014 中国区域经济统计年鉴》。

经过长期的积淀和发展,北京凭借得天独厚的地理和政治区位优势,吸附了京津冀周边乃至全国的大量优质资源和高精尖人才,并高度集中了众多的服务行业,不仅实现了经济产业结构的迅速优化和高效提升,顺利步入了"后工业化"阶段,还发展成为了我国市场化程度和经济发达程度最高的城市之一,更是京津冀区域内经济发展的"领头羊"。而东临渤海的天津在继续发扬其传统工业特长的基础上,积极投身于现代工业的经济发展,也已经顺利步入"工业化后期"阶段,天津不仅拥有被誉为"中国经济第三增长极"之称的滨海新区,还拥有北方唯一的自由贸易试验区,天津俨然已经成为环渤海地区的经济中心,在京津冀区域中占有极其重要的经济地位。再者,天津在京津冀协同发展、自由贸易试验区建设、自主创新示范区建设、"一带一路"建设、滨海新区开发开放五大国家战略中都扮演着重要的角色,也进一步表明天津不仅在京津冀区域,乃至在全国均具有非常重要的经济战略地位。而《规划纲要》中结合天津的工业以及港口比较优势,对其在未来经济发展的方向以及在京津冀区域产业结构布局中的功能做了"四区"明确定位,以实现京津冀的错位发展和京津冀经济空间格局的优化。而河北省作为北京和天津人力、资源等生产要素的主要供给地区以及京津"后花园"的生态保障区域,鉴于河北省各辖区相对于北京与天津的政治、行政区位"劣势",北京"虹吸效应"①对于河北省各辖区的负面影响和作用较为明显,河北省各辖区整体上仍处于"工业化中期"发展阶段,其经济体量与京津的差距极为显著,在京津冀区域内位列北京与天津之后。

根据京津冀区域内各辖区从 1994 年至 2013 年的 GDP 排名图 5-9 可以看出,各辖区经济发展的二十年间,北京和天津的经济总量一直领衔于京津冀其余 11 辖区的 GDP 经济水平,分别位列于京津冀 13 个辖区中的第一、第二名,长期处于京津冀经济发展的第一梯队;而承德、衡水、张家口、秦皇岛四个辖区在 1994 年的经济总量就处于 13 个辖区中最后四位,经过二十年的发展,截至 2013 年此四个辖区仍居京津冀辖区中经济总量的末四位;其他七个辖区的排名每年虽上下有所微调,但基本处于京津冀辖区中经济发展的中游位置,成为京津冀经济发展的第二梯队。由此可以判断出,京津冀区域内各辖区间的经济差距已经基本固化,此种固化的经济总量差距导致了辖区间固化的经济地位。在市场经济发展的今天,经济能力在一定程度上决定了其在协同合作关系中的"决策权"、"发言权"以及所拥有的"谈判资本",因此,在京津冀区域内相对较为固化的经济地位差距背景下,各辖区间的协作仍旧难以实现完全的平等,这不仅预示着实现各辖区间地方财政合作的更大困难,更预示着各辖区间地方财政合作可能耗费高额合作协调成本。

三、社会地位差距明显

鉴于京津冀区域内各辖区之间行政地位、经济地位的差距,区域内各辖区之间也具有明显的社会地位差距固化特点。以经济发展水平名列全国城市第二名的北京为例,其不仅是我国的政治中心,也是我国的文化中心、国际交往中心以及科技创新中心,在京津冀除了行政与经济上独特的地位外,其也具有极高的社会地位。北京曾是多朝古都,不但拥有诸如故宫、颐和园等积淀了浓

---

① "虹吸"来源于物理学,虹吸效应主要是指一个城市拥有巨大吸引力,周边地区原有投资向该城市转移或者新投资均吸引至该城市,造成周边地区发展迟缓的现象。

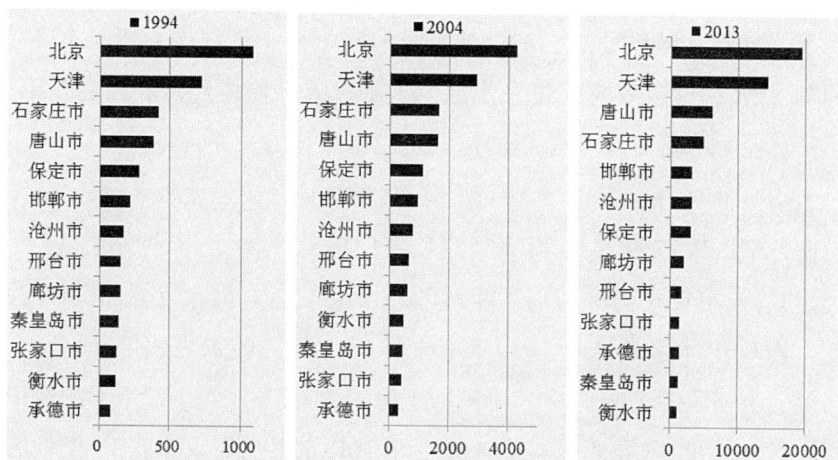

图 5-9　京津冀区域内各辖区的 GDP 排名

数据来源:1994 年数据来源于《北京统计年鉴》、《天津统计年鉴》、《河北统计年鉴》,2004 年及 2013 年
　　　数据来源于《中国区域经济统计年鉴》。

厚历史的文化遗迹,还拥有国家图书馆、国家博物馆、国家大剧院等国家级的现代文化基础设施,以及诸如中关村国家级自主创新示范区等现代化高科技园区和高端现代管理理念的各跨国公司总部机构。此外,北京作为一个国际型的大都市,还经常举办如奥运会、APEC 会议等国际性的文化、艺术、体育、科技等交流活动,不仅汇聚了极为丰富的文化资源,还吸引了大量的顶尖创新技术和人才,促成北京成为了富有活力的国际化大都市,在亚洲乃至全世界均具有一定的社会影响力。

　　拥有良好社会地位的北京,在教育、医疗、科技等公共服务方面也集聚了极为丰富的优质资源。就教育而言,根据教育部公布的高等院校名单数据,截至 2014 年 7 月我国高等院校共计 2542 所,其中北京拥有 84 所,天津拥有 45 所,河北省 11 个辖区共拥有 101 所,分别占全国 3.3%、1.77% 和 3.97%,处于全国高等院校分布的中游水平,但就"211"和"985"的高校分布来看,北京拥有 24 所"211"高校和 8 所"985"高校,分别占全国的 28.57% 和 9.52%,均位居全国榜首,而天津拥有 3 所"211"高校和 2 所"985"高校,河北省 11 个辖区则仅有 1 所"211"高校,并不拥有"985"高校。差距如此鲜明的教育资源分布差距,北京并未给天津以及河北各辖区带来公共资源和公共服务的"溢出效应",反之却给天津和河北各辖区,尤其是河北带来了更加显著的人才、科技、资源等要素的"虹吸效应",进一步扩大了京津冀区域内经济和社会差距,构成了社会差距不断加大的恶性循环,并呈现出固化的发展趋势。

人均 GDP 水平一定程度上反映了辖区的大体社会发展水平,根据京津冀区域内各辖区从 1994 年至 2013 年的人均 GDP 排名图 5-10 所示,1994 年北京、天津的人均 GDP 水平位居京津冀 13 个辖区之首,邢台、承德、沧州以及保定的人均 GDP 水平最低,居于当年京津冀 13 个辖区的最后四位,而唐山、秦皇岛等七个辖区的人均 GDP 水平则居于中等位置;在经过了二十年的经济与社会发展之后,2013 年北京与天津的人均 GDP 水平仍居京津冀 13 个辖区的第一和第二名,且邢台、衡水、保定以及张家口成为当年京津冀人均 GDP 水平最低的四个辖区,邯郸、承德等其他七个辖区的人均 GDP 水平则位于京津冀的中等位置,相较于 1994 年,衡水市、张家口的人均 GDP 水平排名明显下降,而沧州与承德的人均 GDP 水平则有一定的提升,但就京津冀各个辖区的社会地位差距而言,北京、天津的社会发展水平稳固高于河北省各个辖区的总体水平和平均水平。此种固化的社会发展差距导致了辖区间固化的社会地位,不利于京津冀辖区间展开平等的地方财政合作。

四、财政地位差距稳固

区域内显著不同的行政地位、悬殊的经济发达程度、差距明显的社会发展水平都与各辖区间地方财力差距有着千丝万缕的联系。而辖区政府间地方财政合作的推行则主要围绕财政收入与财政支出而展开,各辖区在地方财政合作进程之中,不仅会关注自身财力水平的高低,更会关注合作辖区的财力水平,并希冀在合作中助力于本辖区的经济与社会迅速发展。但在京津冀区域内,因北京、天津在行政地位、经济地位以及社会地位方面均远远高于河北省各辖区,京津冀区域内各辖区在地方财力上也表现出了较为鲜明的差距。

从地方财力的总量上看,根据京津冀区域内各辖区 1994 年至 2013 年的财政收入排名图 5-11,各辖区的地方财政收入差距正在逐渐拉大,且各辖区

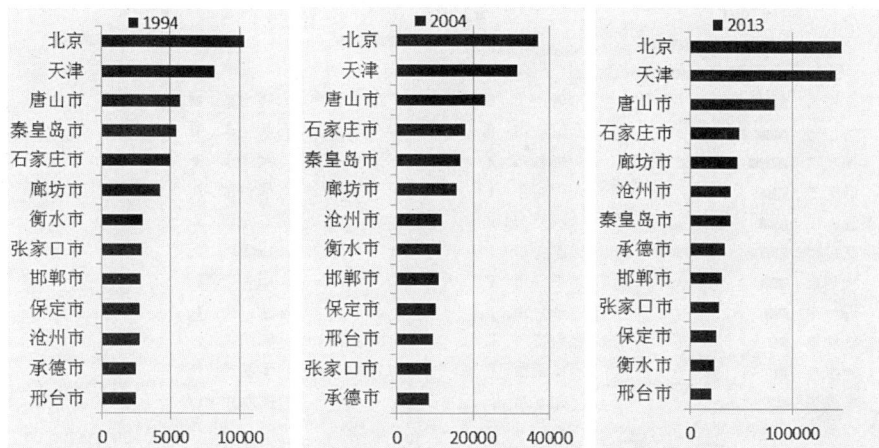

图 5-10　京津冀区域内各辖区的人均 GDP 排名

数据来源：1994 年数据来源于《北京统计年鉴》、《天津统计年鉴》、《河北统计年鉴》，2004 年及 2013 年数据来源于《中国区域经济统计年鉴》。

在京津冀区域内的地方财力地位也已基本固化。1994 年天津财政收入 50.15 亿元位居京津冀区域之首，其次北京财政收入 42.9 亿元位列第二名，石家庄财政收入 21.44 亿元位列第三名，与天津和北京的财政收入绝对规模差距为 28.71 亿元和 24.46 亿元，其他辖区中唐山、保定、邯郸、秦皇岛的财政收入超过 10 亿元，而衡水和承德的财政收入不足 5 亿元位列京津冀排名最末。十年之后的 2004 年，北京的财政收入已经反超天津，北京与天津的财政收入水平仍遥遥领先于河北的 11 个辖区，承德与衡水的财政收入再次垫底。再经过近十年的发展，2013 年北京的财政收入规模已达 3661.11 亿元仍名列京津冀区域内财政收入排名的榜首，天津财政收入 2079.07 亿元位居京津冀第二名，之后的唐山与石家庄超过 300 亿元的财政收入分别为第三、第四，而依旧垫底的承德、衡水两市的财政收入均不到 100 亿元，与京津冀区域内北京与天津的财政收入规模相差甚远。

从地方财力的人均水平上看，因财政支出更能体现一个地区的真实财政可支配财力，且人口规模的大小会带来财政支出规模的刚性增加，故可根据京津冀区域内各辖区的人均财政支出排名进一步判断各辖区的财力地位。如图

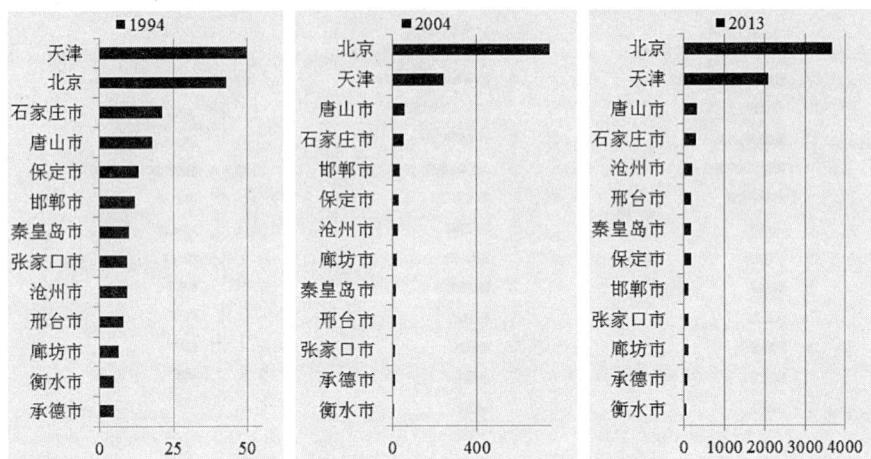

图 5-11　京津冀区域内各辖区的财政收入排名

数据来源：1994 年数据来源于《北京统计年鉴》、《天津统计年鉴》、《河北统计年鉴》，2004 年及 2013 年
数据来源于《中国区域经济统计年鉴》。

5-12 所示，1994 年京津冀区域内各辖区中北京的人均财政支出为 824.44 元，
天津为 812.12 元，分列京津冀区域中的第一、第二名，而河北省各辖区中人均
财政支出最高的是秦皇岛，其 370.68 元的人均财政支出水平仅为北京的
44.96%，最低的邯郸人均财政支出水平为 139.59 元，仅为北京的 16.93%；
2004 年各辖区的人均财政支出水平排名整体变化不大，北京与天津仍位居第
一、第二名，河北省内仅秦皇岛、唐山两市人均财政支出超过 1000 元，邢台、保
定、邯郸以及衡水四个辖区的人均财政支出水平最低；到了 2013 年，北京、天
津、秦皇岛三市的人均财政支出均超过万元，位列京津冀的前三名，邯郸、保
定、沧州以及衡水成为人均财政收支水平最低的四个辖区。根据京津冀区域
内各辖区 1994—2013 年人均财政支出的排名可以看出，区域内各辖区的财政
能力地位不仅较为稳定，其差距也极为明显。而京津冀区域内各辖区间稳固
的地方财力差距，给以地方财力为依托的辖区间财政合作，不仅带来了自发性
合作的难以实现，也给地方财力合作的开展与推进形成了较大利益阻碍。

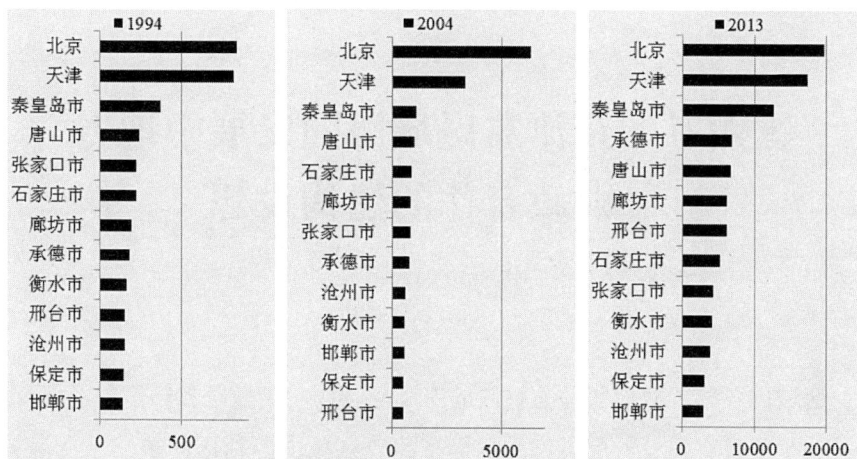

图 5-12　京津冀区域内各辖区的人均财政支出排名

数据来源:1994 年数据来源于《北京统计年鉴》、《天津统计年鉴》、《河北统计年鉴》,2004 年及 2013 年
数据来源于《中国区域经济统计年鉴》,并经过计算得到。

第六章　京津冀区域协同发展中地方财政合作的建构设想

　　区域内各辖区政府间地方财政的协调与合作对于激励各辖区的经济发展和社会发展具有明显的促进作用。而京津冀区域内各辖区间虽然已在海关、警务航空、污染防治、交通建设和卫生协作等众多民生领域达成了基本共识并展开了部分合作,但因我国行政区划的阻隔、现行财税体制的缺陷、区域内财力梯度差距格局的固化等因由,京津冀区域内各辖区间地方财政合作无论是合作内容还是合作范围都较为滞缓。迅速延伸京津冀区域各项公共管理所触及的可能半径,为区域协同发展提供客观物质基础和条件,将是促进京津冀区域协同发展进程、加速实现京津冀"一体化"的关键。为了推进京津冀区域经济与社会的协同发展进程,尽快实现缩小经济和社会差距的近景目标以及区域"一体化"的远景目标,秉承"协同与共赢、平等与均衡、长效与动态"的京津冀地方财政合作基本理念,遵循京津冀地方财政合作的制度化基本路径,匹配相关配套措施,通过财政引导地方政府的正向、有效性政府干预,充分发挥政府的宏观设计和导向作用,助力京津冀区域内各辖区间通过契合的地方财政合作加速推进京津冀协同发展。

第一节　京津冀区域地方财政合作的理念定位

一、协同与共赢理念

以京津冀区域整体协同发展为目标的辖区间地方财政合作,应严格秉承协同与共赢的基本理念。因协同并非是一种简单的合作模式,而是一种包含目标、过程以及结果三个层面的高度融合协作模式,故在京津冀协同发展的进程之中,针对京津冀协同发展所确定的实现京津冀"一体化"的终极目标,将京津冀区域视为一个完整系统,而13个辖区则被视为子系统。为了促进京津冀协同发展,京津冀区域内各辖区间展开的地方财政合作应强调区域内部各个辖区之间的协调性,注重各个子系统的集体性,促进京津冀区域内各辖区共同将提高京津冀区域整体效益、提升区域整体竞争力作为合作的一致路径。此外,基于各个子系统间、各个辖区间的相互协调,尊重各个辖区优势资源的匹配性,在京津冀区域内通过辖区间财政合作,主动打破子系统间人、财、物、信息、流程等资源和要素的各种壁垒和边界,充分利用各种实体资源、隐形资源,帮助京津冀区域协同系统内实现各种资源、生产要素的高级配置优化整合,最终在京津冀区域中形成更优质的结构,并形成更加丰富的功能,不仅可以实现缩小京津冀区域内各辖区之间的经济与社会差距的区域协同发展近景目标,还可以达到京津冀区域综合价值增值的"共赢"结果,从而走向京津冀"一体化"的区域协同发展远景目标。

此外,京津冀协同发展不仅仅是北京非首都功能的疏解,也并非单纯是天津产业结构的优化,更不是单方向河北省经济的崛起,京津冀区域内各辖区均具有为了实现共同协同目标而相互服务、共促发展的责任和义务。而京津冀区域内因北京、天津无论是经济发展水平抑或是社会发展水平,均显著高于河北省各辖区,而在京津冀区域内各辖区间的财政合作中,因行政地位、经济地位以及社会地位差距易在合作初期引发合作关系的不平等,造成合作决策权的"垄断"地位,致使京津冀地方财政合作目标与京津冀协同发展目标的偏离。为了有效避免此类风险的发生,京津冀区域内各辖区应多创造沟通交流的机会,基于机会平等的原则提升对京津冀协同的认识高度,并在京津冀地方财政合作路径的选择、合作路径的设计以及合作路径的实现中,均充分体现出"协同共赢"的合作理念。

二、平等与均衡理念

作为单个经济体的区域内各辖区,在自身的经济与社会发展中因具有天然的独立性,对于所获发展机会的平等程度具有一定的可控性和可选择性。但在以区域整体发展为更重要目标的区域协同发展中,辖区的利益在一定程度上需要遵从于区域整体利益的发展。而以牺牲短期辖区利益换取区域整体利益的博弈过程之中,辖区间已存在的各方面差距赋予了各辖区不同的"博弈资本"、"谈判资本",易诱发协同发展中发展机会的非平等化分配和发展结果的非均衡化累计,造成各辖区间差距的进一步扩张和各辖区间合作关系的逐渐破裂,与区域协同共赢发展基本理念背道而驰。故在各辖区间的地方财政合作中,应坚持经济发展机会平等和社会发展服务均衡的协同理念,实现区域经济与社会的"一体化"。

京津冀区域中显而易见的地位差距,再加上《规划纲要》中对于不同辖区和城市的功能定位,在京津冀区域协同中更易形成非平等化的发展决策,造成京津冀差距的进一步扩大。尤其北京在京津冀区域原有的政治、经济以及社会地位,以及在京津冀协同发展重大国家战略中的核心地位,使之与天津、河北省各辖区在全方位协同合作中较易滋生"优越感"。为了尽快缩小京津冀区域内各辖区的差距,并实现京津冀区域整体竞争力的迅速提升,端正京津冀区域内各辖区间地方财政合作的态度,秉持平等互利、均衡发展的合作原则,坚信京津冀辖区间的地方财政合作以及协同发展,既能够通过非首都功能的疏解有效解决北京"大城市病"等问题,又能够加快河北各辖区与天津的发展速度,是京津冀区域内各辖区共同的发展机遇和发展路径。

三、长效与动态理念

区域的协同发展并非一蹴而就的事情,它是一个长效且动态的过程。首先区域的协同目标是长效的,因区域协同的目标是有效消除区域内各辖区间的差距,提升整体区域在全国乃至在全世界的经济与社会竞争力,最终实现区域"一体化",无论是各辖区间经济差距的缩小或消除,还是社会差距的缩小或消除,均需要逐步平衡区域内各辖区间的经济利益与社会利益的分配,慢慢缓解资源、交通、信息、科技、生态环境以及体制创新等影响辖区经济和社会发展的因素差异,逐渐实现整个区域经济、社会等全方位的互补和联合,有效发挥协同效应,提升整个区域的经济和社会综合实力,促进区域走向"经济政策区域化"、"经济机制区域化"、"经济改革区域化"以及"社会发展区域化",渐渐模糊区域经济中心与经济外围的界线、模糊行政区划的界线,最终实现区域空间经济和社会的"一体化"。再者,区域协同目标的实现过程是动态的,长效区域协同目标的实现是一个漫长的过程,一方面各辖区的资源、要素、比较优势等均会随着时间的推移而有所变化和更改,其协同的具体方式也需随之而进行相应的调整;另一方面,科技的快速发展、信息的瞬息万变促使着全国乃至全世界的经济和社会形势也在经历不断的更迭,一个适应新时代发展的区域主动力和核心竞争力也会动态变化。所以区域的协同发展是长效而且动态的,与此同时,作为以区域协同为奋斗目标的地方财政合作必然也需要坚持长效且动态的执行原则。

京津冀协同发展是在世界区域经济"一体化"以及国内区域经济"一体化"的背景下而逐渐形成的发展理念,是京津冀区域经济"一体化"的升级与深化。为了将京津冀区域打造成为具有竞争力的"世界级城市群",京津冀区域内各辖区之间展开的地方财政合作,必然需要根据各辖区具有长效性的基本功能定位,动态性地制定京津冀区域整体以及各辖区的税收优惠政策以及财政支出安排,以寻求最大的区域内地方可用财政合力,提升京津冀区域的经济和社会发展水平,增强其在全国乃至全世界的整体竞争力。

第二节　京津冀区域地方财政合作的制度化路径建构

因京津冀区域内各辖区之间行政、经济、社会以及财力均存较大差距,若期待各辖区间地方财政遵循"协同与共赢"、"平等与均衡"以及"长效与动态"的合作理念并达到有效的合作效果,需要一定的合作制度予以保驾护航。而财政的合作其主要涉及财政资金的合作性筹集、财政资金的合作性安排和财政资金的合作性支配等环节,由此,京津冀区域地方财政合作的制度化设计包含协调机构的设立、联合预算的统筹、协同税收机制的完善、协同支出机制的构建以及协同惩罚机制的构建等诸多内容。

一、设立区域财政常态协调机构

国内外现有的区域协调形式包括合作论坛、联席会议制度、联合委员会制度、区域政府制度等等,这几种形式相比较,在协调权威程度、自主自愿程度、协商程度等方面均具有自身不同的特点(表6-1)。其中合作论坛和联席会议制度均属于自主自愿性的协调参与形式,而联合委员制度和区域政府制度因设立了专门的管理机构且拥有法律或法规的权益保障,具有非自愿性、强制执行的特点,但该两种区域协调形式的协同程度较高。京津冀当前仅有合作论坛与联席会议制度两种区域协调形式,尚未组织设立具有专门管理机构的联合委员会制度或是区域政府制度。

表6-1　区域协调形式及机构的差异对比

比较指标	合作论坛	联席会议制度	联合委员会制度	区域政府制度
协调权威度	弱	较弱	强	很强
自主自愿度	很强	强	较弱	弱
协商度	很强	强	强	弱
约束度	弱	较弱	强	很强
联系紧密度	弱	较弱	强	很强
有无法律依据	无	协议	法律、法规	法律、法规
有无专门管理机构	无	无	有	有
京津冀区域	有	有	无	无
代表国家或地区	京津冀税收合作论坛、一体化商务合作论坛	日本"协议会"、深圳与成都海铁联运	美国MPO[①]、日本广域联合、德国区域联盟	英国大伦敦地区、美国大都市区政府

经济学家 Starrett 早在 1978 就证明了空间不可能定理,进而深入剖析指出一个国家的经济往往是由若干个块状经济组成的,因这些块状经济存在空

---

① MPO(Metropolitan Planning Orgnizations)是指都市圈规划组织。

间异质性,仅凭借原有的宏观经济管理执行机构,难以有效协调各个块状经济体之间的关系,故设立专门的区域管理和协调委员会是具有典型必要性的(Starrett,1978)。而欧洲经济共同体(European Communities)作为世界上的第一个区域经济"一体化"组织,虽然早在1958年1月1日就正式建立,之后经历了关税同盟、共同市场、经济与货币联盟以及政治联盟不同发展阶段后,各个成员国之间的合作范围和合作程度逐步加深,直至1993年11月1日才成立了以"促进和平,追求公民富裕生活,实现社会经济可持续发展"为宗旨的欧盟(European Union)组织,并已拥有了28个会员国。并与"消除贸易壁垒"和"公平竞争"为核心宗旨的北美自由贸易区(North American Free Trade Area,NAFTA)以及以"推进贸易和投资自由"为目标的中国—东盟自贸区(China and ASEAN Free Trade Area,CAFTA),合称为世界三大区域经济合作区。但三大区域经济合作区之中,欧盟的合作程度最高,其并非单纯的经济合作,而是在经济基础之上展开的政治合作,欧盟不仅有理事会、委员会、议会、法院等专门的组织机构,还拥有欧元作为其专门的流通货币;再者欧盟对于各个成员国的货币、金融、外贸、市场、财政等政策具有参与甚至决策的权利。因此欧盟凭借其宽松的深度合作政策与环境,经济迅猛发展,从1997年的人均GDP1.9万美元,迅速上升至2013年的人均3.1万美元,16年间平均年增长率高达4%,有效实现了其"公民富裕"、"社会经济可持续"的合作目标,成为了区域联盟的成功典范。

依据欧盟等国内外区域经济发展的经验,跨区性协调因涉及各辖区利益以及跨区性公共服务供给等问题,从区域整体发展的效率角度和各辖区发展的公平角度,京津冀区域的协同发展确实需要设立专门的管理机构以保障京津冀区域协同长效性,因京津冀区域当前仍处于协同发展的初级阶段,故应选择以京津冀区域各辖区共同参与且仍可保持独立性的联合委员制度的协调形式。

针对于京津冀区域地方财政合作而言,将各辖区间的财政合作纳入到联合委员制度协调形式所需管辖的范围中来,并在地方财政合作机制中建立决策层、执行层,以保障各辖区间地方财政合作的高效运作以及京津冀区域"全方位"协同发展的尽快实现。其中:(1)规划层。根据《规划纲要》和相关协同发展政策,决定京津冀区域地方财政合作的方向、原则和目标,并就京津冀区域经济协同和社会协同的发展阶段做地方财政合作的近期和远期规划,且通过法律或者法规的形式明确制定区域内各辖区间地方财政合作的具体合作内容、合作形式以及合作程度。(2)决策层。依据规划层所做的地方财政合作规划,将在一定期限内需要完成的合作项目和合作任务进行合理的部门部署以及安排,并就财政合作的效果和目标进行任务的下达。(3)执行层。京津冀区域内各辖区财政部门、税务部门为合作的具体执行部门,依据决策层所下达的合作政策和合作任务对所涉辖区的财政收入政策、财政支出政策、财政协商政策等内容进行具体落实。在联合委员会制度的管理下,尽快开展京津冀地方财政合作,凝结和整合各辖区的综合财政实力,提升各辖区以及整个区域的经济和社会发展水平。(4)评估和监督层。设立常态化京津冀协同发展的评估委员会,针对京津冀协同的内容、协同的程度以及协同的进度例行年度性评定,其中包括对各辖区间财政合作形式以及合作效果进行全面而详细的评价和监督,总结财政合作中的经验和教训,为辖区间进一步财政合作提出改进和奖惩意见和建议。

二、增设地方财政间联合预算机制

为了有效提高京津冀区域地方财政合作的合作效率,并充分实现地方财政合作的制度化,各辖区在执行地方财政合作方案前,在不违反现有《预算法》的前提下,可通过协商实现部分联合预算。即经各辖区共同商议并作相应时间上的安排和规定,在保障正常的年度预算编制制度中增设京津冀区域地方财政合作部分的预算内容,或可单独就京津冀区域地方财政合作的具体项目和具体内容进行年度或周期性的预算统筹安排,以便于年终总结中对京津冀区域地方财政合作的完成情况进行比对,汇总经验教训并有助于下一年度合作预算方案的调整和优化。因预算在财政制度中的作用主要体现于提高财政资金筹集和分配效率方面,故京津冀区域地方财政合作联合预算的安排,其内容核心则集中于区域协同发展基金的建立、基金的筹措以及基金的分配之上。

（一）共同筹建区域协同发展基金

由京津冀区域内各辖区政府共同组建"京津冀协同发展基金"，其中启动资金由区域内各辖区财政共同承担和筹措，以作为京津冀区域协同共建的"财政性资金池"（白彦锋，2014），并专项用于协调发展京津冀区域内的公共事务，促进区域的整体性发展。启动资金的筹措可借鉴欧盟成员国缴纳"会费"的形式[1]，通过各辖区的协商，在充分考虑各辖区的财政负担能力以及财政基金筹措稳定性的基础上，确定财政资金池中各辖区的贡献值和贡献比例。在国内，上海、江苏、浙江和安徽四省也曾于2012年各出资1000万元成立了长三角区域发展促进基金，对于跨界的基础设施、生态环境、产业升级给予共同的建设和扶持。但京津冀区域的协同以及地方财政合作是一个漫长的历程，仅靠各辖区的财政资金来源渠道和现有融资方式，很难满足未来区域协同发展资金支配的需要，所以首先通过各辖区的年度预算进行专项列支，以保持各辖区财政对基金的持续性支持；其次，还可以积极运用财政贴息、税式支出、收益让渡等形式，鼓励社会资本参与协同发展基金，起到财政资金的"杠杆作用"；再次，还可以有计划地通过资本市场发行京津冀区域协同发展彩票或专项政府性债券等方式广开融资渠道，以多方筹资、扩大基金资金来源，如吸收首钢、京唐钢铁、河北钢铁、冀中能源等大企业和大集团入股。此外，因我国京津冀区域协同发展仍处于初级阶段，在协同发展基金的设立初期，应先秉承自愿平等的参与原则，即区域内各辖区政府可依据本辖区的可用财力和对未来发展趋势的判断自主性选择参加或退出，且即使参与到京津冀协同发展基金之中，各辖区也拥有基金以外的独立经济权益。但随着区域协同发展阶段的升级以及地方财政合作的稳定与基本制度化，区域协同发展基金的自愿性将会逐渐削弱，直至"一体化"实现的强制性。

---

[1]　欧盟的资金中各成员国按其国民收入比例所交纳的"会费"占比高达75%，其次各成员所征收的增值税按1%的比例上缴，基本占欧盟收入的14%。资料来源：欧盟预算六个问题：欧盟的钱从哪里来，到哪里去？http://www.china.com.cn/chinese/jingji/893019.htm。

（二）合理安排区域协同发展基金支持范围

对于区域协同发展基金支持范围以及具体项目的安排,应根据《规划纲要》和京津冀区域协同发展的进程阶段,以及地方财政合作的规划内容以及规划安排,做好基金支出项目的规划和控制基金支出范围拓展的节奏,并加强基金的预算管理。首先将受益面较广的环境保护、交通基础设施等普惠型项目,以及为了促进区域产业优化布局而涉及的产业或企业转移项目纳入基金支出范围,再结合社会保障统筹提高政府配套改革,逐步将公共医疗卫生、社会保障、基础教育、公共文化、公共安全等较为复杂的公共服务和设施纳入范围。如(1)产业协同项目。京津冀协同发展基金可用于支持涉及区域协同发展的重大产业项目,如疏解非首都核心功能的企业落地项目、产业共建园区项目等,以促进京津冀区域内优势产业的聚集和发展。(2)交通协同项目。京津冀协同发展基金还可用于支持跨区性的高速铁路、高速公路、轨道交通等重点项目的建设,提高京津冀区域内各辖区间运输能力的协作与分工,尽快形成互联式一体化、高效便捷的交通网络体系,消除各辖区间的交通壁垒,缩小各辖区间的时间距离,进一步加强联系紧密度。(3)生态协同项目。京津冀协同发展基金还可用于对京津冀区域内的河流、森林、山岭、草原、荒地、滩涂等自然生态空间的维护和治理。(4)基本公共服务协同项目。京津冀协同发展基金可用于区域内跨区基本公共服务的建设和提供。区域内基本公共服务均等化的实现并非一朝一夕之事,依据区域内各辖区主体功能区的定位,对于京津、京冀、津冀之间的社保接续、合作办医、联合办学的基础设施项目给予过渡性资金和政策上的支持,加速各辖区间基本公共服务均等化进程,消除基本公共服务不均衡而造成的人才、技术等要素的流动阻碍。此外,区域财政协调机构还应对区域协同发展基金给予动态的指导和监督,以服务京津冀区域协同发展为目标,保障发展基金预算安排的科学性和合理性。

三、完善地方财政间协同税收机制

因财政主要包含收入与支出两大部分内容,故地方财政合作既需要财政收入方面的合作也同时需要财政支出方面的合作。税收作为财政收入中最为

212

重要的核心内容,在京津冀区域地方财政合作中,需要在协调统筹区域内各辖区间税收政策、协同增强地方税源以及协作提高税收征管能力等方面,完善各辖区间地方财政合作中的协同税收机制,为各辖区的企业和产业提供公平、高效的运营环境,促进京津冀区域经济协同和社会协同的迅速实现。按照法律规定,我国地方政府并没有税收立法权,地方政府仅有在某些特定税制要素中的选择或调整权利,可以运用的税收优惠手段更是极为有限,故京津冀区域内地方财政间的税收协同无论是协同对象、协同范围抑或是协同程度均会有所局限,协同税收所发挥的促进性作用也较为有限。

（一）协调统筹税收政策

首先,统一区域内各辖区的基本税收政策。以中央税收法律为基准,在法律允许的范围内,以京津冀区域规划的顶层设计为导向,立足京津冀区域内各辖区的产业比较优势,发挥税收政策对京津冀区域产业布局战略调整和对接的助推作用,就征税对象、纳税环节、纳税地点、税率选择、信息沟通等可选择性税制要素进行协商,形成税收政策的统一制度安排,减少进而避免京津冀区域内税收政策执行差异,如统一京津冀土地使用税的税额标准、车船税的税额标准等,创建公平、合理、统一的区域税收政策环境。并进而借助京津冀区域协同发展平台,通过相关部门协商谈判冲破行政区划界线,缓解乃至消除区域内各辖区间仍旧存在的税收与税源背离问题,实现京津冀区域税收政策的逐步"一体化"。

其次,统筹区域内各辖区间的税收优惠政策。在税收优惠政策从区域优惠转向产业优惠的新形势下,一方面,加强对京津冀区域内各项税收优惠政策的规范化管理,根据国务院要求全面清理和规范区域内各辖区的财税优惠政策,特别是对各辖区曾经与企业签订的以合同、协议、备忘录、会议或会议纪要以及"一事一议"等形式的财税优惠政策进行全面梳理;另一方面,基于京津冀产业升级、产业优化以及错位发展的产业空间格局安排,整合和调整京津冀区域的税收优惠政策,例如,统一中关村、滨海新区的税收优惠政策,将此税收优惠政策推广至区域内各辖区高新技术产业和省级开发区。

再次,向中央申请特定的区域税收优惠政策。京津冀区域协同发展作为国家重大战略项目,为了发挥税收政策对于人、财、物等生产要素的导向性作用,助力于京津冀区域产业结构格局的调整和优化,提升区域整体经济和社会发展实力,加速区域协同发展进程,还可以向中央申请特定的区域税收优惠政策。如为了调动张家口、承德等市对于本辖区生态环境的维护,为了促进京津产业向河北省各辖区的产业转移,为了吸附高精尖人才和技术等,向中央申请时限性的特殊优惠政策,以缓解京津冀区域的生态压力、助推非首都功能疏解、提升区域产业布局层次,增强京津冀区域整体竞争力。

(二)协同稳定地方税源

一方面是产业转移的税收收入稳定性。自 2014 年以来,京津冀区域内各辖区之间已经陆续展开了企业、产业的转移与承接(见表 6-2)。随着转移与承接进程的不断推进,京津冀区域跨行政区产业链正在逐步形成。为了促进辖区间企业与产业的顺利转移,各辖区应积极落实《京津冀协同发展产业转移对接企业税收收入分享办法》,严格遵守和执行税收收入分享比例和分享时限,防止产业转出地"断崖式"税收收入的下跌,保障产业转出地和转入地双方税收收入过渡中的稳定性。

表 6-2 京津冀部分企业转移项目

时间	项目	迁出地	承接地
2013.9	北汽集团旗下北京汽车制造厂制造业务	北京	沧州黄骅
2014.4	北京动物园服装批发市场搬迁启动	北京	廊坊永清县台湾工业新城
2014.5	凌云建材化工有限公司原料药碳酸氢钠项目	北京	邯郸武安市
2014.5	钢铁类产业(曹妃甸与首钢总公司共建北京产业园)	北京	唐山曹妃甸区
2014.5	大红门市场部分商户签约	北京	保定白沟
2014.4	十八里店建材城签约	北京	保定易县
2014.6	动物园、大红门批发市场部分商户签约	北京	天津西青区
2015.1	北京四环制药等 22 家医药企业签约入驻	北京	沧州渤海新区
2015.1	家具生产企业搬迁签约	北京	沧州青县
2015.1	科技型产业等	北京	保定白洋淀科技城

时间	项目	迁出地	承接地
2015.2	大基康明、惠买在线、坤鼎投资、聚信产融投资、宝健日用品公司签约	北京	廊坊永清开发区
2015.4	北京现代第四工厂项目	北京	沧州市

另一方面是辖区核心税源的稳定性。辖区税收收入的持续、稳定决定于该辖区核心税源的持续情况,根据京津冀整体区域的产业结构布局以及各辖区的产业比较优势,重点发展各辖区的核心产业,并通过技术创新、高端人才引进以及提升管理水平等多元化方式,增强各辖区优势产业在京津冀区域以及在全国的产业竞争力,促进各辖区产业的健康发展,形成产业经营与税收收入的良性循环,充沛各辖区地方可用财力,为京津冀辖区间的协同支出提供充实的资金支持,为辖区间的地方财政合作创造稳定而坚实的物质基础。

（三）协作提高税收征管能力

因京津冀区域内各辖区间如同城通办事项选择、自助办税程序、免填单服务数量①等税收具体征管流程的差异性,且区域内各辖区之间税收征纳服务的联动机制还尚不完善,各辖区间在信息共享、资源整合等方面进展较为缓慢,致使各辖区的税收征管水平参差不齐。为了有效提高各辖区的税收征管能力,协助转移产业和企业、跨区经营企业等税收分享和税收缴纳工作的顺利进行,一方面,扩大协调税收的部门范围,京津冀区域内各辖区不仅需要加强各地税务机关之间的协作,还需要注重各地工商、质检等部门的协调与合作,通过与税收征管相关部门间的协作,精简税收征管的流程和环节,消除税收征管中的各种制度屏障;另一方面,建立京津冀区域内各辖区之间的信息共享平台,包括将各辖区的税收政策、税收征管流程,以及税务登记、申报征收、税务稽查、纳税信用等信息纳入到共享平台数据库之中,实现京津冀区域内各辖区之间的数据共享与共建,从而有效降低各辖区的税收征管成本,并提升税收征

---

① 京津冀协同发展税收问题研究课题组:《京津冀协同发展税收问题研究》,《天津经济》2015 年第 7 期。

管的服务水平。

四、健全地方财政间协同支出机制

政府作为市场中具有税收权力的特殊参与者,无论是资金的筹集抑或是资金的支配均会对经济和社会产生一定的影响。在京津冀协同发展中,各辖区间的地方财政合作更需要财政支出的协调和配合,由此,应健全京津冀区域内各辖区间的协同支出机制,整合各辖区财政资金并给予合理的安排,充分发挥财政资金的导向作用,既可以有效激励各辖区以及整个区域的经济发展,又可有效解决跨区公共服务和公共设施的提供,从而促进京津冀区域内各辖区经济和社会的共同发展。

(一)多元化协同发展基金支出方式

作为区域共建的财政性资金池,京津冀协同发展基金应专项用于京津冀区域性的公共事务,而为了最大程度地发挥有限协同发展基金的资金引导以及"杠杆"作用,除了运用财政补贴、财政贴息等传统资金支持方式外,应创新和多元化基金具体支出方式。

1.PPP 模式

对于京津冀跨界的重大基础设施建设项目,如公路、铁路、地铁等大型、一次性项目,目前多采取政府投资与地方对接相结合的方式,给政府造成了较大的资金压力。为了缓解政府资金压力并充分调动社会资金的积极性,应探索政府和社会资本合作的 PPP 模式(PPP, Public-Private Partnership)。广义的PPP 模式包含 BOT、DBFO、TOT、PFI 等多种合作方式,而狭义的 PPP 模式则是一种新型的项目融资方式,相较于之前的合作模式,其更加注重公共部门与私人部门之间的伙伴关系、风险分担以及利益共享,也具有实现各参与方"双赢"或"多赢"并达到项目实现以及项目融资优化等目标。

对于京津冀为实现区域协同而需要支持和建设的项目,京津冀协同发展基金可以运用未来项目预期收益、资产和政府扶持程度为依托(如税收优惠、贷款担保、沿线土地优先开发权等),并与计划参与项目建设的单位组建股份有限公司,签订特许合同,给予其长期的特许经营权和收益权。一方面,该股份有限公司负责项目的筹资、建设和经营,从而可以有效鼓励更多的社会资本、民营企业参与到大型基础设施项目的确认、设计和可行性研究等前期工作中来,不仅可以节省京津冀协同发展基金的使用规模,还有助于降低项目投资建设风险;另一方面,京津冀协同发展基金还可以通过与金融机构的协商与谈判,与金融机构达成以合同为支付相关费用的贷款安全保障特殊协议,即指将项目经营的直接收益和通过政府支持所转化的效益作为偿还贷款的资金来源,以促进有限公司能够顺利获得金融机构的贷款,从而加快项目的建设和有效运营。如 2015 年 12 月全国第一个区域性 PPP 基金——PPP 京津冀协同发展基金正在如火如荼地筹建之中,并计划由河北省财政出资 10 亿元作为引导资金,银行、保险、信托以及其他社会资本出资 90 亿元共同参与,但此次 PPP 项目主要由河北省牵头,故其京津冀协同的作用将会主要体现在河北省省域。

2.股权投资模式

为了按照市场化方向有效推动财政体制改革,并促进京津冀形成企业股本市场化补充机制,还可以在京津冀协同发展基金中设立专业化股权产业投资基金,改变传统财政性专项资金的使用方式,变无偿补助为股权投资,以助力京津冀工业、农业、科技、现代服务业、文化、旅游等产业发展。

对承接京津或京津直接投资的符合河北产业政策、发展潜力大、税收贡献度高的项目,可采取股权投资的方式。即协同发展基金并不以盈利为目的,故其出资额不能超过企业总股本的 30%,且并不参与企业的日常经营与管理,从而保证企业运行和决策的独立性,并根据企业的意愿及时退出。以此凭借财政性扶持资金以及股权投资模式,通过 1∶3 或 1∶4 甚至更高的"杠杆比",放大财政对于某产业或企业的扶持规模和扶持效应,以市场化运作方式投入到技术改革、技术进步和科研开发产业化等方面,进而促进京津冀经济结构调整、产业结构调整和资源优化配置,提升京津冀的整体经济实力。此外,在股权投资模式的运作中,应秉持政府引导、市场运作、保本微利、滚动发展的原则,即强调协同发展基金的全程监管和制约,可以一定程度上实现协同发展基金的保值增值,还可以通过资金回笼的方式,变协同发展基金的一次性投资为循环、可持续性的资金扶持,最大化协同发展基金对于产业的引导和扶持作用。

3.政府购买模式

在市场经济迅猛发展的今天,公共服务的生产、提供已经打破主要由政府承担的原有模式,逐渐走向政府与市场的混合提供,尤其是市场生产、政府购买的公共服务提供方式愈发普遍。在京津冀协同发展的进程之中,对于有助于京津冀整体性发展且适合采取市场化方式提供以及社会力量能够承担的公共服务项目,可运用京津冀协同发展基金通过市场进行采购。同时,进一步鼓励协同发展基金拓宽购买社会服务的范围、扩大政府购买社会服务的规模、提升政府购买社会服务的质量,逐步构建起多层次、多方式的京津冀区域公共服务社会化供给体系。如京津冀对资源环境、交通运输、公共医疗、产业布局、城镇体系和公共服务一体化的相关规划、评估和研究,都可采取由协同发展基金出资,从市场购买的提供模式,不仅可以激发市场主体的自身活力,还可以将相应的区域协同机构从事务性的工作中解放出来,充分发挥市场的比较优势,提高公共服务的提供效率。

(二)统筹设定区域转移支付制度

转移支付制度长期以来都是平衡地区间财力差距的有效财政工具,在京津冀协同发展的进程之中,为了促进区域内各辖区以及区域的整体迅速发展,既可借助于自上而下的纵向转移支付制度,又可通过完善各辖区间的横向转移支付制度以缩小辖区间财力差距、达到财力的适度均衡,从而推进京津冀区域的经济协同和社会协同。

1.中央对区域的纵向转移支付制度

作为国家重点战略项目之一,结合京津冀协同发展的顶层设计规划方案,制定与协同发展阶段相匹配的中央纵向转移支付制度,确保中央对于京津冀区域在政策与资金等方面的支持长效性。尤其在公共服务方面,因公共服务数量与质量的提供与保障是一个持续不可间断的过程,意味着在此方面的财政投入也是一个持续的过程,而即使设立京津冀协同发展基金,其资金的筹集以及支配仍受各辖区财力高低的约束和限制压力较大;且公共服务项目一般所耗费资金的规模庞大、经济收益性差,再加上公共服务项目还具有社会收益外溢性强等特点,各辖区政府对项目难以自发产生较强积极性,故向中央申请制度化的纵向财政资金支持,不仅可以有效缓解京津冀协同发展基金的支出压力,还可一定程度上保证公共服务项目的持续性建设。

如在京津冀协同发展的初级阶段,需要中央给予较大的财政资金支持,可运用因素法测算出北京非首都功能疏解以及产业结构优化转移而引发的人口流动与迁移规模,并进一步推算出公共服务成本的变化额度,申请中央将迁移阶段的特殊性纳入到起均衡性作用的一般性转移支付资金安排的考核因素中,针对人口迁移数量核定时限性的纵向财政资金规模,加大对承接地一般性转移支付的资金支持;与此同时,还应在基础教育、医疗卫生、社会保障、文化、公共安全等社会公共服务领域给予专项转移支付上的倾斜,增强承接地公共服务财政投入和保障能力,提高承接地的基本公共服务水平。

为了鼓励京津冀区域内各辖区通过相互协调合作解决京津冀协同中的问题,中央给予京津冀的纵向财政转移支付资金也可以通过"打包"的形式,注入到京津冀协同发展基金之中,并由协调机构结合各辖区的经济和社会发展情况以及区域的整体协同节奏,如承接地的人口流入数量、人口流入结构等等,经过系统性商议确定资金的分配和使用方案,且给予资金使用的前、中、后期的追踪和关注,对方案进行及时的动态调整,以缩小京津冀区域内各辖区间的差距,促进京津冀区域经济与社会的和谐发展。

2.区域内各辖区间的横向转移支付制度

横向转移支付制度最具有代表性的当属德国横向财政转移支付,其主要依托均等化基金这一平台,通过资金的缴纳和划拨,调节州级之间以及州内各市镇之间的财政平衡。因区域内涉及经济和社会发展水平均存在差异的各辖区,尤其是京津冀区域内的北京和天津不仅在经济发达程度以及社会发达程度上显著高于河北省各辖区,其在行政地位上也显著高于河北,故为了加速缩小各辖区间的差距水平,除了需要中央给予京津冀区域特殊的纵向转移支付外,京津冀区域应建立较为完善的横向转移支付制度,平衡各辖区的财力水平,既实现区域整体经济和社会水平的高效率提升,又实现各辖区公平性的均衡发展。

（1）生态补偿机制

我国的新安江流域、江苏太湖和湖北汉江流域等，都已经开展了横向水流域生态补偿试点，结合京津冀区域内各辖区间紧密的生态关联度现状，京津冀应建立包括水、森林、湿地、草场、绿化等资源的生态横向补偿机制。虽然北京与天津早前已与河北省部分辖区在集中供水、稻改旱等项目中进行了协商，并给予了一定的补偿，但因补偿标准初期设定较低，且已长年未曾上调，补偿金额与成本相距甚远，基本上仅具有象征意义，引发河北省部分辖区较大抵触情绪。为了促进京津冀生态环境的改善，建立区域内的横向生态补偿机制势在必行。

河北省是京津冀主要的生态环境建设和保护区域，承担着重大的生态维护责任，而北京与天津又是河北省生态屏障的最大受益者。但因河北省内较为低端的产业结构现状以及局促的地方财力水平，致使如张家口、承德等主生态区在生态维持与经济发展之间存在一定的矛盾。因此，在京津冀协同发展的进程之中，按照"生态效益共享，保护责任共担"、"谁受益，谁补偿"的基本原则，制定科学合理的区域内生态补偿机制，既包括常规性的补偿，又包括项目性的补偿制度。如就水资源而言，河北省常年对于北京、天津的给水项目，两市应遵循市场规律依据南水北调用水价格，以年为单位定期给予河北省相关辖区相应的定额资金补偿；而为了保障上下游的用水安全，水利、环保等相关部门应定期对上下游水域流量、水质类别等进行数据监测，并以此作为水污染防控治理成本的测算依据，汇总因保护水源而造成的经济损失，一并就补偿事宜进行辖区间的协商，并达成补偿协议。通过生态补偿机制的构建和运行，共同改善京津冀的生态环境，共同促进京津冀区域内各辖区的经济发展，实现京津冀社会的和谐。

（2）公共服务成本分担机制

京津冀区域内各辖区内公民能够享受到基本"同质"的公共服务是京津冀社会协同发展的最终目标。但鉴于当前各辖区间公共服务水平显著的差距，针对京津冀区域区位条件相近、人文环境相似以及政府导向性明显等特点,依托于科学的顶层设计,在各级政府的主导下,选择与民生关系程度较大,且通过市场机制难以实现的公共性较为显著的教育、卫生、生活环境、基础设施、就业与社会保障等社会公共服务项目,作为京津冀区域的社会协同努力方向,通过建立公共服务成本分担机制,实现辖区间横向资金的转移,从而有效提升落后地区的公共服务水平,缩小辖区间的公共服务差距,实现京津冀区域内各辖区间的基本公共服务均等化发展,为京津冀的经济协同营造良好的基础环境。即对于互惠互利的公共服务项目,在成本分担方面,共建共享双方或多方应按照投资额度与未来收益程度,依照相关行业标准协商确定,并通过签订相关协议,明晰成本分担的原则、方式以及金额;在收益分配方面,也通过协商、签订协议的方式给予确认。而对于单向流动的服务项目,应由流入地给予流出地相应的利益补偿,其具体的补偿标准,则根据有关行业的专业标准和双方协商来核定。

①测定公共服务支出标准。就京津冀区域公共服务协同发展而言,考虑其对于公共服务的需求主要来自于产业转移和非首都功能的疏解,无论是从转出地还是从承接地的角度,为了保证人口转移的可行、顺利以及转移的长效①,结合公众对公共服务需求的"刚性化"特点,会倒逼承接地的社会公共服务水平以北京或天津为基准。因此,在制定公共服务财政支出标准时可直接以北京社会公共服务人均支出额作为其他辖区的公共服务支出需求标准数额。

$$s = pe/tp \tag{6-1}$$

$$pe = i + h + e + c \tag{6-2}$$

如公式(6-1)、(6-2)所示,s 代表基本公共服务的需求标准数额,pe 为某地区的公共服务支出数额,tp 为某地区的总人口数额,i 为某地区的社会保障支出数额,h 为公共医疗卫生支出数额,e 为环境保护支出数额,c 为文化教育支出数额。由此,京津冀地区的基本公共服务人均需求额的测算值如表6-3:

---

① 产业的转移以及非首都功能的疏解仅是人口迁移的诱因,迁移人口是否可以稳定于承接地则一定程度上决定于承接地的社会发展即社会公共服务水平,如果承接地的社会公共服务水平与转出地差异过大,迁移人口会做出重新返回转出地或迁移到其他发达城市的选择。

表 6-3 京津冀地区基本公共服务人均需求标准

年份	c/万元	i/万元	h/万元	e/万元	pe/万元	s/元
2007	3166235	1792806	1189527	292700	6441268	5309
2008	3462472	1920445	1330746	325413	7039076	5415
2009	3666562	1950519	1387194	449891	7454166	5983
2010	3997116	2082413	1410103	459279	7948911	6320
2011	4238779	2477853	1574378	659910	8950919	7004
2012	4992056	2750810	1660050	736059	10138974	7814
2013	5031601	2823931	1662145	831695	10349372	7862

数据来源:2008—2014 年《中国区域经济统计年鉴》。

②测定公共服务支出成本差异系数。即使相同财政资金投入规模,面对不同的自然条件、经济条件以及社会条件,也会直接或间接影响各辖区社会公共服务供给成本,从而造成社会公共服务供给水平的差异性。基于京津冀区域地脉相连,其地形、气候、水土状况等自然条件较为相似,故可以选取市场化指数、物价指数、人均 GDP 水平、人口密度、城市用电量等多项指标测算公共服务支出的成本差异系数。

此外,为了防止区域间基本公共服务成本差异系数过大而脱离实际,在保持其相对关系的基础之上,可以按照中位数原则进行调整,将其控制在 1—1.5 之间,具体的成本差异系数见表6-4:

表 6-4 京津冀地区基本公共服务成本差异系数

地区	2007	2008	2009	2010	2011	2012	2013
北京市	1	1	1	1	1	1	1
天津市	1.1852	1.1510	1.1568	1.1578	1.1415	1.1530	1.1382
石家庄市	1.3975	1.4259	1.4228	1.4251	1.4151	1.4012	1.40
唐山市	1.3078	1.2694	1.3000	1.3090	1.3133	1.3105	1.3130
秦皇岛市	1.4163	1.4281	1.4185	1.4384	1.4250	1.4324	1.4186
邯郸市	1.4361	1.4561	1.4767	1.4812	1.4735	1.4426	1.4344
邢台市	1.4779	1.4772	1.4929	1.50	1.4956	1.4981	1.4978
保定市	1.4650	1.4418	1.4847	1.4915	1.4886	1.4812	1.4778

续表

地区	2007	2008	2009	2010	2011	2012	2013
张家口市	1.4722	1.4972	1.4839	1.4925	1.4880	1.4361	1.4664
承德市	1.50	1.4992	1.4847	1.4978	1.50	1.50	1.50
沧州市	1.4532	1.4459	1.4350	1.4622	1.4576	1.4669	1.4441
廊坊市	1.4500	1.4543	1.4324	1.4564	1.4436	1.4582	1.4399
衡水市	1.4747	1.50	1.50	1.4958	1.4952	1.4892	1.4903

数据来源:2008—2014年《中国区域经济统计年鉴》《北京统计年鉴》《天津统计年鉴》《河北经济年鉴》。

③测算公共服务支出资金缺口。以保障京津冀13个辖区享有"同质"社会公共服务为目标,通过京津冀区域公共服务支出标准和成本差异系数,可以根据公式(6-3)算出各辖区相较于北京公共服务水平的人均资金缺口规模,并依据相应的人口转移统计数据测定公共服务成本总额。

人均资金缺口=基本公共服务人均需求额/基本公共服务成本差异系数-各地区实际人均公共服务支出额[①]　　　　　　　　　　(6-3)

表6-5　京津冀地区基本公共服务协同发展人均资金缺口测算

地区	2007	2008	2009	2010	2011	2012	2013
北京市	0	0	0	0	0	0	0
天津市	2343.53	2399.99	2935.95	3162.42	2763.97	3151.31	3080.26
石家庄市	3072.58	2938.65	3260.88	3462.87	3830.53	4359.13	4315.31
唐山市	2941.65	2893.80	3167.24	3411.77	3728.54	4341.89	4473.43
秦皇岛市	2813.86	2578.23	2950.44	3073.14	3498.36	3629.54	3870.64
邯郸市	3062.81	2980.18	3175.80	3355.61	3800.77	4380.09	4489.15
邢台市	3069.96	2958.32	3202.75	3391.32	3781.79	4243.56	4344.44
保定市	3064.03	3083.41	3286.95	3390.72	3842.49	4364.63	4345.28

①　虽然相同的基本公共服务资金投入不一定会带来相同的基本公共服务供给水平,但基于可操作的财政视角,采用人均基本公共服务支出法,并考虑京津冀各地区地理的空间因素,生成基本公共服务供给成本差异系数,从而测算出京津冀地区各城市达到相同基本公共服务支出时应获得的资金支持,可以将其视为实现京津冀地区基本公共服务协同发展的一个基础性环节。

地区	2007	2008	2009	2010	2011	2012	2013
张家口市	2651.42	2538.01	2580.06	2906.74	3226.42	3929.44	3837.75
承德市	2644.64	2362.24	2607.55	2890.57	3164.68	3558.89	3656.00
沧州市	3035.51	2949.41	3320.31	3396.20	3831.93	4295.13	4410.31
廊坊市	2839.21	2680.43	3070.11	3149.19	3525.88	3852.12	3877.93
衡水市	3017.11	2904.84	3123.01	3369.03	3723.71	4232.89	4275.74

　　根据测算结果可以看出,各个城市若想实现与北京基本相同的公共服务提供,资金缺口规模巨大。这也进一步验证,北京的基本公共服务供给水平远高于京津冀地区的其他城市,京津冀地区间的基本公共服务均等化目标近期内难以实现。而以加速差距缩小为目的的京津冀地区基本公共服务协同发展将更适宜京津冀当前的需要。此外,在资金缺口的测算过程中,还可以明晰地揭示出各地区在基本公共服务协同发展中资金缺口规模的大小,除了受京津冀地区人均需求标准额以及基本公共服务成本差异系数的影响之外,还会受到本地区人口数量的影响。而在京津冀协同发展的进程之中,产业转移与功能疏解必将带来人口的流动和转移,因此也会带来该地区基本公共服务供给水平的变化,若想保持京津冀地区基本公共服务水平的协同持续性和良好的协同效果,在基本公共服务资金筹措过程中,不仅需要考虑人口的迁移方向,还需要考虑人口的迁移数量。

　　④协商公共服务成本分担。因成本分担本质上也是一种建设风险的分担,需要迁入地与迁出地辖区就公共服务成本事宜进行协商,明确成本分担的比重、成本分担的形式以及资金的划拨支付方式,并就此达成进一步的协议。

五、构建财政合作违约惩罚机制

　　因京津冀区域内各辖区间的财政合作是各辖区政府之间利益冲突与利益竞争的协调结果,带有"经济人"特性的各辖区政府在财政合作之中,具有降低自身成本、获取最大收益的行为驱动力,对于以协同税收与协同财政为主要合作内容的财政合作中,难以有效保证其参与的积极性和主动性,需要建立立体化的监督机制和构建严格的问责惩罚机制，以推进各辖区间地方财政合作的顺利进行。

（一）立体化监督

监督是制度得以良好贯彻和实施的制度保障，监督的有效执行可以明显降低制度执行过程中行为扭曲和违规现象发生的可能性。虽然当前的信息技术水平日渐发达，爆炸性信息时代给我们带来便捷的生活与工作的同时，也带来了信息甄别难度的增加，由此，信息的不充分、不完全仍旧是现代管理中无法解决的难题，而信息的不完全所引致的机会主义行为在政府规制中更易发生。因京津冀区域内各辖区间的财政合作涉及多个辖区，辖区间企业、机构、居民的情况与偏好也多有不同，且地方财政合作是以各辖区财力为依据承担相应的责任和义务，因此，信息的搜集相对更加繁杂，信息的获取也相对难度更大。故应建立立体化的监督机制，包括发改委等国家机构、京津冀协同机构、各辖区相关部门等机构组织共同履行协同发展以及财政合作的监督职责；此外，还应充分调动京津冀区域内的广大群众、私人部门和组织的监督积极性，充分运用现有网络科学技术，形成公开、透明的监督环境，督促京津冀区域内各辖区间地方财政合作的顺利进行，加速京津冀区域经济协同与社会协同的实现。

（二）严格问责与惩罚

合作是基于对相同规章制度、相同履行职责、相同实现目标的一种共识达成和认可，而合作的制度化则是在共识的基础之上对于合作参与人权利的明确阐述与义务明晰界定。如欧盟对成员国在财政政策方面的要求在1993年的《马斯特里赫特条约》（简称《马约》）和1997年的《稳定与增长公约》（简称《公约》）中有明确的规定，比如欧盟提出各个成员国的赤字率①不能高于3%，债务率②不能超过60%，否则该成员国将会收到警告并勒令其进行纠正，如若该成员国仍未如期进行赤字或债务的纠正，将被纳入过度赤字惩罚程序，

---

① 这里的赤字率是指财政赤字占 GDP 的比重。
② 这里的债务率是指政府债务占 GDP 的比重。

假如成员国的赤字率连续三年都超过 3%，其可能会付出相当于其 GDP0.5%的罚款。欧盟严格的财政惩罚制度在一定程度上保证了成员国财政的大体平衡，进而为保障欧盟经济以及欧元的稳定性创造了基础性的条件。

为了保障京津冀区域内各辖区间地方财政合作的长期有效性，也应借鉴欧盟对于成员国财政政策的约束方法，引入严格的问责与惩罚制度，以提高各辖区政府违规成本，提升财政合作的遵从度。首先，在各辖区间签订相应的合作协议、法规等条文中明晰各辖区应该遵守的经济、社会要约，以及合作的具体形式，如"会费"的缴纳等，充分体现权责明晰的基本原则；其次，对于已经确定责任的违规行为，应对该辖区进行带有较强警示作用和惩罚色彩的严厉经济惩罚，大大提高辖区政府的违规或不履约成本，从成本收益的角度降低辖区的主动违约可能性，有效维持京津冀区域内各辖区间地方财政的长期合作，促进京津冀区域整体性的快速发展。

第三节　京津冀区域地方财政合作的配套策略融合

京津冀区域地方财政合作对于区域协同促进作用的有效实现，不仅需要依赖于各辖区间地方财政合作的制度化构建，还需要除财税外其他政府部门、市场作用、考核制度等相关政策和机制发挥辅助性功效，助力各辖区间地方财政合作对区域经济协同以及社会协同的促进作用。

一、培养政府契约经济理念，降低财政合作协商成本

无论是区域的协同发展抑或是各种合作，均在一定程度上体现的是一种契约精神。法史学家梅因于 1884 年就曾指出所有进步社会的运动是一个从身份到契约的运动，契约作为市场活动的基本准则，在漫长的社会发展历程逐渐成为市场交易的承载者，承担了明晰交易产权、维护交易秩序、调整交易关系、稳定交易预期、优化资源配置等众多功能。而随着市场经济的不断深入和发展，契约在社会中所扮演的角色也变得愈发重要，市场经济甚至被直接称之

为"契约经济",并运用到社会的各个领域。中国自古以来崇尚"情"字,主要指"人情"、"世情",例如李渔《奈何天·计左》中:"人情留一线,日后好相见"就清晰地展示出人与人之间交往是需要留够"情面"的,故我国长期以来对"人情"、"关系"的顾及,甚至曾造成过"人情"高于"法律"的混乱环境。而市场经济的健康发展需要一个良好的法治环境,法治的核心就是契约,遵守法律就是一定程度地遵守契约,但契约精神的涵义却又更加丰富和饱满,既包括法律条文的契约性,同时还包括文化和道德层面的契约性。契约理念的形成不单单是对个人的要求,企业、政府都应提倡契约精神,而契约精神的培养也并非是法律体系的简单构建和完善,更需要贯彻从个人到整体、从私人组织到公共组织、从法律到道德、从个人诚信到政府信誉等各个领域对公平、公正和效率的追求。美国经济学家 Hawkins(2010)就认为地方政府通过协商达成的风险分担协议或者契约既可以促进区域经济发展,又可以保持地方自治的独立性。由此,在京津冀区域协同发展中,各辖区间的财政合作从非制度化走向制度化也必将经历循序渐进的推进历程。但在缺乏制度化予以保驾护航的现实背景下,各辖区政府之间合作论坛、联席会议、委员会等不同层次的合作形式更需要各个政府契约精神的努力维护和自觉遵守,提升辖区间的彼此信任程度,有效降低地方财政合作协商成本,提高合作效率。

1.契约理念的灌输。注重契约理念的传播,政府通过行为表率,引导各个经济主体遵守契约、讲究诚信,鼓励通过契约交换的形式安排权利和配置资源,促使契约成为实现经济和社会利益、开展经济和社会交往的主要形式。但理念的形成并非一朝一夕之事,需要长期、持续的灌输和引导,因此应对京津冀区域内各辖区的政府官员和部门工作人员,进行定期的经济、管理以及业务培训,在培训中将契约理念融入到相关业务知识之中,逐渐形成契约精神。

2.征信系统的构建。"建立健全社会征信体系,褒扬诚信,惩戒失信"[①]。由第三方构建各种征信系统,对个人的信用、企业的信用、政府的信用进行评

---

① 《中共中央关于全面深化改革若干重大问题的决定》,http://www.sn.xinhuanet.com/2013-11/16/c_118166672.htm。

级,将诚信的理念融入到生活、工作以及政府的日常管理之中。在京津冀区域的地方财政合作中,可以将征信系统的信息数据库与财政合作的惩罚机制挂钩,一方面可以通过征信系统掌握各辖区的基本信用情况,并根据信用等级制定相应的合作风险防范措施;另一方面,还可以将合作中辖区的违规或不履约行为录入征信系统之中,进一步提高辖区政府的违约成本,降低财政合作中各辖区参与者的违约可能性,形成地方财政合作的健康循环。

3.最优契约的制订。通过契约的最优化设计有效防止合作协议签署中双方或多方的不公平性地位,将合作中所涉及的权利与义务条款明晰规范在契约之内。因政府预算是按照一定的法律程序编制和执行的政府年度财政收支计划,又是公众与政府之间的综合委托契约形式。因此,为了保障京津冀区域内各辖区地方财政合作的公平与效率,应做好具有高透明度的财政合作联合预算,以此规范和控制各辖区间的财政合作,缩小以致消灭人为可调节的空间,杜绝非正常经济关系的可操作性,为契约的管理(预算的执行)提供良好、可信、科学的契约依据和监管起点。

二、协同创新政府考核指标体系,缓解地方财政利益矛盾

随着我国迈入了"新常态"经济发展阶段,我国的经济增速已由原来的超高速增长转为中高速增长,政府将通过"新型城镇化"、加大社会服务投入、增强基础设施建设等途径发挥其服务型政府作用,以经济增长质量置换经济增长速度,并将转型成为重视全社会生产、生活、生态的长效发展模式。服务型政府的绩效评价正在改革曾经唯 GDP 的评价体系,逐步将社会服务、生态环境等内容融入政府的绩效考核之中,从而倒逼地方政府以及地方政府官员既重视经济发展也重视社会发展,既关注经济增长速度,又关注公共服务的提供数量和提供质量,实现政府的经济与社会发展职能。就京津冀协同发展而言,基于《规划纲要》中"世界级城市群"、"改革引领区"、"经济增长新引擎"、"环境改善示范区"的整体区域功能定位,京津冀区域已经成为相互依存的利益共同体,为了实现京津冀区域整体实力的快速提升,尽快实现京津冀的"全方位"协同发展,在京津冀经济和社会差距均较大的背景下,京津冀区域内各辖

区政府绩效评价体系也应实现大体的统一，且应在基础政府绩效评级体系之中增加京津冀政府服务项目和质量考核、京津冀区域整体发展水平考核、经济差距缩小程度考核以及公共服务水平差距缩小程度考核等方面的内容和指标，以督促各辖区通过地方财政合作达到各项指标要求，顺利通过辖区政府绩效考核。

在具体的政府考核指标选择中，对政府以及政府官员考核与评价的初衷，主要是为了督促政府职能的有效实现和保障政府政策的有效执行。所以，在促进经济协同发展的指标选择方面，应秉承竞争与合作相结合的理念，切脉于各个地方政府的政治晋升与追逐本地区经济发展的密切联系，通过指标设定促进各辖区的地方财政合作，以此实现京津冀区域与各个辖区经济的共同发展，引导"政治晋升竞争"发挥其激发地方政府经济发展的正向激励作用；而在促进社会协同发展的指标选择方面，可考虑选择跨界公共服务合作提供情况指标，因京津冀区域内各辖区政府"政治晋升竞争"的敏感度会促使其在政府扩张的历程中向公共服务方面而倾斜，将有助于京津冀社会协同的发展，但政府绩效考核对于地方政府以及地方政府官员向社会服务方面的倒逼，是建立在各辖区政府均向社会发展转移的假设基础之上，因此需要通过辖区间达成京津冀社会协同发展共识，才能有效实现"倒逼"所带来的公共服务提供水平差距缩小以及整体福利提升。

除此之外，还可以通过建立第三方考评机制对京津冀的协同进程、协同范围、协同程度进行全方位的评估，并将其与中央对京津冀协同发展支持资金进行挂钩。在对京津冀协同进行绩效评估时，应突出对各辖区之间展开的合作态度、合作范围、合作程度、合作形式以及合作效果进行评价，并将京津冀的经济"一体化"与社会公共服务"一体化"程度的评价结果也纳入到评价指标之中，就第三方考评机制与各辖区政府的考评机制进行比对，以促进政府考核指标体系的客观、科学与完善。

三、强化市场决定性作用，控制地方财政干预程度

我国的改革开放将市场经济作为发展生产力的方法和途径引入社会主义

之中并已经实践了近四十年。1987 年"十三大"报告中提出"国家调节市场，市场引导企业"的新经济运行机制；1992 年"十四大"报告中指出市场是基于"国家宏观调控下"的"资源配置"性"基础"作用，这是市场与政府关系具有里程碑意义的诠释；1997 年的"十五大"报告中进一步强调了市场作用，提出"充分发挥市场机制作用"和"健全宏观调控体系"；2003 年十六届三中全会在坚持市场作为基础性作用的基础之上，明确政府为市场创造发展环境等服务性功能；"十八大"会议上更是进一步推崇市场，提出"更大程度"、"更广范围"发挥市场作用；2013 年十八届三中全会上更是将市场从之前的"基础性"作用上升为"决定性"作用，至此，我国经济体制改革中政府与市场的关系进入了新的境界。

京津冀各级行政区划层次较为繁多，行政隶属关系也较为复杂，各辖区之间的政策环境存在众多的不一致，导致协调难度和协调成本较大，造成各类资源要素京津冀自由流动和配置的屏障，以及市场分割和"银政壁垒"①（周荣敏等，2014）等问题的出现，而这一系列问题单纯依靠市场却难以迅速或根本解决和消除，需要政府的强势介入和干预。故京津冀区域的崛起与珠三角、长三角区域的发展主要依赖于市场力量不同，其产生于（张瑞萍，2015）并依赖于政府行为，是由政府的顶层设计和规划启动的，具有较为明显的行政色彩。尤其是在京津冀协同发展的初级阶段，需要凭借政府的行政导向，推动京津冀区域内各辖区、各方面的协调与合作，涉及地方政府利益关系的地方财政合作更是如此。依据长三角和珠三角的发展经验，富有活力的区域市场、较强的市场主体力量才是区域长效发展的最终主动力。因此，随着京津冀区域协同发展的逐步推进，以及各辖区间地方财政合作制度化路径架构的逐渐完成，政府的行政干预也应逐渐弱化，不断强化市场在区域协同发展中的决定性作用，激发各辖区合作需求的自发性、主动性。

首先，明确政府与市场的边界。虽然市场与政府均具有资源配置的作用，

---

① 银政壁垒是指京津冀区域内北京是金融管理中心；而天津是北方经济中心，且基于历史天津大区行的金融经历，其也具有较强的金融地位；相较于京津，河北的经济层次较低，资本吸引能力较弱，使之金融行业和金融地位均较为落后。

但在京津冀协同发展中,应结合区域整体协同发展规划设计,对于因行政区划等因由而造成的市场分割、要素流动不畅以及要素扭曲,通过各辖区间的财政合作,如对因产业转移而引发的人口流动给予承接地直接财政资金支持,以疏导、纠正和清除要素流动障碍;而对于市场可以自行优化配置的资源和要素,可通过地方税收优惠政策协调等方式改善市场运行环境,引导并遵从市场的选择和配置结果,从而促进京津冀市场"一体化"的形成。

其次,强化市场在区域协同发展中的作用。虽然财政分权体制下,无论是基于"官员晋升"需求抑或是辖区发展需求,我国各辖区政府均具有追逐辖区个体利益最大化的主动性偏好,但随着京津冀区域整体发展空间格局架构的基本完成,市场将在京津冀协同发展中起着更加关键的作用。尤其在京津冀区域经济协同领域中,依托于京津冀区域的产业布局,强化市场充分发挥其在产品结构、产品产量、产品周期寿命等方面的决定性作用,遵循优胜劣汰的市场基本法则,不断壮大各辖区产业在京津冀区域内乃至在全国范围内的竞争力,实现京津冀区域内各辖区间产业的强强联手,以壮大各辖区财政合作的财力基础,形成京津冀协同发展的良性循环,将京津冀发展成为拥有强大竞争力的"世界级城市群"。

附 表

表 1 京津冀公共文化教育服务水平及排名

城市	2007		2008		2009		2010	
	得分	排名	得分	排名	得分	排名	得分	排名
北京市	0.6876	1	0.7125	1	0.7089	1	0.7261	1
天津市	0.2673	4	0.3176	2	0.2980	3	0.2641	3
石家庄市	0.2639	5	0.2352	5	0.2542	5	0.2364	5
唐山市	0.1711	11	0.1895	10	0.1953	10	0.1889	9
秦皇岛市	0.2460	8	0.2629	3	0.3148	2	0.2564	4
邯郸市	0.2496	7	0.2093	8	0.2359	8	0.2169	7
邢台市	0.2761	3	0.2391	4	0.2399	6	0.2067	8
保定市	0.1037	13	0.0875	13	0.0896	13	0.0877	13
张家口市	0.1287	12	0.1213	12	0.1323	12	0.1280	12
承德市	0.1886	10	0.1809	11	0.1824	11	0.1702	10
沧州市	0.2074	9	0.1896	9	0.2001	9	0.1680	11
廊坊市	0.2831	2	0.2310	6	0.2876	4	0.3054	2
衡水市	0.2636	6	0.2264	7	0.2386	7	0.2169	6
河北平均	0.2165		0.1975		0.2155		0.1983	

城市	2011		2012		2013		2007—2013 平均	
	得分	排名	得分	排名	得分	排名	得分	排名
北京市	0.7137	1	0.7198	1	0.7028	1	0.7102	1
天津市	0.3716	2	0.3583	2	0.3719	2	0.3213	2
石家庄市	0.2496	6	0.2552	7	0.2613	7	0.2508	6
唐山市	0.2229	8	0.2264	9	0.2695	6	0.2091	9

城市	2011		2012		2013		2007—2013 平均	
	得分	排名	得分	排名	得分	排名	得分	排名
秦皇岛市	0.3580	3	0.3192	3	0.3254	4	0.2975	3
邯郸市	0.2349	7	0.2824	6	0.2439	8	0.2390	7
邢台市	0.2197	9	0.2381	8	0.1861	9	0.2294	8
保定市	0.1098	13	0.1334	13	0.1612	12	0.1104	13
张家口市	0.1409	12	0.1512	12	0.1325	13	0.1335	12
承德市	0.1941	10	0.1786	10	0.1669	10	0.1802	11
沧州市	0.1748	11	0.1618	11	0.1630	11	0.1807	10
廊坊市	0.3003	4	0.3027	5	0.3377	3	0.2925	4
衡水市	0.2583	5	0.3108	4	0.3200	5	0.2621	5
河北平均	0.2239		0.2327		0.2334		0.2168	

数据来源:2008—2014 年《中国区域经济统计年鉴》《北京统计年鉴》《天津统计年鉴》《河北经济年鉴》。

表2　京津冀公共医疗卫生服务水平及排名

城市	2007		2008		2009		2010	
	得分	排名	得分	排名	得分	排名	得分	排名
北京市	0.9530	1	0.9245	1	0.9287	1	0.8641	1
天津市	0.5954	2	0.6007	2	0.5196	2	0.5230	2
石家庄市	0.1352	7	0.1280	7	0.1445	7	0.1250	7
唐山市	0.1811	5	0.1914	5	0.1697	6	0.1955	5
秦皇岛市	0.2374	4	0.2447	4	0.2194	4	0.2321	4
邯郸市	0.0436	11	0.0257	12	0.0392	11	0.0164	12
邢台市	0.0570	10	0.0446	10	0.0517	10	0.0385	11
保定市	0.0253	13	0.0162	13	0.0080	13	0.0093	13
张家口市	0.1620	6	0.1652	6	0.1802	5	0.1913	6
承德市	0.2379	3	0.2478	3	0.2655	3	0.2660	3
沧州市	0.0341	12	0.0290	11	0.0363	12	0.0621	10
廊坊市	0.0909	8	0.0779	8	0.1147	8	0.0989	8
衡水市	0.0767	9	0.0578	9	0.0889	9	0.0820	9
河北平均	0.1165		0.1117		0.1198		0.1197	

续表

城市	2011		2012		2013		2007—2013 平均	
	得分	排名	得分	排名	得分	排名	得分	排名
北京市	0.8350	1	0.9557	1	0.9741	1	0.9193	1
天津市	0.3415	2	0.3794	2	0.3544	2	0.4734	2
石家庄市	0.1326	7	0.1831	5	0.1752	5	0.1462	7
唐山市	0.2306	5	0.1634	6	0.2022	3	0.1906	5
秦皇岛市	0.2598	4	0.1997	4	0.1758	4	0.2241	4
邯郸市	0.0286	12	0.0881	11	0.0512	12	0.0418	12
邢台市	0.0455	11	0.0991	9	0.0627	11	0.0570	10
保定市	0.0059	13	0.0939	10	0.0397	13	0.0283	13
张家口市	0.2083	6	0.0240	13	0.1277	8	0.1513	6
承德市	0.3152	3	0.2475	3	0.1692	6	0.2499	3
沧州市	0.0665	10	0.0472	12	0.0965	9	0.0531	11
廊坊市	0.1117	8	0.1630	7	0.1384	7	0.1136	8
衡水市	0.0982	9	0.1161	8	0.0894	10	0.0870	9
河北平均	0.1366		0.1295		0.1207		0.1221	

数据来源:2008—2014 年《中国区域经济统计年鉴》《北京统计年鉴》《天津统计年鉴》《河北经济年鉴》。

表3 京津冀社会保障服务水平及排名

城市	2007		2008		2009		2010	
	得分	排名	得分	排名	得分	排名	得分	排名
北京市	1	1	1	1	1	1	1	1
天津市	0.4464	2	0.4592	2	0.4204	2	0.3330	3
石家庄市	0.0780	6	0.0942	5	0.0854	5	0.3347	2
唐山市	0.1669	3	0.1747	3	0.1658	4	0.1559	5
秦皇岛市	0.1431	4	0.1474	4	0.1736	3	0.3157	4
邯郸市	0.0351	7	0.0444	7	0.0453	8	0.0307	10
邢台市	0.0142	11	0.0140	11	0.0146	12	0.0538	8
保定市	0.0300	10	0.0185	10	0.0171	10	0.0117	12
张家口市	0.0924	5	0.0727	6	0.0827	6	0.0943	6

城市	2007		2008		2009		2010	
	得分	排名	得分	排名	得分	排名	得分	排名
承德市	0.0342	8	0.0399	8	0.0592	7	0.0679	7
沧州市	0.0021	13	0.0066	13	0.0059	13	0.0099	13
廊坊市	0.0311	9	0.0346	9	0.0331	9	0.0524	9
衡水市	0.0120	12	0.0111	12	0.0152	11	0.0226	11
河北平均	0.0581		0.0598		0.0634		0.1045	
城市	2011		2012		2013		2007—2013 平均	
	得分	排名	得分	排名	得分	排名	得分	排名
北京市	1	1	1	1	1	1	1	1
天津市	0.4137	2	0.4931	2	0.3995	2	0.4236	2
石家庄市	0.0806	6	0.0770	6	0.0623	7	0.1160	5
唐山市	0.1553	3	0.1329	3	0.1248	3	0.1538	4
秦皇岛市	0.1467	4	0.1285	4	0.1154	4	0.1672	3
邯郸市	0.0410	9	0.0294	9	0.0276	9	0.0362	9
邢台市	0.0184	11	0.0231	10	0.0019	13	0.0200	10
保定市	0.0231	10	0.0215	11	0.0176	10	0.0199	11
张家口市	0.1077	5	0.0899	5	0.0804	5	0.0886	6
承德市	0.0737	7	0.0668	7	0.0479	8	0.0557	7
沧州市	0.0135	12	0.0089	12	0.0087	12	0.0080	13
廊坊市	0.0652	8	0.0613	8	0.0640	6	0.0488	8
衡水市	0.0108	13	0.0081	13	0.0167	11	0.0138	12
河北平均	0.0669		0.0589		0.0516		0.0662	

数据来源:数据来源:2008—2014 年《中国区域经济统计年鉴》《北京统计年鉴》《天津统计年鉴》《河北经济年鉴》。

表 4　京津冀基础生活环境服务水平及排名

城市	2007		2008		2009		2010	
	得分	排名	得分	排名	得分	排名	得分	排名
北京市	0.7406	1	0.7432	2	0.7838	1	0.7421	1
天津市	0.6789	2	0.7479	1	0.6055	2	0.5711	2

城市	2007		2008		2009		2010	
	得分	排名	得分	排名	得分	排名	得分	排名
石家庄市	0.2752	9	0.4260	11	0.3225	13	0.3834	8
唐山市	0.2239	13	0.3465	13	0.3863	9	0.2819	13
秦皇岛市	0.5684	3	0.6145	3	0.4998	4	0.4179	7
邯郸市	0.2683	10	0.4671	7	0.4115	8	0.4599	3
邢台市	0.2824	8	0.4508	9	0.3656	10	0.3042	12
保定市	0.3151	7	0.5005	5	0.4319	6	0.4520	4
张家口市	0.4337	4	0.4767	6	0.4576	5	0.4302	6
承德市	0.2672	11	0.4329	10	0.5461	3	0.4476	5
沧州市	0.2579	12	0.4668	8	0.3226	12	0.3739	9
廊坊市	0.4104	5	0.5657	4	0.4254	7	0.3639	10
衡水市	0.3494	6	0.3956	12	0.3401	11	0.3315	11
河北平均	0.3320		0.4676		0.4100		0.3860	

城市	2011		2012		2013		2007—2013 平均	
	得分	排名	得分	排名	得分	排名	得分	排名
北京市	0.8768	1	0.8408	1	0.9323	1	0.8085	1
天津市	0.2979	11	0.3250	10	0.3394	9	0.5094	3
石家庄市	0.3093	10	0.3623	8	0.3100	10	0.3412	11
唐山市	0.2203	13	0.3030	11	0.2186	13	0.2829	13
秦皇岛市	0.3407	7	0.5835	2	0.5576	2	0.5118	2
邯郸市	0.4346	2	0.5349	3	0.3902	5	0.4238	5
邢台市	0.2242	12	0.2719	13	0.2879	12	0.3124	12
保定市	0.3788	5	0.3537	9	0.3734	7	0.4008	8
张家口市	0.4160	3	0.4583	4	0.4048	4	0.4396	4
承德市	0.3818	4	0.3856	6	0.4412	3	0.4146	6
沧州市	0.3329	8	0.3760	7	0.2899	11	0.3457	9
廊坊市	0.3286	9	0.4249	5	0.3779	6	0.4138	7
衡水市	0.3446	6	0.2994	12	0.3463	8	0.3438	10
河北平均	0.3374		0.3958		0.3634		0.3846	

数据来源:2008—2014 年《中国区域经济统计年鉴》《北京统计年鉴》《天津统计年鉴》《河北经济年鉴》。

参考文献

[1]安体富、任强:《中国公共服务均等化水平指标体系的构建——基于地区差别视角的量化分析》,《财贸经济》2008 年第 6 期。

[2]白晋湘:《基于协同的武陵山区区域农业品牌发展战略研究》,《湖南社会科学》2007 年第 7 期。

[3]白彦锋、张维霞:《立足"新常态",促进京津冀地区协同发展》,《经济与管理评论》2015 年第 11 期。

[4]皮建才、赵润之:《京津冀协同发展中的环境治理:单边治理与共同治理的比较》,《经济评论》2017 年第 5 期。

[5]白彦锋:《创新财税政策促进京津冀区域协同发展》,《中国经济时报》2014 年 4 月 16 日。

[6]白重恩:《地方保护主义及产业地区集中度的决定因素和变动趋势》,《经济研究》2004 年第 5 期。

[7]北京大学首都发展研究院:《首都发展报告 2015》,科学出版社 2015年版。

[8]蔡昉、王德文、王美:《渐进式改革进程中的地区专业化趋势》,《经济研究》2002 年第 5 期。

[9]崔民选、阎志:《基于供给侧结构性改革的京津冀空间发展战略研究》,《区域经济评论》2016 年第 9 期。

[10]曾坤生:《论区域经济动态协调发展》,《中国软科学》2000 年第4 期。

[11]曾珍香、段丹华、张培、王欣菲:《基于主成分分析法的京津冀区域协

调发展综合评价》,《科技进步与对策》2008 年第 9 期。

[12]陈国阶:《我国东中西部发展差异原因分析》,《地理科学》1997 年第 1 期。

[13]陈甲华、邹树梁、刘兵、刘文君:《战略联盟协同效应评价的模糊综合评价方法与运用》,《商业研究》2006 年第 1 期。

[14]陈秀山、石碧华:《区域经济均衡与非均衡发展理论》,《教学与研究》2000 年第 10 期。

[15]陈宣庆、张可云:《统筹区域发展的战略问题与政策研究》,中国市场出版社 2007 年版。

[16]成为杰:《区域合作的系统耦合模型及现实分析》,《华北电力大学学报》2011 年第 12 期。

[17]成为杰:《主体功能区战略下地方政府的作用、困境与调适》,《内蒙古大学学报》2014 年第 1 期。

[18]戴宏伟、田学斌、陈永国:《区域产业转移研究:以大北京经济圈为例》,中国物价出版社 2003 年版。

[19]戴宏伟:《区域欲协调必先协作》,《中国社会科学报》2011 年 5 月 26 日。

[20]戴维·H.罗森布鲁姆、罗伯特·S.克拉夫丘克、德博拉·戈德曼·罗森布鲁姆:《公共行政学:管理、政治和法律的途径》,中国人民大学出版社 2002 年版。

[21]段平忠:《中国省际人口迁移与地区经济增长差距》,经济科学出版社 2013 年版。

[22]段铸、程颖慧:《京津冀协同发展视阈下横向财政转移支付制度构建》,《经济与管理》2014 年第 11 期。

[23]段铸、王雪祺:《京津冀经济圈财政合作的逻辑与路径研究》,《财经论丛》2014 年第 6 期。

[24]恩格斯:《反杜林论》,人民出版社 1995 年版。

[25]樊纲、王小鲁、张立文、朱恒鹏:《中国各地区市场化相对进程报告》,

《经济研究》2003 年第 3 期。

[26]范子英、张军:《财政分权、转移支付与国内市场整合》,《经济研究》2010 年第 3 期。

[27]冯鸿周:《区域财政职能的总体考察》,《山西财经学院学报》1996 年第 1 期。

[28]伏润民、常斌、缪小林:《我国地区间公共事业发展成本差异评价研究》,《经济研究》2010 年第 4 期。

[29]傅勇、张晏:《中国式分权与财政支出结构偏向:为增长而竞争的代价》,《管理世界》2007 年第 3 期。

[30]高程:《区域合作模式形成的历史根源和政治逻辑》,《世界经济与政治》2010 年第 10 期。

[31]杨志安,邱国庆:《区域环境协同治理中财政合作逻辑机理、制约因素及实现路径》,《财经论丛》2016 年第 6 期。

[32]高明、刘俊杰:《环北部湾旅游圈协同发展动力机制探讨》,《桂林旅游高等专科学校学报》2008 年第 1 期。

[33]段铸、程颖慧、康绍大、王晓伟、钱宇:《基于生态补偿机制的京津冀财政合作研究》,《经济与管理》2016 年第 9 期。

[34]高伟生、许培源:《区域内地方政府合作与竞争的博弈分析》,《企业经济》2007 年第 5 期。

[35]高雪莲:《京津冀公共服务一体化下的财政均衡分配》,《经济社会体制比较》2015 年第 5 期。

[36]高玉:《京津冀协同发展税收分享政策研究》,《首都经济贸易大学学报》2015 年第 6 期。

[37]高兆明:《从价值论看效率与公平——再论效率与公平》,《哲学研究》1996 年第 10 期。

[38]龚锋、卢洪友:《机会平等与财政转移支付》,《财经问题研究》2010 年第 11 期。

[39]郭庆旺、贾俊雪:《地方政府行为、投资冲动与宏观经济稳定》,《管理

世界》2006 年第 5 期。

[40]郭庆旺、贾俊雪:《地方政府间策略互动行为、财政支出竞争与地区经济增长》,《管理世界》2009 年第 10 期。

[41]郭永芳:《网络模式视域下的政府间财政关系》,《当代财经》2009 年第 7 期。

[42]哈肯:《协同学:大自然成功的奥秘》,凌复华(译),上海译文出版社 2005 年版。

[43]韩凤芹:《地区差距:政府干预与公共政策分析》,中国财政经济出版社 2004 年版。

[44]何水:《协同治理及其在中国的实现——基于社会资本理论的分析》,《西南大学学报(社会科学版)》2008 年第 3 期。

[45]贺斌:《北京财政助力京津冀协同发展产业转移》,《中国财经报》2015 年 7 月 2 日。

[46]侯建荣、周颖、顾峰:《都市圈城市经济系统的协同机制研究》,《中国管理科学》2009 年第 10 期。

[47]黄夏岚、胡祖铨、刘怡:《税收能力、税收努力与地区税负差异》,《经济科学》2012 年第 4 期。

[48]贾康:《京津冀一体化需弃零和博弈》,《中国财经报》2015 年 2 月 10 日。

[49]京津冀协同发展税收问题研究课题组:《京津冀协同发展税收问题研究》,《天津经济》2015 年第 7 期。

[50]鞠雷、李宇兵:《基于循环经济理论的我国县域经济协同发展研究》,《山东大学学报(哲学社会科学版)》2009 年第 4 期。

[51]赖明勇、包群:《开放经济中我国政府政策对经济增长效应的实证研究》,《上海经济研究》2002 年第 1 期。

[52]李彬、韩增林、马慧强:《辽宁省城市基本公共服务质量差异的时空分析》,《人文地理》2015 年第 3 期。

[53]李国平、陈红霞:《京津冀区域科技发展战略研究》,中国经济出版社

2008 年版。

[54]李国平、陈红霞:《协调发展与区域治理:京津冀区域的实践》,北京大学出版社 2012 年版。

[55]李海东、王帅、刘阳:《基于灰色关联理论和距离协同模型的区域协同发展评价方法及实证》,《系统工程理论与实践》2014 年第 7 期。

[56]李辉、任晓春:《善治视野下的协同治理研究》,《科学与管理》2010年第 6 期。

[57]李靖:《财政合作助推京津冀协同发展》,《中国经贸导刊》2014 年第 7 期。

[58]李琳、吴珊:《基于 DEA 的我国区域经济协同发展水平动态评价与比较》,《华东经济管理》2014 年第 1 期。

[59]李伟、方堃:《协同治理视野下社会中介组织的培育与完善》,《天府新论》2007 年第 2 期。

[60]李郇、徐现祥:《城市化、区域一体化与经济增长》,科学出版社 2011年版。

[61]李亚玲、汪戎:《人力资本分布结构与区域经济差距——基于中国各地区人力资本基尼系数的实证研究》,《管理世界》2006 年第 12 期。

[62]李燕茹、胡兆量:《中国历史战场地域分布及其对区域发展的影响》,《人文地理》2001 年第 6 期。

[63]李永友、沈坤荣:《辖区间竞争、策略性财政政策与 FDI 增长绩效的区域特征》,《经济研究》2008 年第 5 期。

[64]李忠强、黄治华、高余宁:《人力资本、人力资本不平等与地区经济增长:一个实证研究》,《中国人口科学》2005 年第 1 期。

[65]厉以宁:《经济学的伦理问题——效率与公平》,《经济学动态》1996年第 7 期。

[66]连玉明:《试论京津冀协同发展的顶层设计》,《中国特色社会主义研究》2014 年第 4 期。

[67]林毅夫、刘培林:《中国的经济发展战略与地区收入差距》,《经济研

究》2003 年第 3 期。

[68]刘爱雄、朱斌:《产业集群竞争力及其评价》,《科技进步与对策》2006
年第 1 期。

[69]刘丹丹、孙文生:《京津冀经济一体化现状及发展对策》,《商业时
代》2006 年第 10 期。

[70]刘东生、马海龙:《京津冀区域产业协同发展路径研究》,《未来与发
展》2012 年第 7 期。

[71]刘方:《我国基本公共品区域供给差异性分析》,《当代经济管理》
2014 年第 7 期。

[72]刘光容:《政府协同治理:机制、实施与效率分析》,华中师范大学
2008 年博士学位论文。

[73]刘海明:《福建省区域经济协同发展机制构建研究》,福建农林大学
2011 年博士学位论文。

[74]刘亮:《京津冀一体化中的财政难题与破解之道》,《中国财政》2011
年第 3 期。

[75]刘士林、刘新静:《中国城市群发展报告 2014》,中国出版集团 2014
年版。

[76]刘云中:《我国"国家战略性"区域规划的实施效果、存在问题和改进
建议》,《重庆理工大学学报(社会科学版)》2013 年第 6 期。

[77]刘作丽、贺灿飞:《京津冀区域工业结构趋同现象及成因探讨》,《地
理与地理信息科学》2007 年第 5 期。

[78]陆大道:《中国区域发展的新因素与新格局》,《地理研究》2003 年第
3 期。

[79]陆军:《论京津冀城市经济区域的空间扩散运动》,《经济地理》2002
年第 5 期。

[80]陆铭、陈钊、严冀:《收益递增、发展战略与区域经济的分割》,《经济
研究》2004 年第 1 期。

[81]陆铭、陈钊、杨真真:《平等与增长携手并进》,《经济学(季刊)》2007

年第 2 期。

[82]罗伯特·阿格拉诺夫、迈克·麦圭尔:《协作性公共管理:地方政府新战略》,李玲玲译,北京大学出版社 2007 年版。

[83]吕冰洋、聂辉华:《弹性分成:分税制的契约与影响》,《经济理论与经济管理》2014 年第 7 期。

[84]吕青、唐秋生:《港口物流与区域经济协同发展研究》,《水运工程》2012 年第 4 期。

[85]吕志奎、孟庆国:《公共管理转型:协作性公共管理的兴起》,《学术研究》2010 年第 12 期。

[86]麻挺松:《相对收益与地方政府间的合作绩效》,《江汉论坛》2005 年第 10 期。

[87]马海龙:《京津冀区域治理协调机制与模式》,东南大学出版社 2014 年版。

[88]马慧强、韩增林、江海旭:《我国基本公共服务空间差异格局与质量特征分析》,《经济地理》2011 年第 2 期。

[89]马润凡、吴松霖:《区域经济发展中地方政府合作的制约因素及其化解》,《领导科学》2014 年第 6 期。

[90]孟令国:《信息技术革命与落后地区经济发展的新机遇》,《经济问题探索》2004 年第 5 期。

[91]孟庆国、吕志:《协作性公共管理:对中国行政体制改革的意义》,《中国机构改革与管理》2012 年第 2 期。

[92]孟庆松、韩文秀:《复合系统协调度模型研究》,《天津大学学报》2000 年第 7 期。

[93]穆东、杜志平:《资源型区域协同发展评价研究》,《中国软科学》2005 年第 5 期。

[94]尼古拉斯·亨利:《公共行政与公共事务》,北京大学出版社 2006 年版。

[95]彭继增、孙中美、黄昕:《基于灰色关联理论的产业结构与经济协同

发展的实证分析——以江西省为例》,《经济地理》2015 年第 8 期。

[96]彭彦强:《基于行政权力分析的中国地方政府合作研究》,南开大学 2010 年博士学位论文。

[97]平新乔:《中国地方政府支出规模的膨胀趋势》,《经济社会体制比较》2007 年第 1 期。

[98]齐子翔:《京津冀协同发展机制设计》,社会科学文献出版社 2015 年版。

[99]饶常林:《中国地方政府合作的博弈分析:困境与消解》,《北京理工大学学报(社会科学版)》2014 年第 10 期。

[100]沈坤荣、付文林:《税收竞争、地区博弈及其增长绩效》,《经济研究》2006 年第 6 期。

[101]隋鹏飞:《美国区域协调管理方法及借鉴》,《山东工商学院学报》2015 年第 4 期。

[102]孙久文、邓慧慧、叶振宇:《京津冀区域经济一体化及其合作途径探讨》,《首都经济贸易大学学报》2008 年第 2 期。

[103]孙久文、原倩:《京津冀协同发展战略的比较和演进重点》,《经济社会体制比较》2014 年第 5 期。

[104]孙久文:《我国区域合作与竞争的关系及其未来变化趋势》,《区域经济评论》2013 年第 2 期。

[105]覃成林:《论区际经济关系与区域经济协调发展》,《经济纵横》1996 年第 1 期。

[106]田培杰:《协同治理:理论研究框架与分析模型》,上海交通大学 2013 年博士学位论文。

[107]涂智寿:《重庆邮政物流与区域经济协同发展研究》,《中国流通经济》2010 年第 4 期。

[108]王得新:《区域一体化生成的组织制度分析》,《区域经济评论》2015 年第 5 期。

[109]王竞梅、张宣昊、赵儒煜:《京津冀区域经济差异及其影响因素分析

与政策选择》,《当代经济管理》2014 年第 10 期。

[110]王千文:《应用德菲法建构理想的公私协力运作模式》,《政策研究学报》2009 年第 9 期。

[111]王曙光、金向鑫:《我国区域经济发展差异及其协调的财政政策研究》,《中国行政管理》2014 年第 9 期。

[112]王树春、王俊:《权力壁垒、极化效应与一体化区域内的地区收入差距》,《天津商业大学学报》2015 年第 4 期。

[113]王新华、李堂军:《区域产业协同发展模型与实证研究》,《中国管理科学与工程研究进展》2007 年第 1 期。

[114]王新民、南锐:《基本公共服务均等化水平评价体系构建及应用——基于我国 31 个省域的实证研究》,《软科学》2011 年第 7 期。

[115]王英:《基于灰色关联理论的 FDI 和中国区域经济发展差距研究》,《系统工程理论与实践》2010 年第 3 期。

[116]王玉柱:《区域协同发展战略下产业结构调整问题研究》,《理论学刊》2014 年第 9 期。

[117]王铮:《信息化与省域经济增长研究》,《中国人口·资源与环境》2006 年第 1 期。

[118]王志凯、史晋川:《行政区划调整与城市化经济空间》,《浙江大学学报(人文社会科学版)》2015 年第 5 期。

[119]魏福成、胡洪曙:《我国基本公共服务均等化——评价指标与实证》,《中南财经政法大学学报》2015 年第 5 期。

[120]魏后凯:《中国地区经济增长及其收敛》,《中国工业经济》1997 年第 3 期。

[121]巫文勇:《中国产业协同发展与〈区域产业结构调控法〉的制定》,《行政与法》2006 年第 2 期。

[122]吴传清、刘方池:《技术创新对区域经济发展的影响》,《科技进步与对策》2003 年第 4 期。

[123]吴俊陪:《怎样认识市场经济下的财政职能》,《财政研究》1993 年

第 10 期。

[124]吴俊培、王宝顺:《我国省际间税收竞争的实证研究》,《当代财经》2012 第 4 期。

[125]伍文中、雷光宇、李瑞、张明艳:《京津冀经济圈产业竞争力研究》,经济科学出版社 2013 年版。

[126]肖建忠:《地方政府行为的横向博弈模型》,《中国地质大学学报(社会科学版)》2003 年第 3 期。

[127]谢庆奎:《中国政府的府际关系研究》,《北京大学学报(哲学社会科学版)》2000 年第 1 期。

[128]徐婕、张丽珩、吴季松:《我国各地区资源、环境、经济协调发展研究》,《科学学研究》2007 年第 2 期。

[129]徐现祥、舒元:《协调发展:一个新的分析框架》,《管理世界》2005 年第 2 期。

[130]许爱萍:《京津冀科技创新协同发展战略研究》,《技术经济与管理研究》2014 年第 10 期。

[131]许源源:《新区域主义视角下的市际重复博弈:问题与路向》,《中国行政管理》2012 年第 9 期。

[132]杨灿明:《地方政府行为与区域市场结构》,《经济研究》2000 年第 11 期。

[133]杨开忠:《中国区域经济差异变动研究》,《经济研究》1994 年第 12 期。

[134]杨连云、石亚碧:《京津冀区域协调发展的战略思考》,《河北学刊》2006 年第 4 期。

[135]杨龙、彭景阳:《我国区域政治发展研究:理论与问题》,《武汉大学学报(社会科学版)》2002 年第 5 期。

[136]杨龙:《地方政府合作的动力、过程与机制》,《中国行政管理》2008 年第 7 期。

[137]杨先明:《把握区域重点 促进协调发展》,《经济界》2006 年第 3 期。

［138］杨勇:《我国区域协同发展研究综述》,《价值工程》2011 年第 35 期。

［139］杨志军:《多中心协同治理模式研究:基于三项内容的考察》,《中共南京市委党校学报》2010 年第 3 期。

［140］叶卫平:《京津冀北区域经济协调发展的体制机制创新》,《中国特色社会主义研究》2006 年第 3 期。

［141］于涛方、邵军、周学江:《多中心举行城市区研究:京津冀区域实证》,《规划师》2007 年第 12 期。

［142］于文豪:《区域财政协同治理如何于法有据:以京津冀为例》,《法学家》2015 年第 1 期。

［143］张凤莲:《京津冀协同发展背景下北京总部经济的税收问题研究》,《环渤海经济瞭望》2015 年第 12 期。

［144］张贵、王树强、刘沙、贾尚建:《基于产业对接与转移的京津冀协同发展研究》,《经济与管理》2014 年第 4 期。

［145］张军:《分权与增长:中国的故事》,《经济学(季刊)》2007 年第 7 期。

［146］张牧扬:《治理雾霾还需加强地区间横向财政合作》,《第一财经日报》2014 年 2 月 13 日。

［147］张瑞萍:《先政府,后市场——京津冀一体化进程中政府与市场作用的顺序》,《河北法学》2015 年第 4 期。

［148］张晏、龚六堂:《分税制改革、财政分权与中国经济增长》,《经济学季刊》2005 年第 1 期。

［149］赵国钦、宁静:《京津冀协同发展的财政体制——一个框架设计》,《改革》2015 年第 8 期。

［150］赵景柱:《社会—经济—自然复合生态系统可持续发展研究》,中国环境科学出版社 1999 年版。

［151］赵明刚:《中国特色对口支援模式研究》,《社会主义研究》2011 年第 2 期。

［152］赵玉:《对环京津贫困带的扶持补偿机制研究》,《经济问题探索》2008年第3期。

［153］郑红玲、鲁丽丽:《关于河北省物流业与经济协同发展的思考》,《商业时代》2010年第27期。

［154］钟晓敏、岳瑛:《论财政纵向转移支付与横向转移支付制度的结合——由汶川地震救助引发的思考》,《地方财政研究》2009年第5期。

［155］周桂荣:《基于区域整合理论创新视角的区域产业升级研究——以京津冀为例》,厦门大学出版社2014年版。

［156］周建霞、蔡习飞、杨丽华:《从财政视角看京津冀区域经济发展存在的几点问题及建议》,《中国乡镇企业会计》2013年第4期。

［157］周黎安、陶婧:《官员晋升竞争与边界效应:以省区交界地带的经济发展为例》,《金融研究》2011年第3期。

［158］周黎安:《晋升博弈中政府官员的激励与合作——兼论我国地方保护主义和重复建设问题长期存在的原因》,《经济研究》2004年第6期。

［159］周立群、邹卫星:《京津冀区域差距、因果积累与经济增长》,《天津社会科学》2006年第6期。

［160］周荣敏、潘志超:《加快京津冀现代服务业协同发展》,河北省人民政府网站,2014年6月26日。

［161］周业安:《地方政府竞争与经济增长》,《中国人民大学学报》2003年第1期。

［162］祝尔娟、文魁、叶堂林、吴庆玲、张贵祥:《京津冀承载力的基本现状与发展对策》,社会科学文献出版社2013年版。

［163］祝尔娟:《推进京津冀区域协同发展的思路与重点》,《经济与管理》2014年第5期。

［164］邹蓉:《地方政府财政竞争与公共服务供给:1999—2011》,《湖南社会科学》2013年第3期。

［165］A. Breton,"Competitive Governments: an Economic Theory of Politics and Public Finance",*Cambridge*:*Cambridge University of Press*,1998.

[166] Amir Hefetz, Mildred E. Warner, "Contracting or Public Delivery? The Importance of Service, Market and Management Characteristics", *Journal of Public Administration Research and Theory*, Vol.22, No.2, 2012.

[167] Andrew F. Haughwout, "Regional Fiscal Cooperation in Metropolitan Areas: An Exploration", *Journal of Policy Analysis and Management*, Vol.18, No.4, 1999.

[168] Anne C. Case, Harvey S. Rosen, James R. Hines, "Budget Spillovers and Fiscal Policy Interdependence: Evidence from the States", *Journal of Public Economics*, Vol.52, 1993.

[169] Barbara Ermini, Raffaella Santolini, "Local Expenditure Interaction in Italian Municipalities: Do Local Council Partnerships Make a Difference?" *Local Government Studies*, Vol.36, 2010.

[170] Barbara Ermini, "Decentralization, Local Government Reform and Local Government Performance-the Impact of Inter-Communality", *University of Pavia Working Paper*, 2009.

[171] Charles M. Tiebout, "A Pure Theory of Local Expenditures", *Journal of Political Economy*, Vol.6, 1956.

[172] Chong-En Bai, Yingjuan Du, Zhigang Tao, Sarah Y. Tong, "Local Protectionism and Regional Specialization: Evidence from China's Industries", *Journal of International Economics*, Vol.63, No.2, 2004.

[173] Chris Ansell, Alison Gash, "Collaborative Governance in Theory and Practice", *Journal of Public Administration Research and Theory*, Vol.18, 2007.

[174] Christopher V. Hawkins, "Competition and Cooperation: Local Government Joint Ventures for Economic Development", *Journal of Urban Affairs*, Vol.32, No.2, 2010.

[174] D. Van Beers, W. K. Biswas, "A Regional Synergy Approach to Energy Recovery: The Case of the Kwinana Industrial Area, Western Australia", *Energy Conversion and Management*, Vol.49, No.11, 2008.

［176］David Lake, Robert Powell, "Strategic Choice and International Relations", *Princeton University Press*, 1999.

［177］David Starrett, "Market Allocations of Location Choice in a Model with Free Mobility", *Journal of Economic Theory*, Vol.17, 1978.

［178］Edoardo Di Porto, Dirk Foremny, "Strategic Fiscal Interaction across Borders: Evidence from French and German Local Governments along the Rhine Valley", *Journal of Urban Economics*, Vol.72, No.1, 2012.

［179］Eiji Okano, "How Important is Fiscal Policy Cooperation in a Currency Union?" *Journal of Economic Dynamics & Control*, Vol.38, 2014.

［180］Elinor Ostron, "Governing the Commons: the Evolution of Institutions for Collective Action", *Cambridge University Press*, 1990.

［181］Emmanuelle Taugourdeau, "Is Fiscal Cooperation always Sustainable When Regions Differ in Size? Lessons for the EMU", *Public Economics*, Vol.7, No. 11, 2004.

［182］Francois Perroux, "A Note on the Notion of Growth Pole", *Applied Economy*, Vol.1, No.1, 1995.

［183］George J. Stigler, "The Tenable Range of Function of Local Government", *Joint Economic Committee*, 1957.

［184］George R. Zodrow, P. Mieszkowski, Tiebout Pigou, "Property Taxation and the Underprovision of Public Goods", *Journal of Urban Economics*, Vol. 19, 1986.

［185］Germa Bel, Mildred E. Warner, "Factors Explaining Inter-municipal Cooperation in Service Delivery: A Meta-Regression Analysis", *Public Management Research Association Conference*, WI, 2013.

［186］Helen Milner, "International Theories of Cooperation among Nations Strengths and Weaknesses", *World Politics*, Vol.3, 1992.

［187］Helen Sullivan, Chris Skelcber, "Working across Boundaries: Collaboration in Public Server", *Palgrave Macmillan Press*, 2002.

[188] Hermann Haken, "*Synergetics: A Introduction*", *Springer*, 1977.

[189] J. Stacy Adams, "Inequity in Social Exchange", *Advances in Experimental Social Psychology*, Vol.2, 1965.

[190] James Lesage, R.Kelley Pace, "Introduction to Spatial Econometrics", *Taylor & Francis Group CRC Press*, 2009.

[191] James M.Buchanan, "An Economic Theory of Clubs," *Economica*, Vol. 32, No.125, 1965.

[192] Jan K.Brueckner, "Testing for Strategic Interaction among Local Governments: the Case of Growth Controls", *Journal of Urban Economics*, Vol. 44, 1998.

[193] Jan K. Brueckner, "Welfare Reform and the Race to the Bottom: Theory and Evidence", *Southern Economic Journal*, Vol.66, No.3, 2000.

[194] Jan K.Brueckner, Luz A.Saavedra, "Do Local Governments Engage in Strategic Property-t ax Competition", *National Tax Journal*, Vol.54, No.2, 2000.

[195] John Douglas Wilson, "Capital Mobility and Environmental Standards: is there a Theoretical Basis for the Race to the Bottom?" *Economic analysis*, Vol. 1, 1996.

[196] John Friedman, "Regional Development Policy: A Case Study of Venezuela", *MIT Press*, 1966.

[197] John M. Bryson, Barbara C. Crosby, Melissa Middleton Stone, "The Design and Implementation of Cross-Sector Collaborations: Propositions from the Literature", *Public Administration Review*, Vol.66, No.s1, 2006.

[198] Julie Cencula Olberding, "Does Regionalism Beget Regionalism? The Relationship between Norms and Regional Partnerships for Economic Development", *Public Administration Review*, Vol.62, No.4, 2002.

[199] Ke Jian, "Study on Coordinated Development of Regional Resource Environment Economy System: A Case Study of Anhui Province", *Recent Advance in Statistics Application and Related Areas*, Vol.1, No.2, 2008.

[200] Kelly LeRoux, Paul W. Brandenburger, Sanjay K. Pandey, "Interlocal Service Cooperation in U.S. Cities: A Social Network Explanation", *Public Administration Review*, Vol.3, 2010.

[201] L. Anselin, "Thirty Years of Spatial Econometrics", *Regional Science*, Vol.89, No.1, 2010.

[202] Li GR, Ding YY, "Analysis of Evaluation and Comparison about the Regional Economic Development in China", *Comprehensive Evaluation of Economy and Society with Statistical Science*, 2010.

[203] M.E. Porter, "The Competitive Advantage of the Inner City", *Harvard Business Review*, 1995.

[204] Mancur Olson, "The Logic of Collective Action: Public Goods and the Theory of Groups", *Harvard University Press*, 1965.

[205] Mark Freedland, "Public Law and Private Finance: Placing the Private Finance Initiative in a Public Law Frame", *MIT Press*, 1999.

[206] Michael J. Boskin, "Local Government Tax and Product Competition and the Optimal Provision of Public Goods", *Journal of Political Economy*, Vol. 81, No.1, 1973.

[207] Michael Keen, Maurice Marchand, "Fiscal Competition and the Pattern of Public Spending", *Journal of Public Economics*, Vol.66, 1997.

[208] Neil Brenner, Nik Theodore, "Preface: from the 'New Localism' to the Spaces of Neoliberalism,", *Antipode*, Vol.34, 2002.

[209] Nicholas Henry, "Is Privatization Passe? The Case for Competition and the Emergence of Inter sectoral", *Public Administration Review*, Vol.3, 2002.

[210] Olivier J. Blanchard, Andrei Shleifer, "Federalism With and Without Political Centralization: China Versus Russia", *IMF Staff Papers*, Vol.48, 2001.

[211] Pantelis Kammas, "Strategic Fiscal Interaction among OECD Countries", *Public Choice*, Vol.147, 2011.

[212] Paul R. Dommel, "*Intergovernmental Relation in Managing Local Gov-*

ernment", *Sage Publication. Inc.*, 1991.

[213] Peter Burridge, "Testing for a Common Factor in a Spatial Autoregression Model", *Environment and Planning*, Vol.13, No.7, 1981.

[214] Philip J. Cooper, "Public Law and Public Administration", *Wadsworth Publishing Company*, 2006.

[215] Pierre Salmon, "Decentralization as an Incentive Scheme", *Oxford Review of Economic Policy*, Vol.3, No.2, 1987.

[216] Quentin Frere, Matthieu Leprince, Sonia Paty, "The Impact of Intermuncipal Cooperation Local Public Spending", *Urban Study*, 19 August 2013.

[217] Richard Briffault, "The Local Government Boundary problem in Metropolitan Areas", *Stanford Law Review*, Vol.48, No.5, 1996.

[218] Richard Teather, "The Benefits of Tax Competition", *IEA Hobart Paper*, Available at SSRN, No.153, 2005.

[219] Sandra Poncet, "A Fragmented China: Measure and Determinants of Chinese Domestic Market Disintegration", *Review of International Economics*, Vol. 13, No.3, 2005.

[220] Skip Krueger, Robert W. Walker, Ethan Bernick, "The Intergovernmental Context of Alternative Service Delivery Choices", *Journal of Federalism*, Vol.41, No.4, 2011.

[221] Stephen Redding, "Dynamic Comparative Advantage and the Welfare Effects of Trade", *Oxford Economic*, Vol.51, 1999.

[222] Sung-Wook Kwon, Richard C. Feiock, "Overcoming the Barriers to Cooperation: Intergovernmental Service Agreements", *Public Administration Review*, Vol.70, No.6, 2010.

[223] Sylvie Charlot, Sonia Paty, Virginie Piguet, "Does Fiscal Cooperation Increase Local Tax Rates in Urban Areas?" *Regional Studies*, 19 Feb 2014.

[224] Thomas Markussen, Ernesto Reuben, Jean-Robert Tyran, "Competition, Cooperation and Collective Choice", *Economic Journal*, Vol.574, 2014.

[225] Thorsten Headlamp, "The Integration of Unplanned Towns in the Periphery of Madrid: The Case of Fuenlabrada", *Habitat International*, Vol.24, 2000.

[226] Timothy Besley, Anne Case, "Incumbent Behavior: Vote Seeking, Tax Setting and Yardstick Competition", *American Economic Review*, Vol.85, 1995.

[227] Wallace E. Oates, "Fiscal Federalism", *New York: Harcourt Brace Jovanovich*, 1972

[228] Wallace E. Oates, "Searching for Leviathan: An Empirical Analysis", *American Economic Review*, Vol.75, 1985.

[229] Walter Stohr, Franz Todling, "Spatial Equity: Some Antitheses to Current Regional Development Doctrine", *Papers and Proceedings of the Regional science Association*, Vol.38, 1977.

[230] William G. Ouchi, "Markets, Bureaucracies, and Clans", *Administrative Science Quarterly*, Vol.25, No.1, 1980.

[231] William H. Hoyt, "Property Taxation, Nash Equilibrium and Market Power", *Journal of Urban Economics*, Vol.30, 1991.

[232] Yaniv Reingewertz, "Do Municipal Amalgamations Work? Evidence from Municipalities in Israel", *Journal of Urban Economics*, Vol.72, No.2, 2010.

[233] Yingyi Qian, Barry R. Weingast, "Federalism as a Commitment to Preserving Market Incentives", *Journal of Economic Perspectives*, Vol.11, No.4, 1997.

[234] Yingyi Qian, Gerard Roland, "Federalism and the Soft Budget Constraint", *American Economic Review*, Vol.77, 1998.

后　记

　　本书是在我博士毕业论文基础上修改和拓展而成的。现在仍旧记得，在最终完成博士论文的那一刻，心中感慨万千，我再次独自漫步于中南财经政法大学校园内南湖边的林荫小路，注视着三年来一直波光粼粼的南湖水面，思绪万千……回想三年前初来武汉、初到中南、初见南湖的那个春天犹如就在昨日，三年前辞去教职、扔下幼儿被亲朋好友戏称"抛家舍业"的义无反顾也似近在眼前。回首五味杂陈的三年博士生活，曾有太多的人给予过我关心与爱护，在此仅用自己笨拙之笔，向帮助过我、陪伴过我的所有人致以诚挚的谢意！

　　衷心地感谢我的博士生导师刘京焕教授和师母刘嫩红老师。恩师为人和蔼、对待所有的学生都像对待自己的孩子一样，不仅对我倾囊相授专业知识，还教授为人处世的人生道理。而师母对我的关怀则更多地体现在我的生活以及情绪上，她深知作为一个有宝宝的母亲到另一个城市攻读博士学位的艰辛与苦楚，经常给予我安慰，并叮嘱我要安排好家中的孩子与老人，照顾好自己的身体，让我在千里之外仍能够感受到如家般的温暖。非常感谢我同门兄弟姐妹以及我的同窗好友们，谢谢他们在我苦闷博士生活中给予了我巨大的帮助、支持和鼓励，如果没有他们的陪伴，我的博士生涯将会十分孤苦，还记得图书馆占座的几近疯狂、开题前一夜的相互打气、排队吃炒酸奶的短暂幸福、体育场上的情绪宣泄……一个个场景依然历历在目，这份战友般的情谊，我将一生珍藏！我还要感谢我的家人——爸爸妈妈和我的爱人黄庆祝，以及我可爱的儿子黄子燨，他们对我人生的选择给予了无条件的支持，使我能心无旁骛地完成学业，他们的絮絮关爱与适时鼓励给了我强大的动力，让我在困难面前坚强而立。我已年过花甲的双亲，他们撇弃自己在沧州的家，为我迁至石家庄帮

255

我带孩子,且为了让我在武汉安心学习,几乎不告诉我家里的琐事和烦心事,以解决我的后顾之忧。我的爱人黄庆祝始终无怨无悔地陪伴着我,并为我提供物质上的支持和精神上的鼓励。而最令我心疼的则是我的宝贝儿子,在他年仅2岁的时候我就曾"狠心抛下他"去美国访学一年,回国没多久就再次"扔下他"去武汉攻读博士学位,虽然我现在已经回到了他的身边,但每每回想起当年他一次次在火车站送我时那句撕心裂肺的"妈妈别走",我依然泪流满面!我很庆幸我的博士之旅已经结束,在以后的日子里我会更多的陪在他身边、陪他茁壮成长,做一个称职的母亲!

博士毕业后我重新回到了石家庄、回到了河北经贸大学、回到了财政税务学院,这里不仅有我熟悉的校园、熟悉的小路,更有我熟悉的一直关心我的各位师长亲朋!感谢我的硕士导师张晋武教授,他不仅在我读博期间给予了我持续的学术指导,为我博士学位论文的撰写提出了许多宝贵修改意见,还在我人生路径迷茫时帮我指明方向;感谢财税学院院长王晓洁教授,2017年我第一次申报国家社会科学基金项目就能够得以申报成功,与其在我读博前、读博后的多次鼓励、持续支持和指导是分不开的。还要感谢古建芹教授、赵文报教授、温立洲教授、解建立教授、曹琳副教授、翟亚宁老师等等众多老师和朋友们,他们给予了我充足的关注和帮助,我才能够坚持走到今天!

总之,感谢在我的人生成长过程中所有关心过我、帮助过我的师长亲友,能在人生的旅途中与他们相遇相识,是我的幸运!虽然一路走来荆棘满地,但也收获颇丰,我将肩负着自己的使命开启下一阶段的人生旅程,继续踏踏实实地走好自己的每一步,让家人开心、让朋友放心、让自己安心!

王 丽

2017 年 10 月

责任编辑：柴晨清

图书在版编目（CIP）数据

促进京津冀区域协同发展的地方财政合作研究/王丽 著. —北京：
　人民出版社,2018.5
ISBN 978 - 7 - 01 - 019105 - 8

Ⅰ.①促… Ⅱ.①王… Ⅲ.①区域经济一体化-地方财政-财政制度-研究-
华北地区 Ⅳ.①F127.2 ②F812.72

中国版本图书馆 CIP 数据核字（2018）第 054990 号

促进京津冀区域协同发展的地方财政合作研究
CUJIN JINGJINJI QUYU XIETONG FAZHAN DE DIFANG CAIZHENG HEZUO YANJIU

王丽 著

人民出版社 出版发行
（100706 北京市东城区隆福寺街 99 号）

环球东方（北京）印务有限公司印刷 新华书店经销

2018 年 5 月第 1 版 2018 年 5 月北京第 1 次印刷
开本：710 毫米×1000 毫米 1/16 印张：17
字数：220 千字

ISBN 978 - 7 - 01 - 019105 - 8 定价：49.00 元

邮购地址 100706 北京市东城区隆福寺街 99 号
人民东方图书销售中心 电话 （010）65250042 65289539